幻のレコード　目次

第六章　昭和十二年の転機

第七章　便乗と動員

第八章　戦時体制下のレコード検閲

第九章　夢去りぬ

【凡例】

・資料等の引用文については新字旧仮名遣いとし、句読点等を適宜補った。拗促音表記も適宜変更した箇所がある。
・『出版警察報』からの引用は、出典表記を『出警報』に統一した。
・楽曲名は〈　〉で示した。原則として新字旧仮名で原題どおりの表記としているが、〈忘れちゃいやョ〉〈とんがらかっちゃ駄目よ〉のように、読みやすさを考慮して新字新仮名遣いにあらためている場合もある。
・レコード盤のデータは本文内に表示した。体裁は原則として〈タイトル〉(作詞者／作曲者／編曲者／実演家／レーベル／カタログ番号と面／新譜年月または発売年月、必要に応じて録音年月日、処分の日時)とした。
・原則として敬称は略した。

装丁＝川名潤

はじめに——発売禁止とは

黒い魅惑

「発売禁止」、略して発禁という言葉には、人を惹きつける黒い魅惑がある。時の権力によって検閲され、禁制品とされたモノを手にすることへの危うい憧れが、そこにはある。自分は「イケナイこと」をしているのだとの反体制的、偽悪的な達成感や、稀少品を獲得したコレクション的な興味が満たされる。禁止されるとしたくなる、見たくなる、聞きたくなるのが人の世の常だ。

古書の世界には「発禁本」「地下本」というジャンルが確立されている。レコードの世界にも同様に「発禁レコード」を集めるコレクターはいる。だが、図書に比して研究されることはまことに少なく、文献もいたって乏しい。本書は、わが国における「音の検閲」すなわち「レコード検閲」に焦点を当てるものである。

日本におけるレコード検閲は一九三四（昭和九）年から一九四五（昭和二十）年の敗戦時までおこなわれた。戦後占領期もＧＨＱによる検閲がレコードにも及んだ。昭和歌謡にすこしでも明るい人は高峰三枝子《たかみねみえこ》の〈湖畔の宿〉や淡谷《あわや》のり子の〈別れのブルース〉が発売禁止になった、というエピソードを小耳に挟んだことがあるだろう。また、検閲による理不尽な発売禁止エピソードを断片的に見聞することもあるだろう。

実際、現代のある日本音楽史本にも検閲制度の厳格化の例が示されているが、そこでは、〈忘れちゃいやョ〉〈湖畔の宿〉〈別れのブルース〉〈あゝそれなのに〉〈裏町人生〉〈暗い日曜日〉〈何日君再来〉〈別れ船〉が発禁レコードとして掲げられている。

伝説的イメージ

言葉が強いマイナスのイメージをまとっているためだろうか、昔から「検閲・発禁伝説」には事欠かない。

「島の娘」（長田幹彦詞、小唄勝太郎唄、8年1月、ビクター発売）。9年に女学生の私通問題が持上りました。非常時のかけ声とともに、レコード検閲制度を実施した内務省は、その手始めに、このレコードを発禁処分にしました。

（長田暁二『わたしのレコード100年史』／英知出版／一九七八年）

PCL映画「唄の世の中」主題歌「とんがらかっちや駄目よ」も発禁処分を受けた（後略）

（池田憲一『昭和流行歌の軌跡』／白馬出版／一九八五年）

昭和十二年の四月には、コロムビアからミス・コロムビアの唄で「ふんなのないわ」が発売され問題になった。歌詞の中の「ふんなのないわ」の歌い方がなかなか凝ったもので、「官能的表現」の技巧の極致だなどと取りざたされた。「忘れちゃいやよ」以来、騒がれた問題歌謡のひとつで、発売の翌月には発売禁止処分にされてしまった。

（丘十四夫『歌暦五十年』／全音楽譜出版社／一九五四年）

ここに挙げた流行歌は、じつはどれも発禁レコードではない。後世のイメージで「発禁」にされたレコードである[*1]。

こうした発禁伝説には元ネタがある。ひとつは作詞家の高橋掬太郎《たかはしきくたろう》による『流行歌三代物語』（学風書院／一九五六年）や日本ビクター文芸部で幾多のレコードを手掛けた上山敬三《かみやまけいぞう》『日本の流行歌　歌でつづる大正・昭和』（早川書房／一九六五年）、作詞家の丘灯至夫《おかとしお》（十四夫）による『歌暦五十年』など、戦前のレコード業界を知る人びとが記憶をもとに書いた回想録である。当人がかかわったので信頼度は高いが、まれに記憶違いも混入している。

もうひとつは、戦前を知る生き証人の証言を孫引きした後世の歌謡史本や復刻レコードの解説書である。そうした文章のなかには信頼性の高い情報もあるが、ストーリーをおもしろくするために事実を誇張したりするだけでなく、主観を交えて想像で書いたものまである。その末流が二〇二〇年代まで誤りを忠実に伝えているのである。

原則として軍はレコード検閲にはかかわらなかった

検閲の主体についても、「当局」「官憲」でお茶を濁す文献もある。多いのは軍部の口出しによるという記述である。

1937（昭和12）年7月に日華事変が勃発したが、その前後から軍部の指示による逓信省（後の郵政省）の文化娯楽の統制が厳しくなり、愛・恋・涙などがテーマの〝軟弱〟な歌謡は統制の対象になりはじめた。
（生明俊雄《あざみとしお》『日本の流行歌　栄枯盛衰の100年、そしてこれから』／ミネルヴァ書房／二〇二〇年）

レコード検閲について「軍部」が顔を出すのも歌謡史の定番だが、原則として軍は戦前のレコード検閲にはかかわらなかったという事実を指摘しておきたい。軍人がレコードにまで口を出してきたのは、一九四二年、内閣情報局がレコード業界の統制団体である日本蓄音機レコード文化協会の設立に加わって以降のことである（第九章参照）。

いうまでもなく帝国陸海軍と行政官庁とはまったく別物である。また、逓信省がレコード検閲をすることはありえない。逓信省はラジオ放送番組の検閲を司《つかさど》ったのであり、レコード検閲をおこなうのは内務省である。このように、いつのまにか生じた誤解によってレコード検閲は正体が見えづらくなっているのである。

理不尽で強圧的だったというのは……

もちろん国家のおこなった統制施策としてのレコード検閲であるから、民業をある程度圧迫したのは事実である。

内務省のレコード検閲係のお役人がレコード会社に視察にやってきて、口をへの字に曲げた。

（南葉二「ああ軍歌」『サンデー毎日』／一九七三年十二月九号）

何しろ、女々しいとか、頽廃的だとかという理由で、すぐに「発売禁止！」とくるんですから、それはたまりませんでした。レコードが出た。はやった――その途端に発禁なのです。たとえば「湖畔の宿」もそうでした。レコード会社は、泣くに泣けない気持でした。いくらでも売れるのに、作っちゃいけないっていうんですから――。要するに「時局にふさわしくない、頽廃的な歌だ。けしからん！」ということなのです。

（南葉二「軍靴に踏みにじられて」／ＬＰ〈秘蔵盤　昭和の流行歌〉解説編／コロムビア／一九八〇年）

〝お嫁にゆく日の夢ばかり……〟（「満州娘」）の文句がうわついた愛欲的な表現だとか（これなどは当局係官の理解力がいかに貧弱、低俗であるかがうかがわれる）、とんでもない安価、幼稚な解釈から叱言を食ったり、歌い方が煽情的だとかで睨まれた歌である。

（古茂田信男・島田芳文・矢沢寛・横沢千秋『新版　日本流行歌史・中』／社会思想社／一九九五年）

戦局悪化後には発売の歌のほとんどが「手当たり次第」状態の罰則適用の横行となり、レコードの販売はほとんどが軍歌・軍国歌謡などで占められた。

（田中健次『図解　近現代日本音楽史』／東京堂出版／二〇二二年）

こうした煽るような記述の根底にあるのは官（内務省）と民（レコード業界、作詞家・作曲家など）の二項対立である。「暗い戦争の時代、過酷な検閲にもめげずに流行歌は大衆に愛され歌われてきた」という物語が昭和歌謡史では定番のものとして欠かせないのである。しかし、レコード検閲に関して事実を言えば、「理不尽で強圧的」とのイメージは、のちの時代になって付加されたところが大きい。

作詞家の島田磬也《しまだきんや》は〈裏町人生〉と〈軍国の母〉が相次いでヒットした際に「検閲官から比較難詰された当時、苦笑しつつこれを甘受した」（『裏町人生』／創林社／一九七八年）と記した。上山敬三も浅草で発掘したあきれたぼういずのレコードを作ったものの「内務省の検閲官は、時局がら不真面目過ぎる、の一言をくり返すばかりだった」（『日本の流行歌　歌でつづる大正・昭和』／早川書房／一九六五年）とその無理解ぶりを書いた。

検閲を受けた当事者たちは、このようにレコード検閲の厳しさについて書き残してはいるのだが、意外なことに検閲官が権威を笠に着て威張りちらしたとか「けしからん！」と怒鳴るなど強権を振りかざしたという類の回想はまず見当たらない。高橋掬太郎などはむしろ「内務省の検閲官が厳しいだけでなく、一般の声も『この非常時において』というお題目の下にうるさくなった」（『流行歌三代物語』／学風書院／一九五六年）と一般大衆による同調圧力が強くなったことを強調している。

すなわちファナティックで理不尽な検閲官というイメージは、後世になって形成されていったものなのである。戦後に即成栽培された民主主義の空気のなかで、レコード検閲もまた絶対悪でなくてはならなかったのだ。

服部良一の訃報記事

その結果、誤伝が誤伝を生んだ。その被害をもっとも被ったのは服部良一《はっとりりょういち》であろう。彼の訃報記事にはこうある。

戦時下でも当局の神経を逆なでするような哀愁を帯びたブルースものを書き続ける。このため、「服部ブルース」ならぬ「発禁ブルース」とか「ハッキン良一」とか皮肉られた。

（『読売新聞』一九九三年一月三十一日付）

だが、じつは一九三七（昭和十二）年の〈別れのブルース〉、三八年の〈雨のブルース〉〈想ひ出のブルース〉、三九年の〈東京ブルース〉〈浪曲ブルース〉〈広東ブルース〉、四〇年の〈アリラン・ブルース〉〈満洲ブルース〉と、日中戦争下で書かれた服部ブルースに発禁作品はひとつもない。

この訃報記事は伝聞に基づいて書かれたのであろうが、それだけ「戦時中、時局にそぐわない流行歌は容赦なく発禁に処せられた」というイメージが世間に根強く残っていたことを示している。この種の数々の、いわば「検閲伝説」がレコード検閲の実態を見誤らせ、巨大な国家権力による有無を言わせぬ強権発動があったのだとのイメージを植えつけた。

しかし実際のところはどうだったのか。

レコード史研究者という立場からすると、〈湖畔の宿〉や〈別れのブルース〉といった発禁盤といわれるレコードはべつだん珍しいレコードではない。発禁？　いや、現物があるじゃないか、というわけである。よく「発禁になった」といわれるあの歌やこの歌はほんとうに発禁処分を受けたのか。そもそも発禁とはなんなのか……。

これまでディスコペディア的な見地からの研究がなおざりとなっていた戦前のレコード検閲の全貌について、そして、人間くさい、あまりにも人間くさいレコード検閲係の行状について、これからつぶさに見てゆきたい。[*2]

第一章
レコードというメディア

1　音声にかける網

明治期の演歌取り締まり

近代日本の検閲制度は明治期にはじまった。寛政の改革で山東京伝《さんとうきょうでん》が手鎖《てじょう》の処罰を受けたように、また、天保の改革で為永春水《ためながしゅんすい》が同じく手鎖の刑を受けたように徳川幕府も出版統制や弾圧をおこなうことはあったが、薩長を中心とした明治新政府は反政府の言論に、概して幕府以上に強圧的に臨んだといえる。

藩閥の圧政にたいして自由民権運動が各地で展開される。一八八九（明治二十二）年には大日本帝国憲法が発布され、その翌年に帝国議会が開設された。

しかし、議会政治による近代国家の運営がはじまったとはいえ、政府の不正や横暴を告発する言論はそのはじまりのときから厳しい取り締まりの対象となった。さまざまな経緯を経て、書籍は一八九三（明治二十六）年四月に公布された三十五条から成る「出版法」によって、新聞・雑誌は一九〇九（明治四十二）年五月に公布された四十五条から成る「新聞紙法」によって厳しく取り締まられることとなる。出版法と新聞紙法にはこうある。

安寧秩序ヲ妨害シ又ハ風俗ヲ壊乱スルモノト認ムル文書図画ヲ出版シタルトキハ内務大臣ニ於テ其ノ発売頒布ヲ禁シ其ノ刻版及印本ヲ差押フルコトヲ得

（出版法第十九条）

内務大臣ハ新聞紙掲載ノ事項ニシテ安寧秩序ヲ紊シ又ハ風俗ヲ害スルモノト認ムルトキハ其ノ発売及頒布ヲ禁止シ必要ノ場合ニ於テハ之ヲ差押フルコトヲ得

前項ノ場合ニ於テ内務大臣ハ同一主旨ノ事項ノ掲載ヲ差止ムルコトヲ得

（新聞紙法第二十三条）

ほぼおなじ内容だが、ともかくこの項目に触れれば発売禁止となり、出版物の差し押さえがおこなわれる。その検閲は内務省警保局図書課がおこない、これは図書課が一九四〇（昭和十五）年に情報局の管轄下に入り警保局検閲課と改称するまで変わらなかった。

新聞の読み売りや演説会はたちまち解散させられ、新聞による告発も発売頒布禁止によって骨抜きになることから、政治にたいする不平不満の表明や主義の主張は街頭で歌謡に乗せて時事風刺を歌う形式へと形を変えていった。自由民権運動に共鳴する壮士がこれをおこなったことから「壮士演歌」と呼ばれる。昭和期に隆盛した演歌（艶歌、怨歌）とは異なり、明治の演歌はすなわち政治を論ずる演説歌であったわけだ。

やがて壮士演歌は街頭でヴァイオリンを弾き、虐げられる民衆をテーマとして歌いながら、活動費用を捻出するための歌本を売りさばく形態として定着する。

まだ関心の埒外

歌謡を取り締まるのは内務省警保局であった。壮士演歌はその社会主義的な政治的アピールから、「安寧秩序ヲ妨害」するとして、幾度となく摘発を受けた。

具体的には、街頭で歌いながら売りさばく歌本の押収と官憲による演歌師の勾引、である。とくに前者が重要であった。すなわち、歌ってしまえば後に証拠の残らない風刺歌を、印刷物を証拠として出版法に照らして発売頒布禁止にする、さらには歌ったと思しき者をしょっぴいたのである。

一八九三（明治二十六）年の〈新作愛国壮士節〉〈新作おッぺけぺーぶし〉〈新板愉快ぶし〉、一八九四（明治二十七）年の〈愉快武志全〉〈壮士自由演歌社会のめさまし〉〈男女必読日本益荒《ますら》雄誉《おほまれ》の凱歌〉など「安寧秩序ヲ妨害シ又ハ風俗ヲ壊乱スルモノト認」められた演歌が並ぶなかで、一八九六（明治二十九）年の〈社会の穴探〉（八月二十日／神田区表神保町／殿江浩発行）は内務大臣伯爵板垣退助《いたがきたいすけ》の名で禁止されている。壮士演歌を生み出した自由党の党首が、このときはそれを取り締まる側となっているのが歴史の皮肉なところである。

このように、出版法と歌謡のつきあいは明治中期にまでさかのぼる。しかし、まだレコードについては当局の関心の埒外にあったと言ってよい。この時代にレコード化される演目はすでに一定の評価を得た、いわば「ありもの」が主であったし、レコードやレコードを再生する蓄音機の絶対数もまだまだ少なかった。レコード産業自体がまだ確固たる市場をもっていなかったからこそ社会的な問題を惹起するに至らなかったのである。

桃中軒雲右衛門の二重契約

ただし、さまざまな理由で販売が差し止められた事例はいくつかある。そのもっとも古い例は、旅順包囲戦のシーンを描写したレコード〈旅順要塞陥落 *Capture of forts at Port Arthur*〉（コロムビア・バンド／1865／一九〇四年）である。これは日露戦争がはじまってから、日本国内での愛国的な需要をあてこんで米国で作られたものであろう。商機を逃すまいと敏速に作られたのだが、描写があまりに生々しすぎたのだろうか、横浜税関で輸入を差し止められた。これが最初のレコード販売禁止といえそうである。

桃中軒雲右衛門《とうちゅうけんくもえもん》をめぐる事件は、よちよち歩きの日本レコード界にとって大きな教訓となった。

一九一一（明治四十四）年晩秋、浪曲《ろうきょく》（浪花節《なにわぶし》）をひとつのジャンルにまで押し上げた大スターである雲右衛門は、有力な蓄音機商の三光堂を介してドイツのレコード会社ライロホンと一万五千円で契約を結び、秘密裡に三十四面の録音をおこなった。[*1]

二十世紀初頭、欧米のレコード会社は販路拡大という意図から、レコード製作設備のない国にレコーディング・クルーを送りこんだ。彼らは現地のめぼしいアーティストの録音を取って本国で原盤に仕上げる。そしてプレスして商品となったレコードを、自社の蓄音機とともに現地に輸出して販売するのである。新しいメディアならではの多国籍展開を狙うビジネスで、この方式を出張録音という。ライロホンもそのひとつだった。[*2]

ライロホンが日本で録音した原盤がレコードとなって日本に輸入されるまでに半年はかかる。その間の一九一二（明治四十五）年二月、ライロホンの件を知らないニッポノホン（株式会社日本蓄音器商会＝現日本コロムビア株式会社）が雲右衛門と契約してしまった。吉田奈良丸《よしだならまる》や京山小圓《きょうやまこえん》など浪花節のスターを押さえていたニッポノホンからすれば、雲右衛門は喉から手が出るほど欲していた存在であった。だから契約も雲右衛門から提示された破格の一万五千円を呑み、四十面を録音する前提でまず五千円の手付金、第一回録音の十面に際して残りの一万円が支払われた。

しかし、レコードの発売準備をしているさなか、突如としてニッポノホンの社長、重役、そして他でもない桃中軒雲右衛門が、ライロホン日本代理店ファン・ニーロップと日本貿易商会のリヒャルト・ヴェルダーマンから詐欺及び教唆の疑いで告訴された。雲右衛門が先のライロホンとの契約に背いてニッポノホンで契約、録音したためだった。雲右衛門の法律知識の乏しさが招いた災いである。

日本蓄音器商会側に分の悪いこの一件は和解で幕を閉じた。同社で雲右衛門が吹きこんだ演目のうちライロホンの演目と重なるものは原盤破棄を余儀なくされ、残るテイクも要求にしたがってライロホン盤リリースの一ヵ月後に発売する後手の商売となったのである。[*3] しかもニッポノホンが残りの契約分のレコーディングを迫っているうちに雲右衛門は一九一六（大正五）年十一月、肺を病んで死去してしまった。

ちなみに明治期の芸人がみな契約に疎いかというとさにあらず。女義太夫の名人・豊竹呂昇《とよたけろしよう》はレコードに吹きこむ際、技術上の問題で録音に失敗したテイクにまで「吹きこみの失敗はそちらさんの問題やろ」とがっちりと高額な吹込料を請求したという。

海賊盤の横行

災難はそれだけではない。一九一二（明治四十五）年五月十八日にライロホンが満を持して雲右衛門レコード第一弾を発売すると、たちまちオウム印や獅子印などさまざまなレーベルをつけた複写レコードが巷にはびこり、六月下旬までに計千八百枚売りさばかれた。いわゆる海賊盤（ブートレグ）である。

本物が一枚三円八十銭もするのに、複写盤は三十銭から一円以下で投げ売りされる。大資本を投下して作ったレコードから無断で原盤を作って廉価乱売されたのではたまったものではない。ライロホンはすぐにこれを訴えた。ライロホン側（ヴェルダーマン）と複写盤業者の間でレコードの著作権と不法行為について争われたこの事件は「桃中軒雲右衛門事件」として現在でも民法の教科書に掲載される、有名な判例となった。

東京地裁第一審（一九一二年十一月十一日判決）では著作権法違反で複写盤業者が有罪、原告の損害賠償請求が認容された。第二審（一九一三年十二月九日）も一審と同じ判決が下されたが大審院（一九一四年七月四日）では前二審を覆して複写盤業者の著作権法違反については無罪、原告の損害賠償請求も棄却された。[*4]

今日ではおよそ考えられないことだが、レコードの著作権に関する司法の解釈は曖昧で、複写盤製造が合法と見なされたのである。同じころ日本蓄音器商会は海賊盤にたいして強腰でのぞみ、次から次へと複写盤業者を訴えては高額な損害賠償金を勝ち取ったり示談にもちこんだりしていた。ところがこの判決によって、司法のお墨付きを得たとばかり、複写盤を投げ売りする業者が跋扈《ばっこ》した。当時、安価な複写盤はレコードの普及を進めるとして社会的にも暗黙の了解を得ていた。複写盤天国の到来である。

社説ごもっとも

やがてレコードは日本の中心、東京での流行を地方へあまねく伝える役割を果たすようになった。元号が大正に改まってまもなく、読売新聞に「吹き込みたる歌謡の種類などに就きて、卑俗と高尚とを注意して風紀的に之れを区別せんとするものすら無きやうなり」（一九一二年十月二十三日付）とレコード検閲の必要性を訴える社説が掲げられた。

すると心当たりがあったのか銀座一丁目の読売新聞社屋の真向かいにあった日本蓄音器商会が、当時の売れっ子芸者である吉原〆治《よしわらしめじ》の端唄〈京の四季〉（ニッポノホン／1979）を「社説ごもっとも」と広告して自主廃盤にした。端唄の内容は通り一遍だが、レコードの最後に〆治が〽エヘヘへ、お安くないわね とチャリ（合いの手、戯れごと）を入れたのが色っぽすぎるというわけである。

〆治はレコードの吹きこみ中に陽気な笑い声をはさみこんだり、演奏の終わりに「どうもご退屈さま皆さんさようなら」などと挨拶したりするのが習わしで聴く者に親近感を抱かせるのだが、〈京の四季〉では度がすぎたのだろうか。「この発売中止、両社馴合ひだつたとしたらセンの明恐るべしで――これが自発的中止のはじまり」（「発禁レコード受難史」／『話』／一九三六年九月号）とライターの落合四一（作詞家）は結んでいる。

音ヲ器械的ニ複製スル……

レコード業界は雲右衛門事件の惨敗を受けて、裁判ではなく著作権法改正に希望をかける。『蓄音器世界』誌を主宰する横田昇一《よこたしょういち》は、ブートレグ被害の常連であるニッポノホンや富士山印東京レコード（東京蓄音器株式会社）の賛同を取りつけ、複写盤の不正を糾弾した。
民法学者の鳩山秀夫《はとやまひでお》、その兄で代議士の鳩山一郎に根気強く運動した努力が結実して一九二〇（大正九）年七月十四日、「著作権法中改正法律案」が衆議院本会議において可決された。続いて七月二十七日には貴族院を通過した。改正された条項は法律第六十号として八月十九日に公布された。著作権法第一条第一項が示す著作物に「演奏歌唱」が加えられ、第三十二条の三に「音ヲ器械的ニ複製スルノ用ニ供スル機器ニ他人ノ著作物ヲ写調スル者ハ偽作者ト看做ス」と定められたことによって複写盤は跡を絶ったのであった。[*5]
ことほどさように、レコードというメディアはまだまだプリミティヴで、海のものとも山のものともつかない代物だった。レコードが影響力を発揮して行政や民衆の声により禁じられるような事態が生ずるのは、大正も半ばとなってからのことなのである。

2　舞台と映画からヒット曲が

松井須磨子の〈カチューシャの唄〉

レコードが社会的な問題となり禁止騒動まで引き起こすほど存在感を増したのは、松井須磨子《まついすまこ》（一八八六〜一九一九）という女優によるといって過言ではない。

芸術の革新を謳う文芸協会を恋愛スキャンダルで脱退した島村抱月《しまむらほうげつ》と須磨子は、一九一三（大正二）年、新しく芸術座を立ち上げた。翌一四（大正三）年に上演したレフ・トルストイ原作の《復活》が大当たりし、ことに劇中でヒロインと登場人物がくり返し印象的な挿入歌を歌うというしかけが世間で評判となった。これが日本の流行歌第一号としばしば言われる〈復活唱歌〉（作詞　島村抱月・相馬御風《そうまぎょふう》／作曲　中山晋平《なかやましんぺい》）である。〈カチューシャの唄〉というタイトルで有名な歌だ。

芸術座の《復活》公演は大阪、京都、長野、広島と全国を巡回する間、常に大入りで、さらに京都での公演中に吹きこんだレコード〈復活〉〈復活唱歌〉（オリエント／A756・A757／一九一四年五月発売）が当時としては空前の大ヒットを示し、〈カチューシャの唄〉は全国で流行した。レコード草創期では破格の二万枚が売れたと伝えられている。

他方、トルストイの描いた無政府主義に危機をおぼえたり、恋愛を歌う内容を卑俗としたり、また世俗的な旋律をよしとしない教育者は、《復活》の観劇と〈カチューシャの唄〉の歌唱を生徒に禁じた。「京都の三高では生徒が盛んに謡つたもので、禁止令が出た」（『九州日日新聞』一九一四年六月二十七日付）、「カチユーシヤの唄が日本の学生に向つて封じられてゐる」（『芸備日日新聞』同年七月十日付）と報じられたほか、「女子大学あたりでも、何と思つたのか此唄を唄ふことを禁じたさうだが」（『萬朝報』同年八月十一日付）と、東京女子大学でも禁止されたことが伝えられている。

このため、〈カチューシャの唄〉を発禁レコード第一号として取り上げる文献や記述は多い。しかし、禁止されたのはあくまで〈カチューシャの唄〉を歌う行為であってレコードまでは禁止が及ばず、しかも禁止は各地の学校で各々が判断しておこなった措置であった。作者の島村抱月は「此唄を教育者が厳禁すると云ふのは甚だ謂れのないことである、自分は此唄が別に卑猥なものとは考へない、此唄以上に卑猥な唄が幾らも世間に歌はれて居るではないか、我国では恋愛教育と云ふものを全く閑却して居るが此唄の流行を憂ふる教育家諸君の狭量を寧ろ憐むものである」（『東京朝日新聞』同年七月二十日付）と教育者たちの批判に反論している。

〈ゴンドラの唄〉と〈さすらひの唄〉

〈カチューシャの唄〉は松井須磨子という「歌う女優」を生んだのみならず、作曲家中山晋平の出世作ともなった。この成功によって中山晋平は一九一五（大正四）年、次なる芸術座の舞台であるツルゲーネフ原作《その前夜》の劇中歌も手がけ、とくに吉井勇《よしいいさむ》の芸術性の高い詞に中山が曲をつけた〈ゴンドラの唄〉（唄 松井須磨子／ヴァイオリン 北村季晴《きたむらすえはる》／ピアノ 北村初子《はつこ》／223／一九一五年六月新譜）が好評を博して業界最大手のニッポノホンでレコード化された。[*6] さらに続けて一九一七（大正六）年に明治座で上演された《生ける屍》のために北原白秋《きたはらはくしゅう》の歌詞による劇中歌を作曲し、そのなかから〈さすらひの唄〉〈今度生まれたら〉〈わしが好なは〉（唄 松井須磨子／合唱 宮部静子《みやべしずこ》・木村時子《きむらときこ》／2529・2530／一九一八年一月新譜）が同じくニッポノホンでレコード化された。[*7] このレコードは二十五万枚売れたというから、〈復活唱歌〉のころよりレコード業界も規模が大きくなってきていたことがうかがわれる。

レコード化されるごとに大ヒットした中山晋平の劇中歌だが、その栄光のヒット歴には常に禁止がついてまわった。〈さすらひの唄〉が流行していた当時、永井荷風《ながいかふう》は、

芸術座女優松井須磨子の唄ふ「さすらひの唄」といふもの以ての外流行するにより此の程其の筋より御禁止に相成りし由

（「毎月見聞録」大正七年六月二十二日の条／『花月⑷』／新橋堂／一九一八年六月）

と記録している。文中「其の筋」とは警察当局を指す。ただ、この禁止が「発売禁止」なのか「街頭演奏禁止」なのか、あるいは「歌唱禁止」なのかは判然としない。同じレコードの裏面に配された〈今度生まれたら〉も二番目歌詞の、

〽今度生まれたら金箱もつておいで
金はよいもの、呉服屋を呼んで
そこで緋繻子をどつさり買つて
かわい女子と寝て暮らそ

の「かわい女子と寝て暮らそ」のくだりがわいせつで教育上よろしくない、という理由から文部省で問題視されたという（森垣二郎『レコードと五十年』／河出書房新社／一九六〇年）。このため、両面が問題となった〈さすらひの唄〉こそ日本の発禁レコード第一号とも言われている。

松井須磨子の死後のことだが、〈ゴンドラの唄〉が彼女の出生地である長野県の教育委員会で大問題になり、県庁の職員に告発された。このとき同時に新芸術座の戯曲《カルメン》劇中歌

〈煙草のめのめ〉も俎上に上った。[*8] この告発によって、長野県下での〈ゴンドラの唄〉〈煙草のめのめ〉の発売は禁止されてしまった。その後、長野県に続いて山梨、群馬、神奈川、静岡県でも同レコードが禁止された。

これら禁止が言い立てられた〈ゴンドラの唄〉や〈煙草のめのめ〉〈さすらひの唄〉〈今度生まれたら〉は各道府県の警察の判断によって一部地域でレコードの発売や街頭演奏が禁止されたもののの、レコードの発行そのものは禁じられていない。つまり発禁レコードではない。ニッポノホンのレコード総目録には大正年間を通じてこれらのレコードが掲載されていたし、歌詞が問題になったにもかかわらず、歌詞が掲載された出版楽譜にたいしてもお咎めはなかった。

レコードという新しいメディアによって恋愛至上主義を歌いあげたり世のなかを斜に見て快楽に耽ったりするような唄が流行することに行政は怖れを抱いたのだが、全国的に禁止にしたくともそれを取り締まる法律がなかった。各道府県の判断に任せるしかなく、そのため禁止処分には地域的なばらつきが生じたのである。[*9]

関東大震災と〈枯れすすき〉

劇中歌の度重なるヒットで中山晋平は歌謡に一大エポックをひらいた。通俗的でロマンティックな歌詞。それを西洋音階と日本的な音階を折衷したヨナ抜き旋法の平易なメロディーに乗せたのが、大正時代には新しい感覚と捉えられたのである。反面、新しい突出した創作物であったがゆえに非難の対象にもなった好事例といえよう。

一九二一（大正十）年に出版され、街頭の書生節やレコードによって流行しはじめた〈枯れすすき〉（作詞 野口雨情《のぐちうじょう》／作曲 中山晋平）は、この唄を主題として一九二三（大正十二）年一月に栗《くり》島《しま》すみ子主演で映画化された松竹キネマ《水郷情話　船頭小唄》が封切られたこともあって、レコードや書生節の人気にとどまらず庶民の鼻歌として人口に膾炙した。

当時の映画館ではサイレント映画の説明を活動弁士がつとめ、映画館専属の楽団が情景外音楽（BGM）を演奏した。《船頭小唄》が爆発的にヒットした背景には、映画のシーンに合わせて蔭唄歌手が〈枯れすすき〉を歌唱するという試みがあった。映画の画面に合わせて歌われる主題歌には、情景外音楽を圧する魅力があったのである。

松竹キネマは《船頭小唄》の成功を受けて、流行小唄を転用した同工異曲の映画《水郷哀話　水藻の花》（一九二三年七月公開）、《温泉情話　山中小唄》（一九二四年十月公開）を製作して、いずれも大衆に受け容れられた。こうした歌手（蔭唄歌手）による主題歌の歌唱を前提とした映画は総じて小唄映画と呼ばれ、大正末期から昭和初期、トーキー映画の登場まで絶大な人気を保ったのである。

〈枯れすすき〉は、その流行のさなかに関東大震災（一九二三年九月一日）が起こったため、「こんな歌が流行するから大地震が起こったのだ」という理不尽な非難を浴びたことで知られる。のちに堀内敬三はこの非難について「大震災前に此の歌が流行した事について或る偶然的な意味を認めた人々もある」（『明治大正昭和　流行歌曲集』）と言及したが、その筆頭格に明治の文豪、幸田露伴《こうだろはん》がいた。

このたびの大震大火、男女多く死する前には、「おれも河原の枯れ芒（略）」といふ謡が行はれて、童幼これをとなへ、特に江東には多く唱はれ、或ひはその曲を口笛などに吹くものもあつた。その歌詞曲譜、ともに卑弱哀傷、人をして厭悪の感をいだかしめた。（略）原意は必ずしもこのたびの惨事を予言したものでも何でもないが、大震大火が起こつて本所や小梅、至るところ河原の枯れ芒となつた人の多いに及んで、唄ふものはパッタリとなくなつたが、回顧するといやな感じがする。

（『東京日日新聞』一九二三年十月三日夕刊）

地震直後とあってはこのような迷信的な心境に至るのも無理もなく、後味の悪い歌謡として思い出されたのであろう。もっともこれは地震後の噂として流れたので安寧秩序の紊乱には当たらず、もちろんレコードの発売禁止にはつながらなかった。

〈籠の鳥〉そして〈千葉心中〉

関東大震災からおよそ一年を経た一九二四（大正十三）年夏、関西から東京に〈籠の鳥〉（作詞 千野かほる／作曲 鳥取春陽《とつとりしゅんよう》）ブームが襲来する。この曲も〈枯れすすき〉と同様、はじめは書生節として流行し、帝キネによる映画化《籠の鳥》（一九二四年八月十四日／大阪・芦辺劇場封切り）で流行が拡大、小唄映画として評判になった。

映画化は帝キネにとどまらず、《新籠の鳥》（日活／同年九月二十六日／浅草三友館）、《小唄集第三篇　最新籠の鳥》（松竹キネマ／同年十月一日／浅草電気館）、《籠の鳥「後篇」》（帝キネ／同年十月十五日／大阪・芦辺劇場）と各社が続いた。さらに姉妹篇を謳って関連性をもたせながら《恋慕小唄》（日活／同年九月二十日／京都帝国館）という別の唄を売り出す便乗小唄映画もあらわれた。

《籠の鳥》に端を発した小唄映画ブームは映画界を席巻し、映画界では「営利のみを目的とした、映画芸術を冒瀆する作品」（『キネマ旬報』一九二四年十一月一日）というような反発を招いた。しかし大衆は小唄映画の通俗性に飛びつき、陸続とあらわれる小唄映画はいずれもヒットを記録した。

レコードのほうは映画に先立って大阪で人気のあった書生節、寺井金春と常盤静子が歌うニットーレコード（895‐B／一九二四年七月新譜）を皮切りに、これもレコード各社からさまざまな歌手により相次いで発売された。

〽一　逢ひたさ見たさに　恐さを忘れ　暗い夜道を　只一人
二　逢ひに来たのに　なぜ出て逢はぬ　僕の呼ぶ声　忘れたか
三　貴郎の呼ぶ声　忘れはせぬが　出るに出られぬ　籠の鳥
四　籠の鳥でも　智慧ある鳥は　人目忍んで　逢ひに来る
五　人目忍べば　世間の人が　怪しい女と　指ささん
六　指をささりよと　恐れはせぬが　妾や出られぬ　籠の鳥

当時の流行歌謡にはめずらしく三拍子のワルツ形式だった〈籠の鳥〉は口ずさみやすく、老若男女を問わず流行した。問題となったのはその内容であった。次の報道は、具体的に何が問題となったかを指し示している。

俗謡「籠の鳥」は非常に哀調を帯び、且牢屋にある婦人の解放とか自由恋愛思想を意味するので、昨今政府が一生懸命になつてゐる国民精神の作興に悪い影響を及ぼし、殊に之を小学校児童以下に口誦さましむるが如きは、其の弊害最も甚大なり。

（『大阪朝日新聞』一九二四年十月十五日付）

記事では婦人解放、自由恋愛を歌う内容が国民精神の奨励を妨げるとして〈籠の鳥〉が批判されている。このときも〈カチューシャの唄〉や〈さすらひの唄〉と同じく、東京や広島など各地方の警察や教育機関が小中学校に歌唱禁止を通達した。

同じような理由で一九一七（大正六）年に書生節の〈千葉心中〉が禁止されている。千葉心中というのは上流階級の夫人芳川鎌子《よしかわかまこ》がお抱え運転手と手に手を取って出奔し心中を図った事件で、事件を歌った書生節が「上流階級の腐敗を暴露するもの」として禁止された。上流階級の腐敗とは、具体的に述べれば自由恋愛主義である。

華族夫人の駆け落ち心中を庶民は身分制度を超えた恋愛としてあるいは喝采しあるいは興味本位で書き立てたが、世間のタテマエからは、当時の日本で常識であった封建的家族制度から逸脱する行為と映ったのであった。これらの禁止に見られるように、大正期の婦人解放の道のりはまだまだ前途遼遠だったのである。

ここで注意すべきは〈籠の鳥〉〈千葉心中〉のいずれも、さまざまなレコード会社からレコードが発売されていたが、それらは局地的に歌唱禁止を申し渡されることはあっても、発売禁止となったことは一度もないということである。ただし、発禁にこそならなかったものの、災難は

〈籠の鳥〉やその他の流行小唄を主題とした小唄映画に及んだ。

一九二四（大正十三）年十一月、警視庁保安課の検閲官らは「こんな廃頽的な唄は民衆風儀取締の上から宜しくない」（『東京朝日新聞』十一月九日夕刊）として小唄映画《恋慕小唄　小豆島情話》（東亜キネマ／同年十月二十三日封切り）のなかに流れる小唄字幕を切除し、観衆に歌わせてはならないと布令を出した。この一件は、小唄映画の上映時に映画館の蔭唄歌手ばかりでなく観衆も一緒になって主題の小唄を歌っていたことを教えてくれる。

3 「公序良俗」の波

投書による発禁

以上いくつか例を挙げたが、これらの映画小唄の場合、世間で話題となったことが取り沙汰されてレコードが発売禁止に至ることはなかった。官憲は教育上あるいは情操上よろしくない唄の歌唱は差し止めるものの、その元となったレコードまで取り締まろうとの意識がなかったのだろう。

なによりレコードを取り締まりたくとも、その根拠となる法律が存在しなかった。行政からの指導でレコード販売を中止することはあったが、あくまでレーベルの自発的発売中止である。

レコードにおいて発売禁止の最古の事例をたどるのはまことに困難なのである。

次の一件は、投書によって一枚のレコードが葬り去られた珍しい記録である。

一九二五（大正十四）年の夏のことである。和歌山県新宮町の某氏より内務省警保局にこんな投書がなされた。

日東蓄音器会社製造に係るレコード、紀伊串本・珍丸愛吉吹込「串本節」（比較的最近発売ノモノ）中に
「色気づいたか五月の蟬は　松をかか江て腰つかふ……」
「……尾立の爺と婆とが松の木蔭がよひをなされたさうな……」
の如き、特に前者に到りては如何にしても良俗に反する文句と被思候。（後略）
以上　匇々　（大正拾四年七月廿八日）

地元の民謡を告発するのに多少気がとがめたのかあるいは素性を知られては困る事情でもあったのか、追伸に「他に対して小生の名前発表せざるよう」と念を押している。

この投書を問題視した警保局長は八月二十七日、大阪府知事にこの件について照会した。大阪府知事は通牒（警保局警発乙第一〇五四号）を受けてすぐに所轄署を動かし、住吉区のニットーレコードを諭示した。九月九日、ニットーはこのレコード〈串本節　上・下〉（紀州熊野串本　玉屋愛吉・珍丸／1586－A・B／一九二五年六月新譜）の在庫品、原盤ともども破棄した。この案件は警保局長の決裁書類が現存するため知ることができたが、おなじように投書によって発売中

止に追いこまれたレコードが他にどのくらいあったかは未知数である。[*10]

下ネタも多かった

大正・昭和初期の万歳や落語、俚謡のレコードにはこのような猥雑なネタや過激な表現がしばしば織り交ぜられている。なかでも多芸多才でしゃべくり漫才の元祖といえるエネルギッシュなかけあいを聞かせた砂川捨丸《すながわすてまる》は吹きこんだレコードの量も同時代の演者のなかでずば抜けて多いが、それに比例して尾籠な下ネタも多かった。

瀧　〽宵に来もせず夜中に叩く　開けて嬉しや主の顔、てどうです
捨　乙な文句やな。〽宵に来もせず夜明けに叩く　開けりや眠たい小便取り
瀧　汚い唄やなあ
（〈唄返し〉砂川捨丸・加藤瀧子《かとうたきこ》／オリエント／2488／一九二二年）

捨　わては人に言はれてね恥しい様な事した覚えおまへんわ、すまんけど
春　覚えがない
捨　ハア
春　よう言つた、そんなら昨夜宿屋の二階で
捨　ハア
春　とろろが甘味い甘味いと言うて三杯もお代はりした上に夜中に腹がキリキリ痛み出して便所へ行くにも間に合わず廊下をずるずるととろろのまゝちびつて歩いたのは、ありや

何んや
〈新式商売〉砂川捨丸・中村春代《なかむらはるよ》／オリエント／4316－A・B／一九二八年七月新譜）

春　では貴方の女房が焼いたのは
捨　ありや夜這ひやがな
（〈メンタルテスト〉砂川捨丸・中村春代／オリエント／60287－A・B／一九三〇年十月新譜）

この種の破礼《バレ》ネタをそのまま吹きこんだレコードは当時、市井の人びとにきわめて近しい笑いであった。

〈スットントン節〉

芸妓の歌う小唄や流行唄も清廉潔白な歌詞ではつとまらない。これは大阪南地の人気芸妓である金龍が大正期に吹きこんだ〈スットントン節〉（＝ストトン節／添田さつき作）の一部である。

〽たまに来る時や表門　抱いて寝たのは下宿屋で
そこでお腹が七八月　心配なさるな女学生
男の子なら事務員に　女の子なら看護婦に
ベビーが出来ても国の為　ストトンストトン

〽そんなに私が可愛いなら　乗つてきた自転車を質に置き
それで私を身請けして　汽車の代はりに乗つてみて　ストトンストトン
（オリエント／2725-A／一九二四年二月新譜）

〈ストトン節〉はもともと添田さつきが関東大震災前に作った書生節で、とくに刺激的な文言はなかったのだが、陸軍の姫路連隊で歌われるうちにこのようなバレ唄に変化したという。大震災後、復興のため上京した姫路連隊が歌っていたことから広がり、花柳界で流行してレコードにまでなった。このレコードもきわどい歌詞だが、〈串本節〉のような通報がなかったからかとくに問題となった形跡はない。

このころ、一ヵ月のレコード生産高は「実に七十万枚の驚くべき数」（楽報会編『音楽年鑑 大正十四年版』／竹中書店）だった。[*11] 年間八百四十万枚見当ということになるが、これがのちに年産二千九百六十八万二千五百九十枚（一九三六年）の巨大産業に化ける。その過程で巷の流行を卑俗といい、文明的ではないとして取り締まるようになったのが昭和という時代なのである。

文部省推薦認定レコード

前述したように大正・昭和初期には俗曲や俚謡（民謡）、落語、万歳といった通俗な芸能に卑猥な言葉やくすぐり（下ネタ）が入ることは多々あった。

取り締まる法律がなかったこと、社会に与える影響がさほど大きくなかったことでこうした世俗的なレコードは野放し状態となっていたのだが、その状況を憂慮したのが文部省社会教育課である。

そもそも社会教育課（のちに社会教育局に昇格）は、映画産業が大きく成長して社会に与える影響も看過できなくなったことから優良映画推薦制度を設けたのであるが、レコード産業もまた発展の途を歩んでおり「何等かの方法で社会教育上指導して行く必要がある」（田辺尚雄《たなべひさお》「文部省のレコード推薦制度について」／『レコード音楽』／一九四〇年十一月号）ということで、レコード行政に乗り出したのであった。社会教育課長・乗杉嘉壽《のりすぎよしひさ》（のち東京音楽学校長）の発案で、当時映画審査委員だった菅原教造《すがわらきょうぞう》が田辺尚雄のもとを訪れて二人で具体案を作った。

そうして一九二三（大正十二）年一月、「文部省推薦認定レコード」という制度が設置された。この制度は、各界の有識者からなる社会教育調査委員が優良なレコードを選定して世に薦め、また内容によっては認定するものである。文部省の選定したレコードのレーベルには官選のマークを記す。推薦レコードに選ばれれば学校や家庭で子どもにも安心して聴かせられる。社会的な音楽教育といえる施策であった。

官から指し示された上意下達の音楽教育統制ということもできるだろう。しかし一般的には官選のマークがついたレコードは信頼の証となり、販路拡大につながるはずだった。レコード会社も文部省推薦を念頭にしていれば低俗なレコードを作らなくなるであろう、という「善導」的なレコード行政がはじまったのである。[*12] レコード推薦事業の全体を社会教育課長・乗杉嘉壽が統括し、調査委員には菅原教造、田辺尚雄、保科孝一などが選ばれた。

レコードの審査は童曲、洋楽、端唄・小唄、浪花節、義太夫、長唄、書生節、落語、演劇などのジャンルとレコード会社を横断して、以下の条件で審査された（「文部省レコード推薦事業の生ひ立ちに就て」／『音楽と蓄音機』／一九二六年十月号）。

一、民衆娯楽に資するもの
二、芸術的賞玩に資するもの
三、一般学校教育に資するもの
四、特殊なる教育に資するもの
五、語学練習用に資するもの

九社が発行するレコードから、二百三枚（百二十八種）が選ばれ、一九二三年四月二十三日に第一回推薦レコードとして発表、日比谷公園で公開演奏された。

童謡が圧倒的に多く三十一枚（三十一曲）。次いで義太夫の二十四枚（七演目）、浪花節の十九枚（十二演目）、洋楽の十六枚（十六曲）、端唄・小唄の十二枚（十二曲）が続いた。民衆娯楽の規範となるレコードとして、ほかに薩摩琵琶、筑前琵琶、書生節、落語、講談などからも選ばれている。文部省推薦というお固いイメージからすると、意外に柔軟な大衆目線のセレクトだ。

同年七月には第二回推薦レコードが発表された。九月に関東大震災があったため推薦レコードの紹介コンサートは大幅に遅れて十二月におこなわれた。慰安のための娯楽がもっとも求められている場と時でのレコードコンサートは、この事業の真骨頂を示すひとときだったことだろう。

以後、レコードの推薦事業は一九二六（大正十五）年八月の第十一回発表まで確認できる。その効果がいかほどであったのか結果を示す数字はないが、現存するＳＰレコードにしばしば文部省推薦のシールが貼付されているところをみると、家庭でのレコード購入の指針としてこの制度はある程度は役立っていたのではないだろうか。[*13]

法も技術も転換期

文部省の動きとは別に、昭和改元とともにレコードの取り締まりが当局の俎上に上った。当局とは内務省である。

一九二六（昭和元）年十二月二十六日から一九二七（昭和二）年三月二十五日にかけて開かれた第五十二回帝国議会で、政府案として出版物法案にレコードの取り締まりを包含した改正案が検討された。そもそもこの改正案は新聞紙法と出版法を一本化してさらに改正を加える案だったのだが、前回の第五十一回帝国議会（一九二五年十二月二十六日～一九二六年三月二十五日）で議会内外からの反対が強く審議未了となっていた。それを持ち越した第五十二回帝国議会だったのだが、ここでも反対が多く、審議未了のため議会を通過しなかった。レコード取り締まりの法制化にはまだまだ時期尚早だったのである。

レコード界も大きな転換期に直面した。一九二五年、アメリカと英国ではレコードがアコースティック録音から真空管を用いた増幅器とマイクロフォンによる電気録音システムに移行する。その新しい波が日本に到来したのは一九二七年。名古屋のアサヒ蓄音器商会（ツルレコード）がいち早く電気録音を採用し、東京の日本蓄音器商会（ニッポノホン）も試験的に電気録音のレコードを作りはじめた。レコードの音声はそれまでより格段に明晰になり、音量も豊かになった。時を同じくして、アメリカ資本の日本ビクター蓄音器株式会社と米英資本による日本コロムビア蓄音器株式会社が設立された。それまで既存の流行りものを主なネタにしていたレコード製作や明治以来の営業販売方式が、欧米流の方式に取って代わられた。昭和への改元はレコード業界にとっても刷新のときだったのである。

レコードの作りかたは「巷で流行っている芸をレコードにする」から「企画会議で生み出されたコンテンツを巷に流行らせるべく宣伝する」へと一変した。流行を発信する主導権が巷間の流行ではなくレコード会社に移った以上、卑俗な文句を明晰な音質でレコードにするわけにはいかなくなった。公序を乱すレコードが世に出てしまった場合、責任を追及されるのはレコード会社だからである。

といって、明治期このかた寄席と関係を深め広範な演目を営々と築いてきたレコード業界が一夜にして俗語の排除をできるはずがない。検閲前夜のレコード業界は、かくして前近代的な市井の感覚と洗練された都会的感覚のせめぎあいとなって混沌を深めていくのであった。

第二章

レコードにも検閲を！

1　売り上げは右肩上がり

三、四人に一枚

昭和に改元されてからのレコード産業の成長ぶりは目覚ましかった。一九二九（昭和四）年のレコード生産高は一千万枚ほどであった。それが一九三〇（昭和五）年には一千四百万枚に、一九三一（昭和六）年には一千六百九十万枚へと伸びを見せていた。レコードの売れ高も一九三〇年には二千万枚近くにのぼった。

この数字は当時の日本の人口（六千五百四十五万七千人）に照らし合わせると三、四人に一枚という勘定になる。世界大恐慌後の不景気をかこちながらも、レコードの生産高と売り上げは右肩上がりを記録していたのだ。

いっぽう海を隔てた英国の二大レーベル、ＨＭＶとコロムビアは、一九三〇年六月に百四十二万ポンドをはじき出した合計純益が一九三一年六月には十六万ポンドに激しく凋落《ちょうらく》していた。両社は合併してＥＭＩとなった。アメリカでも大手レコード会社の経営権者はころころかわり、離合集散をくりかえした。苦境の海外レコード事情を横目に、日本のレコード産業はゆっくりと着実にレコード王国を築きはじめていた。

このころ文部省は「家庭でどのようなレコードが聴かれているか」という調査をおこなっている。一九三一年二月に発表された人気レコードの統計結果は、浪花節、俚謡（民謡）、映画主題歌、小唄（流行歌）、ジャズ、童謡・童話、教育レコードという序列であった。

一般家庭において浪花節やエロ・レコードが幅をきかせている点について、新聞記事は「しかもかう云ふレコードを買ひに来るのは若い娘さんに多くシックな洋装か何かでやつて来てこんなレコードを買つて行くさうですが、又若いハイカラな主婦連れも少くありません。これは何を物語るか？　若い時代の人々がエロ・グロの影響下にあることを物語つてゐるのではありませんか」（『読売新聞』二月十九日付）と慨嘆している。

政治家レコードと社会主義的レコード

また昭和時代の新しい傾向として右に引用した記事には、早慶戦や相撲の実況放送を模したスポーツレコードや無産政党系の演説レコードが家庭に取り入れられている点が挙げられている。

代表的な演説レコードに以下のものがある。

安部《あべ》磯雄《いそお》（社会民衆党党首）の〈無産政党の使命〉
（ヒコーキ／８３２８・８３２９／一九二八年）

大山郁夫《おおやまいくお》（労働農民党党首）の〈我が労農党の立場〉
（オデオン／Ｕ２１９６-Ａ・Ｂ／一九三一年一月二十日臨時発売）

市川房枝《いちかわふさえ》（婦選獲得同盟）の〈婦選の話〉
（オデオン／Ｕ２１９８-Ａ・Ｂ／同）

浅原健三《あさはらけんぞう》（全国大衆党代議士）の〈メーデー檄語〉

（オデオン／U２２５２-B／一九三一年四月二十七日特別発売）

さらには全国大衆党の浅沼稲次《あさぬまいねじ》郎《ろう》と藤野光弘が指導する大衆音楽団による合唱〈メーデー歌〉（同／U２２５２-A）などが陸続と作られた。

日本オデオンはこれら政治家レコードに関連づけて、労働者階級のマーチ作曲家カール・グラム（一八五五～一九二七）による〈社会主義者行進曲 *Socialist March*〉（指揮 ヘルマン・ルートヴィヒ・ブランケンブルク／演奏 オデオン管絃楽団／U１８８-A／一九三一年六月新譜）を発売している。この行進曲は日本パーロホンからも〈ソシアリスト行進曲〉（パーロホン軍楽隊／E５２１７-B／同年二月新譜）として発売されていた。[*1]そのカップリングは、当時から革命歌として有名だった〈インターナショナル〉であった。書籍の『プロレタリア歌曲集』（無産社／一九三〇年六月一日発行）や『プロレタリア歌集』（大衆党事業部／一九三一年五月二十三日発行）が発行と同時に問答無用で容赦なく発売頒布禁止となり押収されていたのにたいして、レコードは信じられないほど監視の目がゆるかったのだ。

一九三一年には音楽による過激な無産思想運動として、日本プロレタリア音楽（家）同盟（一九二九～一九三四）が発行する「PMレコード」があらわれた。

〈メーデー歌〉〈ラララ行進曲〉

（PM No.１／一九三一年三月三十日録音・四月上旬発売）

〈憎しみのるつぼ〉〈団結の力〉〈掲げよ赤旗〉

（PM No.２／一九三二年三月三十日録音・一九三二年三月発売）

〈芝浦〉〈鐘が鳴れば〉

（PM　No.３／一九三二年録音・七月発売）

〈メーデー歌〉は現在〈聞け万国の労働者〉として知られている歌である。また歌唱が禁じられていた〈インターナショナル〉の歌詞をすべてラにして歌ったのが〈ララ行進曲〉である。芝浦製作所（現・東芝）の争議から生まれた〈芝浦〉も歌唱禁止となり、戦後になってこのレコードから歌詞を復元したというエピソードがある。

まさに野放し

日本プロレタリア音楽同盟は構成員の守田正義《もりたまさよし》や露木次男《つゆきつぎお》らがクラシック音楽の専門誌『音楽世界』で戦闘的な論陣を張っていたのでその活動がごく一般的な音楽ファンの目にも留まる機会はあったが、活動のメインである移動音楽隊やPMレコードに興味を持つ者は稀であったろう。

しかし、先の『読売新聞』の記事は「政治思想系のレコードも家庭に入っている」とも述べており、これはまさに無産政党が乱立しては合併する混乱の時代にあって若い世代もけっして政治に無関心ではなく、レコードを通して無産思想に触れていたことのあらわれである。出版検閲が「発売禁止の厄にあふものはエロ・グロ・ナンセンス時代の如く思はるゝ昨今において当局のきい（忌諱）に触れるものは案外に少く発禁にあふ大部分のものは社会の安寧秩序をみだす恐れある思想的方面の出版物である」（『東京朝日新聞』一九三一年六月五日付）と社会主義思想にきわめて厳しかったのにたいして、同じ思想系の産物でもレコードがいかに野放し状態であったかがわかろう。

家庭で聴かれるレコードの調査によってあらためて「エロ」と「思想」がレコード界にはびこっていることを認識した文部省は内務省と連携を図って、レコード検閲制度を制定する方向に動きはじめる。

詩人vs.警視総監

このころ、警視庁も悪質なレコードの取り締まりをはじめた。

一九三一年の春、新宿のカフェーを訪れた警官が、店でかかっていたポリドールレコード〈とこイットだね（イット節）〉（作詞 サトウ・ハチロー／作曲・編曲 井田一郎／歌 二村定一／ポリドール／633-A／一九三一年二月新譜）を「一寸、調べたいから借りてゆく」と持ち去った。その後、荏《え》原《ばら》郡池上町（現大田区の一部）のポリドール本社へも警官が来訪した。なお、イット（it）とはアメリカの女流作家エリナ・グリーンの原作、クララ・ボウが主演の映画《イット》（一九二七年）によって流行した語で、曰く言いがたい性的魅力を指す。

サトウ・ハチローは雑誌で時の警視総監・丸山鶴吉《まるやまつるきち》に苦言を呈した。丸山は浅草のレヴュー興行に「ヅロースは股下二寸未満、肌色のものは禁止」「腰を前後左右に振るダンスは禁止」などのやかましい規則を設けたり、カフェーの営業時間短縮をおこなったりと風俗の規制を熱心におこなっていた。

> これが、どこがワイセツなのでありませう。私は、これをいまの世相と女性に対する皮肉な気持ちで書きました。野次つてゐるのであります。けつしてイツトを賞賛してゐるのではあ

りません。（中略）これは某雑誌に発表ずみの小唄であります。風儀上この歌詞が、よろしくないならば、雑誌にのりましたときに、内務省から、おしかりを受けてゐなければならない筈であります。その時は、おしかりを受けないで、今度しかられるといたしますれば変な話しでございます。（中略）よくおしらべの上、おやり下さいますやう、ひたすらおねがひ致します。

（「警視総監に与ふるの書」／『文學時代』／四月特大号）

丸山も次号で応酬する。

あなたなど、天才的の衝動から『とこイットだね！』と詠み出すと、誰も彼もが『イットだね！』で礼賛の言葉を浴せかけます。それが三晩も四晩も寝ないで、苦心して出来るのでなく、なんといつてよいかわからない一種のイモーションで、軽々と吹き出した、その心地が、ピツたりと浅草辺の人の心をつかんで、押すな／＼の盛況を呈するのです。羨ましい限りであります。

（「佐藤八郎君に御返しする書」／『文學時代』／五月号）

褒め殺しである。そのうえで、警察というのは治安を維持して「何も無い」状態がふつうなので、誰もその働きを知ってくれない、なにかあれば警察の怠慢だと謗られ、裁きをつければ板挟みに遭う、と警察業務の辛さを訴える。そうして肝心のレコードについては、こう記す。

あなたの作られた小唄のレコードのことで、神経を悩まされて居るやうでありますが、実は私は『イットだね！』はまだ拝聴の光栄に浴しません。（中略）矢張り社会のためだと思つて、エロやグロをあまり咬らないやうにして下さい。そんなことは無理な註文だ、それが小唄作家の生命だとおつしやれば致し方も御座いません。（同前）

記事のタイトルには「サトウ・ハチロー君」ではなく「佐藤八郎君」。そして自分の署名は相手のペンネームよろしく「マルヤマツルキチ」とある。明らかに詩人は警視総監に鼻であしらわれたのであった。

けっきょく〈とこイットだね〉はポリドールが自発的に発売中止にした、と王桂馬「鳴らせんレコード物語」（『週刊朝日』一九三四年十月七日号）は伝える。

一から十まで下ネタづくし――どう取り締まるか？

関西では同じレコードが二度にわたって摘発されている。兵庫県西宮市《にしのみや》のタイヘイが発行した〈数へ唄　娘づくし〉（花の家福奴・千代奴／キリン／K840－A・B）は、「余り甚だしい」歌詞（『読売新聞』一九三一年四月五日付）だというので大阪府警から内務省に申報《しんぽう》（報告）が行き、記事によるならばこのレコードは「発売禁止」となった。

その内容は一から十まで下ネタづくしである。問題となった歌詞を抜粋しよう。

〽あゝ二つともせいえ　船方屋の娘さん　こいつもどん助平で
　客さへ見たなら乗れ〳〵と　乗つたら忽ちつき船をぢやいな

〽あゝ四つともせいえ　夜はまた泊めたがる宿屋のどん助平
　泊めたお客を大切に　ふいてさします　チョイと箱まくらぢやいな
〽あゝ五つともせいえ　いかけ屋の娘で此奴もどん助平
　黒いお手々で撫でまわす　穴さへ見たなら　チョイとつめたがるわいな
〽あゝ六つともせいえ　むちやくちやに入れたがるわ桶屋のどん助平
　足でからんで手で輪を入れて　ソコぢやソコぢやと　チョイと尻たゝくわいな
〽あゝ七つともせいえ　何んぼわたしがどん助平でも
　材木屋商売したからにや　お金を持つて来な　チョイと気をやらぬわいな

しかし「発売禁止」と報じられたにもかかわらず、キリンは翌一九三二（昭和七）年十二月十五日にふたたび同レコードを発売。三日後の十八日にたちまち摘発され、レコードそのものを取り締まる法律がないので、歌詞カードに出版法を適用して稟議にかけられた。

結論は「全般ニ渉リ淫猥、煽情的ナルヲ以テ禁止」（『出警報』第六十四号）で、計二千枚が回収された。しかし、レコードそのものにたいしては、一年以上経った一九三四年二月二十三日になってようやく処分案が検閲担当者から内務省警保局長に上がってきた。最終的に処分が下ったのはレコード検閲開始後の一九三四年九月三日のことで、後述する改正出版法（レコード検閲）ではなく摘発時に検討された治安警察法第十六条によって演奏を禁止された。[*2]

同様に風俗壊乱で摘発された例としては、国立公園の歌〈驚異の阿蘇〉（作詞　北原白秋《きたはらはくしゅう》／作曲　佐藤吉五郎／唄　中野忠晴／コロムビア／27381-A／一九三三年五月新譜）がある。おそらく発売前に特約店に配布した宣伝盤で発覚したのだと思われるが、歌詞のなかに卑猥な方言が入っていたため、発売直前になって当局からの注意により発売を中止した。こちらは歌詞を改訂して吹きこみなおし、九月新譜で仕切りなおした。方言だから東京でレコーディングしたときに誰も気がつかなかったのだろう。

煙れる太陽と競馬レコード

一九三一（昭和六）年五月には帝キネ映画《煙れる太陽》の主題歌〈煙れる太陽の唄〉（作詞 佐伯たかを／作曲 佐々紅華／編曲 井田一郎／唄 二村定一／コロムビア／26317-B／一九三一年五月二十二日発売）が問題視された。

《煙れる太陽》は印南弘《いんなみひろし》（監督）、高島登《たかしまのぼる》、中野英治《なかのえいじ》、歌川八重子《うたがわやえこ》、砂田駒子《すなだこまこ》、山路《やまじ》ふみ子、水《みず》沢綾子《さわあやこ》、英《はなぶさ》須磨子《すまこ》、中村栄子と帝キネのスターを総動員した作品で、同年五月十五日に浅草常盤座で封切られた。工場の労働者たちが不満を爆発させるストライキ場面の盛り上がりが効果的だったとされるこの映画は、当時流行の「傾向映画」であった。それだけに検閲も念入りにおこなわれ、

第一巻タイピストガ首藤ニ引キ寄セラレ画面ヨリ姿ヲ消ス場面九米（風俗）
第四巻字幕第八「社会主義め」第十四「彼の言ふ新しい同志云々」切除三、五米（公安）
第五巻暴力団員ト重役連ガ社長室ニテ協議スル場面及ビ掲示ヲ見テ騒グ群衆ヲ暴力団員ガ追ヒ散ス場面短縮切除一四米（公安）

第十四巻巻末ニ於テ大阪ニ於ケルメーデーノ実写ヲ加入セル場面切除一二米（公安）

など二十ヵ所にものぼる場面が切除された。この作品は無声映画なので、活動弁士のための説明台本も数ヵ所が抹消された。そのうえ、

第十一巻「煙れる太陽の歌」ノ歌詞ノ表ハレル字幕第十、第十一、第十二、第十三（各々画面ニ二重焼）切除六〇米

として、フィルムに映出される主題歌の歌詞もすべて切除された。字幕の、

〽可愛い女工の血肉を焼いて　にくや肥つたあの煙（一番）
〽煤で汚れりや天道さんも曇る　この世光るは金ばかり（二番）
〽煤に巻かれてあの娘も死んだ　可愛いあの娘の恨みの焔　燃えて火となれ黒煙（三番）
〽いつか一度はあの黒煙　止めてみせるぞ俺らの腕で（四番）

などの表現が安寧秩序に抵触したと推測される。このことが影響して、映画公開後の五月二十二日に発売された主題歌レコード〈煙れる太陽の唄〉もリリース直後に販売中止となったのであった。[*3]

ちょっと変わった事案で取り締まりを受けたレコードもある。

一九三二（昭和七）年九月十二日、警視総監から内務省警保局長へ通牒があった。「最近、ビクターで〈競馬に賭けて〉というレコードが出て、これは賭博行為に使われるおそれがあるのでいかがなものか」という主旨である。

件《くだん》のレコードは同年九月新譜の〈謎のレコード　競馬に賭けて〉といい、盤面に並行して六本の音溝が切られている特殊なレコードである。新譜広告に「六本の溝のどれかに針を入れると競馬に勝ちます。室内競馬遊戯用として斯んな面白い珍レコードはありません」（『ビクター月報』「面白いことご請合」（『東京朝日新聞』一九三二年八月二十日夕刊）と宣伝されているように、レコード針を落とす箇所によって再生内容が異なる。通牒によればこのレコードには投票用紙が添付されており、賭博行為に用いられる虞《おそれ》ありとのことで取り締まりの可否を問い合わせている。通牒を受けた警保局からビクターに申し入れがあり、このレコードはすぐに廃盤となった。[*4]

2　取り締まろうにも法がない

皇室関連の事柄では

じつは、レコード検閲制度が発足する以前に取り締まられたレコードで、記録に残っていて確認できるのはごく一握りである。

軽々しく扱うことがタブーであった皇室関連の事柄は、レコード会社間でもセンシティブな問題で、「某外国系会社の国歌『君ヶ代』に御詠歌の節づけたものなどは流石に同業者間にも非難がひどいのでその会社も販売を取止めた」（『読売新聞』一九三一年四月五日付）という。これは一九二九年三月新譜の〈御詠歌　君が代〉（福島明音大教正／ビクター／50654）のことで、新聞が報じたようにあまりの評判の悪さにたちまち廃盤となった。[*5] 官憲の干渉ではなく同業者の非難にあって販売中止となった例は珍しい。

一方、長唄の〈鶴亀〉に〈君ヶ代〉を巧みに織り交ぜた和洋合奏のレコードがあったが、そのような新年を寿《ことほ》ぐレコード企画は不謹慎とはみられず、レコードカタログを長年にわたって飾った。[*6] 要するにレコード検閲に関する法律はまったく整備されておらず、関係官庁に報告されたレコードについての判断はそのつど恣意的におこなわれていたというのが実情であった。

ソビエトからの赤いレコード

プロレタリア文学、演劇・戯曲、短歌や前衛詩、プロキノ（日本プロレタリア映画同盟）にたいしては内務省警保局の厳しい監視の目が光っていた。しかしレコードにたいして検閲当局が意識しはじめたのはようやく一九三〇（昭和五）年のことである。

そのきっかけは同年夏、「大阪に入港した船から赤宣伝レコード発見」（『大阪時事新報』八月二十七日付）と報じられた事件であった。片山潜《かたやません》（一八五九〜一九三三）と山本懸蔵《やまもとけんぞう》（一八九五〜一九三九）がソビエトで吹きこんだ演説〈日本の無産者に告ぐ〉や〈赤旗の歌〉のレコードがウラジオストック発の商船で密かに国内に運ばれてきたのである。

かねてからこの航路に目をつけていた大阪府警特高課が船内から不穏なポスター十数枚、レコード数枚を見つけ押収した。国際的革命家のレコード摘発に想を得た夢野久作《ゆめのきゅうさく》はのちに「人間レコード」という短編小説をものしている（『現代』一九三六年一月号に発表）。よほどインパクトの強い事件だったのだろう。

「最近では片山潜、佐野学などのアヂ演説も吹き込まれ極左の宣伝機関に利用されてゐる」（『読売新聞』一九三三年四月二十七日付）と危機感をつのらせた当局はいきおい輸入レコードへの監視を強めた。輸入された演説レコードは実際に全国労農大衆党が《インタナショナルの夕》と称してレコードコンサートに使うなどしていたのである（労働事情調査所編『最近の我国社会運動』／一九三二年）。

流行歌のなかのマルクス

ところが奇妙なことに、国内の流行歌にちりばめられているマルクス趣味の歌詞には官憲は無頓着であった。日本ビクターを例に取ると、昭和初期の歌謡の歌詞事情がいかにフリーダムであったかが垣間見える。

一九二九（昭和四）年、ビクターは日活映画とのタイアップで映画主題歌〈東京行進曲〉をレコード化することになった。作詞者の西條八十は〈東京行進曲〉（作曲　中山晋平／唄　佐藤千夜子／50755-A／一九二九年五月新譜）を作る際、四番の歌詞を、

〽長い髪してマルクス・ボーイ　今日も抱える「赤い恋」

と付けた。佐藤千夜子をスタジオに迎えていざレコーディングというときにビクター文芸部長の岡庄五《おかまさかず》に「官憲がうるさそうだから」と指摘されたので、録音に立ち会っていた西條八十がその場で、

〽シネマ見ましょか、お茶のみましょか　いっそ小田急で逃げましょか

に書き換え、この歌詞でレコード化され一般に流布した。有名なエピソードである。[*7] しかしながら、レコードに使われなかった幻の四番歌詞も戦前から書籍などで「じつは最初の歌詞は……」と取りあげられ、しかも活字化されたそれらが取り締まられた形跡はない。けっきょくのところ、岡の心配は杞憂に終わったわけである。

ビクターレコードの歌詞に見られる思想的な暗喩表現は、一九三〇年から三一年にかけてピークを迎える。

〽北はロシアよ　真っ赤な壁よ（〈ミス・ニッポン〉作詞 西條八十／作・編曲 近藤柏次郎／唄 四家文子／51480-A／一九三〇年十一月新譜）

〽腕に抱えたマルクスの　本は昼寝の枕なの（〈銀座のバッド・ガール〉作詞 柳水巴／作曲 中山晋平／金色仮面／52000-B／一九三一年十二月新譜）

〽赤い灯の波　渦巻く世界（〈明るい瞳（アヴァンチュール小唄）〉作詞 伊藤和夫／作曲 松平信博／唄 羽衣歌子／52236-A／一九三二年六月新譜）

と、思わせぶりというか際どいというか、取り締まる側の首をひねらせるようなグレーゾーンの歌詞の連発である。

ビクターの流行歌における〝赤〟は官能を呼び覚ます〝赤〟であるとともに、社会主義思想の〝アカ〟をも意味した。ビクター文芸部は一九二九年には〈東京行進曲〉で当局の干渉を危惧したが、一九三一、三二年ごろにはそんな心配をすることなく赤い要素を堂々と歌詞に紛れこませていた。それは『マルクス・エンゲルス全集』（改造社版）のヒットなど社会主義への興味が一般社会にも広がっていたことの反映でもあった。もちろんこれらのレコードは公衆の面前での演奏が禁止されることもなく、望めばレコード店で購入することができたのである。

しかたなく既存の法律で

これほど刺激的な歌詞が野放し状態となり、レコード歌詞が社会問題となっても各々への対応にムラがあったのは、レコードを手っ取りばやく取り締まる法律が存在しなかったからだ。

取り締まろうにも手順がまどろっこしかった。あるレコードが問題となったときは、地方の府県庁から内務省にいったん申報される。内務省で判断を下して処置を府県庁に通達する。その通達に沿ってレコードを差し押さえる、という手間がかかっていた。つまり取り締まりを全国で一本化する状況になかった。しかも各府県庁で取り締まりの基準がまちまちなので、ある県では問題となっても別の県ではスルーしてしまう。

地方からの申報に頼らざるを得ない警保局としては、各府県庁で取り締まり基準の足並みが揃わないのが悩みの種であった。一般的に大阪は東京よりエロに寛容で取り締まりもゆるいとされたが、実際、昭和初期のエロ・レコードの多くは関西圏のレーベルで製作されている。

「『エロ』『赤』ばやりからレコードにも検閲制　内務省漸く動き出す」（『読売新聞』一九三一年四月五日付）と新聞が大見出しで報じるほど、社会現象への行政の対応は悠長であった。内務省警保局も、

レコードの検閲実施は未だ決定的になつた問題ではないが文部省が頻りに提唱し又最近のレコードには随分広い範囲に亘つての思想的、社会風教上に相当考へねばならぬやうな内容を持つレコードが増加したし（略）さういつた機運が内部側に固まつてゐる。併し検閲の制度、実施の方法に関してはまだ具体的になつてゐない。（同前）

と、これまたじつに官僚的なものであった。そして一年以上経っても「蓄音機レコードの検閲事務を開始する腹で法規その他手続き上の問題について考究を加へることになつた」（『東京日日新聞』一九三二年十一月二十八日付）という段階であった。

レコード検閲の法制化が遅々として進まないなか、過剰なエロ案件や左翼思想が顕著なレコードにたいする取り締まりにあたっては、とりあえずは既存の法令を適用した。

用いられた法令は治安警察法の第十条、同第十六条、刑法の第百七十五条（猥褻物頒布罪）や各府県令（演芸場及興行取締規則等）である。これらの法律によって各府県で恣意的に飲食店や楽器店の店頭、公衆の自由に通行しうる場所でのレコード演奏を禁止していた。すなわちこれらの法令は、レコードの発売を禁止することはできないが、さしあたり公開の場での演奏は止めさせることができたのである。しかるのちレコード会社に諭示するという形でようやく当該レコードの販売を差し止めることができた。[*8]

古賀メロディーが狙い撃ちされる

行政ではどうにもならず、民事裁判で決着をつけた案件もある。

一九三二（昭和七）年一月、レコード業界では新興レーベルに属するニッポンレコードから歌謡曲〈夢は涙か思ひ出か〉（作詞 鹿山映二郎／作曲 文芸部［小泉信一］／唄 中野忠晴／ニッポン／P30-A）があらわれた。前年に大ヒットした流行小唄〈酒は涙か溜息か〉（作詞 高橋掬太郎／作曲 古賀政男／唄 藤山一郎／コロムビア／26486-A／一九三一年十月新譜）の模倣盤である。翌二月には同じニッポンレコードが製造した〈酒は涙か～〉の朝鮮語盤（作詞 蔡奎燁／唄 李明鎮／発行 帝国発明社）も発売された。

このレコードの件が作曲者の古賀政男の耳に入り、当然のことながら問題化した。模倣盤問題は日本作曲家協会にもちこまれ、協会の顧問弁護士・城戸芳彦がさらに調査を進めると同社では〈丘を越えて〉を〈丘は遥か〉（P209-B）に、〈月の浜辺〉を〈月の海辺で〉（P209-A）に、〈影を慕ひて〉を〈君を慕ひて〉（P229-A）に、〈乙女心〉を〈乙女ごゝろ〉（P229-

B）に、と古賀のヒット曲を狙い撃ちして模倣レコードを製作販売していることが判明した。

同年十二月五日、古賀は東京地方裁判所にこれらの偽作レコードの製造、販売頒布の禁止と著作権侵害の損害賠償として金二百五十円、人格的利益侵害の慰謝料として百円の請求訴訟を提起した。同時に金属原盤とプレスしたレコードの仮押さえ処分申請もおこなわれた。なお、ニッポンレコード合資会社は一九三二年八月にオーゴン・レコード合資会社に社名を変更したので、この訴えはオーゴン・レコードにたいして起こされている。

ホンモノがバカを見る

レコード流行歌の著作権侵害という案件はそれまであまり例がなかったことから、裁判所は作曲家の中山晋平を鑑定人に指名して民事八部で審理を進めた。中山はオリジナルと模倣レコード双方の楽譜の相似点を挙げ、模倣レコードを「故意の偽作」と結論づけた。また歌詞も、並べてみれば故意にオリジナル楽曲に寄せて作られていることは明白であった。

この鑑定に沿って一九三四年四月、東京地裁はオーゴン・レコードと帝国発明社にたいして各々二百五十円を原告の古賀政男に支払うべしと判決を下した。古賀は「俗悪なレコードを製作したことで芸術的良心が傷つけられた」と百円の慰謝料を主張していたが、そちらは認定されなかった。

この一件はニセモノがホンモノから訴えられるという話題性で社会的に注目されたが、結果として判決はなんの抑止力にもならなかった。なぜなら、ホンモノに多少なりとも似ていてホンモノより安ければ、人びとはそれをやすやすと受け容れたからである。

売れるから作るのは世の習いで、それを止めることはできない。しかも、一件のニセモノを訴えても、その判決が下されるのはヒット曲のブームが去ったはるか後のことである。〈酒は涙か溜息か〉事件にしても提訴から判決まで二年以上かかっている。訴えても割に合わないのだ。

この事件のあとも、資本力の乏しいマイナーレーベルはこの種のいわゆる「夜店レコード」を陸続と作りつづけた。大手レコード会社はそのつど相手を訴えるわけにもいかず、フラストレーションを溜めながら法律による模倣レコード取り締まりを熱望していた。[*9]

ブームはエロからミリへ

「エロ」「アカ」ばやりが社会問題化してから一年後、一九三二（昭和七）年前半にはレコード界の様相は一変していた。いくら有識者が苦言を呈し、ラジオ放送は流行歌やジャズソングの放送を中止し、大日本雄弁会講談社の野間《のま》清治《せいじ》が健康的で明朗な歌謡曲を志して「キングレコード」を設立しても止まることのなかったエロレコードのブームは、あっさりと過ぎていた。

次なる流行、すなわち軍歌のブームが到来していたのである。前年の一九三一年に起きた満洲事変、年明けの二月に起きた「爆弾三勇士の活躍」、「上海事変」……といった時局の変化にレコード会社はこぞって飛びついた。戦争美談は歌謡になるだけでなく映画や演劇、浪曲、浄瑠璃と多ジャンルにわたって再生産され、レコード化される。なんのことはない。それまでのエロレコードが軍歌や時局歌に替わっただけであった。レコード業界の節操のなさは変わらないのだ。

レコード界のブームはエロから軍歌へ移行したとはいえ、だからといってそれまでに大量に発売されたエロレコードが消滅するわけではない。過去のブームの産物は依然として各レコード会社のカタログに残り、中古レコードやダンピング品を扱う夜店、露店ではむしろここを先途とエロレコードを売りさばくことに精を出した。ブームの転変は表面上のことに過ぎず、ただ単に多くの一般大衆の目にふれるレコードの選択肢が増えたにすぎなかった。

「エロ」「アカ」はレコード界の主流からは一歩退いたかたちとなったのだが、そのころになってようやく内務省は社会主義思想の取り締まりの一環としてレコード検閲の必要性を感じ、その実現に取り組みはじめる。

重要な見解、主張

先に述べたように、レコード業界の野放し状態に乗じて左翼系レコードや思わせぶりな流行歌は勢力をのばしていた。それを受けて内務省警保局は一九三二年、思想犯罪に対応するため事務員を増やしたのだが、やはりレコードまでは手がまわらなかったようで「蓄音機レコードの検閲事務を開始する腹で法規その他手続き上の問題について考究を加へることになつた」(『東京日日新聞』一九三二年十一月二十八日付)という現状を述べるにとどまった。まだまだ悠長、スローモーである。

ただし、このときたいへん重要な見解も示されている。「雑誌その他の出版物同様レコードをも出版物と見做してこれが検閲をはじめることは図書警察の立前上必要だといふのである」(同前)つまり、レコードは出版法で検閲する範疇にあって、それは内務省警保局が主導権をとってするべきことだ、ということが主張されたのである。

時代の要請だったといってよいだろう。一九三二年八月、文部省に思想の善導を目的とする

「国民精神文化研究所」が設立され、一九三三（昭和八）年四月十一日には内閣に「思想対策協議委員会」が設置された。一九三二年から三三年にかけては五・一五事件以外に長野の教員赤化事件（二・四事件）、司法官の赤化事件と、それに端を発する京都帝大の滝川事件が立て続けに起こり、思想問題を議会の俎上に載せる必要性に迫られていたのである。これら一連の事件はそれぞれ別の事件であったかもしれないが、言論弾圧の対象が共産主義思想から自由主義思想にまで拡大して解釈されることとなった、いわば時代の大きな転換点であった。[*10]

3　五・一五事件とレコード

拡充案と朝鮮での動き

内務省警保局も、さすがにこの機を逃さなかった。一九三三（昭和八）年九月七日、首相官邸で開かれた思想対策協議委員会に出版検閲制度の拡充案を提出する。そのなかに「一、レコードを利用し赤化宣伝又は風教上いかゞはしきものに利用する弊あるに鑑み新たにレコード取締の制度を創設する事」という項目が加えられている（『東京朝日新聞』九月八日付）。

内務省がかねてから切望していたレコード検閲の法制化は、ここにようやく現実味を帯びてきた。新聞記事によれば、検閲の方法も「納本制度のやうに吹込み後直に検閲を申請し然る後はん布販売を許すといった具合になる模様」とかなり具体的に検討されていた。

　この動きと並行して、日本統治時代の朝鮮半島ではいち早くレコード検閲がはじまっていた。検閲にあたるのは朝鮮総督府警務局である。一九三三年五月二十二日、「蓄音機『レコード』取締規則」（総令第四十七号）が公布され、同年六月十五日から施行された。京城日報の報道（一九三四年二月二日付）によれば、施行から同年十二月末までに治安または風俗を害するとして行政処分を下されたレコードは四十四種、七千余枚にのぼった。うち日本語のレコードは九種（治安：三／風俗：六）、朝鮮語のレコードは三十二種（治安：十九／風俗：十三）、ロシア語の共産主義レコード三種という内訳であった。この朝鮮半島での先行する検閲制度は、内務省が考えるレコード検閲の心強いテストケースとして参考にされたであろう。

内容不穏！

折も折、レコード検閲法制化に拍車をかける事件が起こった。それは思想対策協議委員会に出版検閲制度の拡充案が提出されてから一ヵ月後の一九三三年十月初旬、一組のレコードが愛知県警の取り締まりを受けたことからはじまった。名古屋の地元レーベル、ツルレコードが十月新譜で発売した三枚の記念レコード、

　描写劇〈五・一五事件　血涙の法廷（海軍公判）〉
　　（栗島狭衣《くりしまさごろも》一座／特281-A・B、282-A・B）
　愛国歌〈五・一五事件　昭和維新行進曲（海軍の歌）〉
　　（作歌　畑中正澄《はたなかまさずみ》／作曲　黒田進／歌　黒田進／特283-A）

愛国歌〈五・一五事件 昭和維新行進曲（陸軍の歌）〉
（作歌 畑中正澄／作曲 阪東政一／歌 黒田進／特283－B）
が内容不穏として摘発されたのである。いずれも前年の五月十五日に起きた五・一五事件を題材とするものだった。

描写劇はツルレコードの文芸部長であった筒井二郎《つついじろう》が企画し、レコードドラマを数多く手掛けていた栗島狭衣（女優栗島すみ子の養父）の一座が吹きこんだ。〈昭和維新行進曲〉のほうはツルレコードで流行歌を製作していたスタッフが手がけている。

五・一五事件は一九三二年五月十五日、海軍の青年将校と陸軍士官候補生、民間人の大川周明《おおかわしゅうめい》らが共鳴し、「腐敗した政権政治を打倒し昭和維新を決行する」と主張して起こしたテロ事件である。首相の犬養毅《いぬかいつよし》が射殺され、首相官邸、警視庁や銀行が標的とされた。裁判は陸軍、海軍双方の軍法会議と東京地方裁判所でおこなわれ、帝都を揺るがしたテロ事件であるにもかかわらず比較的寛大な判決がくだされた。のちの二・二六事件の遠因になったともいわれる事件である。

筒井二郎が着目したのは反乱部隊を出した海軍における公判（公開された法廷）であった。海軍公判は一九三三年七月二十四日に開廷し、同年十一月に判決が出されることになっていた。五・一五事件の記念レコードはその一ヵ月前、十月初頭に発売されている。つまり、裁判の判決を目前ににらんで、世論を煽りに煽るレコードだったのである。

活字はダメでもレコードならば

音楽評論家の森一也が記念レコード製作に関する証言を残している。

戦後になりましてね、筒井さんから伺って初めて知った訳なんですが、この当時は出版が非常に厳しくて雑誌や新聞では五・一五事件のことは活字にできなかったんですね。ところがレコードというものはその当時、検閲がなかったんです。それを筒井さんがその盲点を突きましてね、これを劇にしようというので憲兵隊へ資料を借りに行きましてね、憲兵隊はその熱意に打たれて、真面目な、良い、国民が知りたがるようなレコードを作るのなら資料を貸しますといって、で資料を借りることができたらしいんですね。

（「ツルレコード秘話〜名古屋に文化ありき〜」／名古屋テレビ）

証言にもあるように、五・一五事件に関する検閲は厳しかった。

事件に関する書籍の発売禁止、記事差し止め、部分削除を経た出版許可は目まぐるしくおこなわれている。牧野精一『五・一五テロ事件秘史』（精華書房／一九三二年十月二十二日発行）は発行当日に発売禁止。海軍側弁護士の講演を速記した「血涙以つて守るべきは陛下の赤子の命也」（日本講演会）というパンフレットも発行直後に禁止処分がくだった。『五・一五事件公判記録』（西日本出版協会／同年十月十五日発行）は発行直後の十八日に発売禁止となり、「激越ヲ極ムル字句相当アリ」（『出警報』第六十二号）と指摘された問題箇所を削除した改訂版が十一月二十五日に発売された。戦前の出版検閲は、発売禁止のほか、問題となる箇所を削除して発行が許可されるパターンもあったのである。

九月から十月にかけて発売禁止となった五・一五事件関連の書籍、新聞、パンフレットは三十四件、削除のうえ発行された出版物は八件、発行前後に注意処分となった新聞記事は四十九件にのぼった。

事件の賞賛や煽動的な文言があった場合はこのように発禁処分や削除命令が下されたが、五・一五事件の公判に関する事実関係の報道は比較的自由におこなわれていた。一般人は朝刊や夕刊で被告にたいする論告内容を知ることができたし、公判が進むと新聞・ラジオでは連日のように反乱将校の供述も流していた。筒井二郎が憲兵隊を説得する挙に出たのは、世に出ていたのが公判の断片的な情報ばかりであったため、描写劇レコードを製作するうえでまとまった記録を必要としたのであろう。それは筒井二郎のみならず出版界の要望でもあった。

同じ情報でもよりエモーショナル

同じ情報でも活字で読むのと、エモーショナルなドラマに脚色されたレコードを聴くのとでは、受け取りかたは大きく異なる。

栗島狭衣一座の脚本・演出・吹きこみでできあがったレコードは、反乱将校の公判での供述がふんだんに取り入れられていた。ドラマの大半が青年将校の主張に当てられているといってよい。それは政党政治や特権階級の腐敗を痛烈に批判する内容で、三上卓海軍中尉ら青年将校は被告でありながら堂々と昭和維新を謳っている。ドラマのなかで維新断行の正義が明白に示されていた。

さらにドラマの情景外音楽（BGM）にはチャイコフスキーの〈交響曲第六番　ロ短調　悲愴〉やベートーヴェンの〈交響曲第五番　ハ短調　運命〉のさわり（既存のレコードが用いられ

た）のような、ことさら主情的な音楽を使って、無味乾燥になりがちな裁判スケッチをいやがうえにもドラマチックに盛り上げている。この選曲からもわかるように、青年将校は悲壮な決意を秘めた英雄として描かれている。

ドラマの終盤は、極刑を求刑する検察にたいして民間弁護士が反駁し、ナレーションで「死刑か、禁錮か、無罪か、有罪か、裁判長が胸中深く秘められた法の鍵は、如何なる扉を開かんとするか、今や世論囂々、最後の審判の帰趨や如何？」と興奮気味に煽って終わる。このレコードは、五・一五事件に寄せられる世間の興味と蹶起グループへの同情の深さ（減刑嘆願書は百万通近くに及んだという）を反映していたといえよう。

こんなレコードは許しがたい

十月に入って発売された記念レコードはたちまち内務省警保局の目に留まった。十月六日午前に警保局で検閲された結果、レコードは治安警察法第十六条が適用され、記念レコードを街頭で演奏することが禁じられた。この行政処分は全国に通達された。ツルレコードは名古屋の地域レーベルであったが、東京・大阪にも営業所を置いて営業活動をおこなっており、全国区への影響があると考えられたのである。

レコードに附属する台詞・歌詞カードは出版法第十九条によって裁かれ、発売頒布禁止となった。この時点ではまだレコード検閲が存在しないので、レコードそのものの発売頒布を禁止するには、セリフが印刷されたカードに出版法を適用するという苦しい手段を使わざるをえなかったのである。内務省はレコードの内容と歌詞カードを一元化して取り締まる法律の必要性をことさらに痛感したはずだ。

治安警察法適用のために挙げられた理由は、ドラマレコード〈血涙の法廷〉と〈昭和維新行進曲（海軍の歌）（陸軍の歌）〉で共通している。『出版警察報』第六十二号（一九三二年十一月）ではドラマレコードにたいして、

（略）当公判廷に於て彼等の叫んだ、上層支配階級が幾多の醜行は天日の下に曝され、更生日本の一大刷新をなすべき契機が生れ出たのでありました、被告等の崇高なる精神を徒爾ならしめざるのは吾等国民の一大責務と信じます。（略）


という劇中のナレーションを引用して、「全般ニ亘リ五・一五事件ヲ肯定シ被告人ヲ賞恤《しょうじゅつ》スルモノト認ムルヲ以テ禁止」と述べられている。賞恤とは「功績を褒め称え、また憐れむこと」という意味合いである。

〈昭和維新行進曲〉のほうは、

（「海軍の歌」之一節）
（四）西の暗雲　東の嵐
中の日本は　非常時だ
サアサドンと行け　護国の勇士
起てば昭和の　花が咲く

（「陸軍の歌」之一節）
（四）どうせ散るなら　潔よく
桜と咲いて　君のため
陸の勇士が　国難に
花も飾つた　五・一五

と歌詞を挙げて、「直接行動ヲ賞揚煽動スルモノナルニ因リ禁止セラル」と断じた。こちらにも「賞揚煽動」という強いワードが用いられている。いずれも引用はごく一部分だが、レコード全体を通して強くただよう青年将校寄りの製作態度を糾弾したわけである。事件の背景に世論は同情を寄せたが、国家からすれば現職首相と国政の中枢を狙ったテロ以外のなにものでもない。事件を記念するレコードは断じて禁じられねばならなかったのである。

このレコードの出現はまったくの想定外だったのだろう。内務省はさらに愛知県保安課長をツルレコード幹部と懇談させて、一連の五・一五レコードを廃盤に追いこんだ。

こうして存在を封じこめられた五・一五事件記念レコードだが、実際のところはかなりの量が市場で流通した。内務省警保局は発売禁止の決定を受けて五・一五レコードの押収を全国に通牒したものの、時すでに遅し。ツルレコードは三枚一組の記念レコードを二万部プレスした。そのうち全国のレコード店などで差し押さえられた出荷分は八千二百四十二枚であった。つまり、残りの一万一千七百五十八枚は売れてしまった後だったのである。[*11] 現在でも中古レコード店やネットオークションなどSPレコードを扱う場でごくたまに見かけるレコードであるが、現存するのはもちろん差し押さえを逃れて購買者の手に残ったものなのだ。

加速する取り締まり

この記念レコード事件はレコード検閲への動きを大きく加速させた。従来は治安警察法（第十条と第十六条）や刑法（第百七十五条）、各府県令（演芸場及興行取締規則等）によってレコードを取り締まっていたのだが、前にも述べたように各府県で取り締まりの基準がまちまちであったため、中央の思うように取り締まることができなかった。その欠点が五・一五事件記念レコードの件で露呈したのである。

そこで出版法が改正されるまでの臨時措置として、各府県から報告（申報）のあったレコードを内務省警保局で審議して、処分を中央省庁から全国の府県庁へ知らせるシステム（通牒）にした。通牒されたレコードは公衆のなかでの演奏を禁止される。そうしてレコード店に「論示」して当該レコードの販売を禁じ、さらにレコードの発行元にたいして廃盤・破棄を迫る。レコードに精通しているはずもない全国各地の警察官にとっては面倒な用事が増えただけのことだが、一九三三年十月、つまり記念レコードの件があってすぐに内務省はこの臨時措置を取った。

内務省は地方からの申報に従ってレコードの演奏禁止処分を押し進めた。その記録でもっとも早いのは一九三四年三月二日に通牒された前述の万歳〈数へ唄　娘づくし〉（キリン）である。これは一九三一年に発売されてすぐに発売禁止となった曰くつきのレコードなので、内務省警保局もいち早く手を打ったのだろう。

同じ月、栃木県葛生町《くずう》（現・佐野市）から寄せられた申報によって榎本健一《えのもとけんいち》のナンセンスソング〈花嫁学校〉（リーガル／６６０６－Ａ）が全国で演奏禁止となった。このレコードは「歌詞にちよつとエロな処がありこの点が当局の忌諱に触れ」（『読売新聞』三月二十七日付）、リーガルレコードを発行していた日本蓄音器商会（神奈川県川崎市）にたいして、神奈川県保安課と特高課からレコードの任意廃棄処分が命じられた。

同年六月二十六日、北海道の某レコード店に二村定一・若葉麗子《わかばれいこ》（＝井上起久子《いのうえきくこ》）の〈春の思ひ出〉（キリン／Ｋ２０１００－Ａ）二枚があるのが発見され、七月六日に内務省警保局長・松本学の許へ「このレコードはいかがなものか」という申報が入った。同レコードは七月十二日、全国に演奏禁止が通牒されるとともに廃盤となった。

また同年三月二十八日に通牒された漫才〈君の生れ〉（横山エンタツ・花菱アチャコ／リーガル／６６１１４－Ａ・Ｂ）、漫談〈廓情緒〉（柳家三亀松《やなぎやみきまつ》／ポリドール／１０４９－Ａ・Ｂ）、〈続廓情緒〉（柳家三亀松／ポリドール／９５１２－Ａ・Ｂ）、朝鮮雑歌〈白酒の唄〉（金順紅／朝鮮ビクター／４９２０１－Ｂ）は、いずれも前年九月二十六日に朝鮮総督府で発売頒布禁止となっていたのを踏襲して日本でも禁止された事例である。

要注意人物・柳家三亀松

このようにレコード検閲の開始以前、各地からの申報によって演奏禁止となったレコードを別表にまとめた（巻末表①「出版法改正前に取り締まられたレコード」）。

この表を見れば一目瞭然だが、禁じられたレコードの多くを芸人の柳家三亀松が占めている。

七十種中、じつに四十三種である。レコード検閲がはじまった当初に検閲係が語った言葉によれば、

改正出版法施行前発行の「レコード」にて処分を受けたるものの中、大部分は（略）柳家三亀松のものである。其の関係で、同人吹込の「レコード」は施行後発行のものに対しても特に注意を加へたり。元来同人は、女性の声色或は男女関係の情緒の表現に巧みにして、既往処分に附せられたる一因も、余りに纏綿たる艶情を表現し過ぎたる結果に依るもの多く（後略）

（『出警報』第七十三号／一九三四年十月）

と、三亀松のレコードにたいして警戒の目が向けられていたことが述べられている。
もともと三亀松はその芸風から当局では要注意人物としてマークされており、「警視庁管下に於ては、同人の寄席演出に対しても、相当制限を加へて居る実状」（同第七十二号／一九三四年九月）という背景があった。

寄席やお座敷での濃厚なエロ描写を制限された三亀松はどうしたか。お座敷がかかると自分の代わりにレコードを差し向けたのだという。高座で艶っぽい芸が見られないからレコードが売れ、そのレコードも「過去に録音したものだから咎はありません」と言い抜けるしたたかな戦術であった。

また三亀松の門弟のなかには、師匠の秘蔵するレコードから、とても市販できないような地下録音を探し出して、待合や遊郭から注文があるとそうした秘密録音の出張演奏をして小銭を稼ぐ

者がいたという。この師匠にしてこの弟子ありというエピソードだ。[*12]

治安警察法第十六条を適用してレコードの演奏を禁止するのも、なかば三亀松をターゲットとした苦肉の策だった。おもしろいことにおなじ内務省警保局でおこなわれるレコード取り締まりと出版検閲の見解は必ずしも一致せず、禁止された三亀松のレコードの台詞カードには「図書課ハ不問」「出版物トシテハ不問」の書きこみがされている。活字では伝え得ない三亀松のエロ芸だからこそ、レコードの取り締まりは当時の法律の下では困難をきわめたのであった。

第三章
出版法改正

1　検閲の想像力

「出版法中改正法律」

一九三三（昭和八）年十二月二十三日、第六十五回帝国議会が召集された。議会は十二月二十六日から翌一九三四年三月二十五日にわたって三十三回開かれている。政府提出の「出版法中改正法律案」は三四年三月九日に貴族院での審議がはじまり、同月十九日の本会議で報告された。同日可決された改正案は衆議院に送付されてから四回にわたる審議を経て、会期最終日の三月二十五日に本会議で可決された。五月一日、「出版法中改正法律」は公布された。こうして出版法に新たに、

第三十六条　本法ハ発売頒布ノ目的ヲ以テ音ヲ機械的ニ複製スルノ用ニ供スル機器ニ音ノ写調セラレタルモノニ之ヲ準用ス但シ著作者トアルハ吹込者トス

という一条が加えられたのである。

これは一八九三（明治二十六）年に成立し一九四九（昭和二十四）年に廃止された出版法のたっ

た一度の改正であり、しかもきわめて重要な条項も含んでいた。すなわち「皇室の尊厳を冒瀆する文書図画」「安寧秩序を妨害する文書図画」が従来の行政処分の対象から刑事罰の対象に変更されたのである。この改正によって思想統制への道が開かれたことになる。取り締まる側にとって険しい道であったレコード検閲の法律も、思想統制という助け舟によってようやく実現したわけである。

レコード検閲は、

①エロ小唄など風俗を紊乱せしむるレコード
②皇室や軍隊の尊厳を冒瀆したり社会主義思想的な内容の安寧秩序を妨害するレコード

を重点的に取り締まるほか、「日本全国で発行されるレコードは内務省に納本せられる結果従来屢々問題となつた偽作に類するインチキレコードの発見が容易となつて著作権の保護上非常に便宜となると思はれる」[*1]という副産物も期待された。

用意周到な定義と検閲の手順

ところでこの新しい検閲対象「レコード」に充てられた定義は、

「音ヲ機械的ニ複製スルノ用ニ供スル機器ニ音ノ写調セラレタルモノ」ナル語句ヲ用ヒタルハ通常所謂蓄音機「レコード」ノ外ニ将来技術ノ進歩ニ依リ之ニ類似ノモノノ出現ヲ予想シ

テ広ク規定セラレタルモノナルモノヲ以テ、現在ニ於テモ例ヘバ「トーキーカード」、「トーキー絵葉書」等ハ包含セラルルモノトス

（「改正出版法ノ施行ニ関スル通牒・抄」／警保局図発甲第七号／一九三四年七月十八日附）

というたいへん範囲の広いものであった。

つまり一九三四年時点で「レコード」と一般に呼ばれていた円盤状音声記録媒体のほか、将来的に技術が進歩して「音を機械的に複製するメディア」はすべて含まれるのである。この規定によれば、カセットテープやコンパクトディスク（CD）、ミニディスク（MD）のような媒体はおろか、現在のMP3やFLACなどによる音楽配信までが対象となってしまう。この未来まで見据えた用意周到な定義に、内務省の音声メディア取り締まりへの用意周到さがあらわれている。

レコード検閲の手順はこうである。

レコード会社は新譜レコード一種類につき二枚と歌詞カード（あるいは解説カード）正・副二枚を、発行の三日前までに規定の発行届とともに納付する。検閲漏れや検閲逃れを避けるため、レコードを販売店に出荷する前に納付することが義務づけられていた。

規定の発行届にはタイトルやレコード番号、作者、吹込者、発行する会社の情報を記すことになっており、タイトルによって内容が明らかな場合は解説書の添付は省いてもよい。納付されたレコードのスリーブとカードには「内務省・検閲」の印が捺された。検閲印は、レコード検閲の開始当初は図書課と同じものを使用したらしく「納本」と表示されているが、一九三七年ごろから「納付」に変わった。

レコード検閲は新譜レコードのみならず、改正法立法以前の既発売レコードにたいしてもおこなわれた。既発売の旧譜で、レコード検閲開始以降も発売を継続するレコードに関しては、レコード検閲を開始して三十日以内に納付を義務づけられた。既発売レコードまで遡及して取り締まることで、エロ・レコードや思想系レコードを市中から排除しようというわけである。

新設レコード係

中里喜一課長ひきいる内務省警保局図書課はレコード業界の関係者の意見を取り入れながら準備を進め、七月にレコード係を新設した。

当初は七月一日から検閲を開始するはずであったところ遅れが生じ、検閲業務は八月一日からはじめられることになった。新設されたレコード部門は菅太郎事務官（のち久山秀雄事務官）を主任とし、事務官の下に二人が配された。

ちなみに内務省の官僚機構では図書課長、事務官ともに奏任官と呼ばれる高級官僚で、彼らは検閲の作業には携わらない。発売禁止や製作停止、不問などの行政処分を決裁するだけである。実際の検閲業務に当たるレコード検閲係は、事務官の下についた下級官吏の属官・小川近五郎《おがわちかごろう》と嘱託職員（雇員）の計二名（のちに雇員を一名増員）だけだった。

警保局内には納付されたレコードをチェックするための狭い防音室と、向こう二年間の納付レコードを保管可能なレコード棚が費用三千円で作られた。防音室はビクターの技師が設計したコルクとラシャ張りの一坪部屋で、試聴用に蓄音機が一台据えられている。『報知新聞』の記事「レコード検閲けふ店開き」（八月二日夕刊）によれば検閲開始当初はポリドール製の蓄音機だったようだが、これはのちにコロムビア製蓄音機に取って代わった。

そうして八月一日の施行開始に向けて、七月十五日からレコード納付の受け付けをはじめた。七月には折しもお盆に向けた臨時発売のレコードが各社で用意されており、レコード検閲は出だしから繁忙をきわめることが予想されていた。この年、検閲室に運びこまれた新譜レコードの数＝各社レコード発行数は次のとおりである。カッコ内は題名別（両面で異なるタイトル）でカウントした数である。

七月………七百十四枚（九百二十九種）
八月………五百七十二枚（七百六十六種）
九月………五百八十三枚（七百七十九種）
十月………六百一枚（七百六十七種）
十一月……六百枚（七百四十一種）
十二月……一千二百三十六枚（一千四百八十四種）

年末にいきなり納付数が増えているのは、既存の会社に加えてウエスタン、日本クリスタル、コメット（タイヘイの廉価盤）、福永レコードプロダクション（エトワール）という新興レーベルが加わったからだ。それから、この年の場合は各レーベルで製作していた朝鮮半島向け、台湾向けのレコードの数が年末に至って増加したことも影響している。

人員は二名だけ!?

当時のレコードの協定発売日は毎月二十日であった。コロムビアやビクターなどメジャーレーベルの新譜は十日前後に特約店に配布されるので、それ以前に検閲係に届けねばならない。また臨時発売や特別頒布のレコードは主として月の中旬から下旬に納付されてきた。月初めから月末まで一日平均二十六枚。納付にはムラがあったらしく、年末などの繁忙期には一日に百五十枚程度が殺到することになった。これらの新譜に加え、地方からの申報やレコード会社で再発売される旧譜も検閲する必要があった。

「毎日平均二十枚以上のレコードが聞けるのだ悪くないな」(「レコード検閲愈《いよい》よ店開き」/『大阪時事新報』一九三四年八月二日付)と怪気炎をあげる検閲係の前にどんどんレコードの山ができる。たった二人で一枚ずつまともに吟味していたのでは、とうてい間に合わない。そこで効率のよい検閲手順が考案された。

まずレコードに附属している歌詞カード(局内では文句カードと呼ばれた)に目を通して、試聴すべきかどうか決める。この時点で問題のないレコードは検閲を通ることになる。分別したのち、実際に聴かないと問題があるのかないのか判断しかねるレコードのみ試聴する、という手順である。

それにしても、レコード会社各社から毎月大量に発売される新譜と過去に発売された膨大な旧譜にたいしてレコード検閲係が二名というのは、あまりにも少なすぎる。内務省はレコード検閲をそんなにも軽く考えていたのだろうか。

レコード検閲も図書検閲と同様に歌詞カード(文句カード)をチェックして、必要な場合のみレコードを再生するので、検閲にかかる負担は少ないと予想したのかもしれない。日本国内のレコード産業を数値化したとき、これなら二名あればじゅうぶんだと判断したのかもしれない。しかし、レコードという趣味性・専門性を多く含んだアイテムがはなはだ扱いづらいことも予想がついたはずだ。いずれにせよ、レコードにたいする内務省の見通しは甘かったと言わざるをえない。それが二名配属という人員の少なさに反映している。

2　取り締まるべきは文字にあらず

『出版警察報』から

内務省警保局図書課では、内部報告を目的として毎月『出版警察報』を発行していた。本書に引用したデータの多くは、同報に拠っている。一九二八（昭和三）年から発行していたこの印刷物には、第七十一号（一九三四年八月発行）からレコード検閲の項目が新たに加えられた。

当初は、改正出版法の要目、レコード業界についての詳細、レコード化される種目についての詳細、主要な演者の紹介などが号を追ってまとめられた。レコード業界の実情を摑むのは、実地でレコードに触れる検閲係にとって急務だからだ。

第七十一号ではさっそく「昭和九年六月末現在『レコード』発行状況調」がまとめられた。全国にプレス工場を有するレコード会社が十二社、レコード発行元が二十九社、レーベルが五十二種、この時点までの総発行数三万五千七百八十一種、一ヵ月の平均新譜数が八百五十種。

第七十六号（一九三五年一月発行）では主要レーベルの特色について説明されている。

【ビクター】

先づ洋楽に於て本年度は圧倒的に他社に抽《ぬき》んでたことである。シユナーベル演奏のベートーヴエンのピアノソナタ及フィッシャー演奏のバッハ作品を始めモーツアルト、シユーバート、ベートーヴエン等古典大家の各作曲等所謂大物を以て終始圧倒的に君臨したことである。他の曲種のものと雖《いえども》相当に優秀なるレコード多く出色のものなきに非らざれど、著名作曲家の洋楽古典ものゝ発行が其の尤《ゆう》なる特色としなければならぬ。

【コロムビア】

ビクター同様凡《あら》ゆる曲種に於て相当の効果を斂《おさ》め得たことは間違ひなき所であらうが、洋楽及大曲は旧盤の再プレス等多く、ビクターに追随して著名作曲家の大作を発行したるも遂に三舎を避けしめられたとの評である。併し乍らダンスレコードに於ては独往の地位を獲得し曲種に於て又数に於て当に豊富其のものであつた。次に児童を対象とする教育レコード殊に童謡或は童話のレコードに至りては内容、質共に秀れ他社を凌駕し得た明かな特色の一つであつた。

【ポリドール】

洋楽大物についてはコロムビアと同様なことが、言ひ得らるゝが此の社に於ては本年度の収獲《ママ》は何と言っても流行歌黄金時代を現出したことであつた。東海林、喜代三の進出と伴奏効果の卓越（伴奏のアダプテーションはポリドールが現在の所随一）並に吹込技術の進歩等の名コンビに於て、作るレコードも、作るレコードもヒット続出「流行歌レコードなる哉」の盛況であつた。

【其他】

太平蓄音器会社のレコードが著しく録音技術の上達を見、新発売コメットレコード等により娯楽物（講談物語、浪曲）に懸命となりたること、帝蓄会社が童謡、童話に邦楽各曲に著しく発行を増加したこと及作曲家古賀正雄《ママ》及川畑文子（従前コロムビア専属）を抱へ込みてダンスレコードの多量製作を為す等が顕著な事績であつた。

次に洋楽と謂はばビクター、コロムビア、ポリドールの独壇場たりし観があつたのに対抗し、東京レコード製作所が米国ブランスウヰック社の母型を輸入、日東が日本クリスタル社を設立して独逸クリスタル社の母型を輸入し互に洋楽に進出を見たこと、アサヒ蓄音器は一流会社発行のレコード（主として流行歌レコード）の類似ものを出して相当の利益を上げたること、アサヒ商会、昭蓄、東京レコード等は問屋筋の依嘱製作に懸命となり営利に努めたること等特記すべき事項必しも尠くはなかつた。

レコード検閲開始までの準備期間に小川検閲係はかなり勉強したらしく、当時のレコード界の趨勢を的確に把握している。注目すべきはポリドールの項目で伴奏のアレンジに関して「アダプテーション」と映画用語を当てている点で、そこには小川の前職が暗示されているように思われる（第四章参照）。

出版物や映画の検閲にかけてはプロだった内務省警保局も、レコードというメディアについては未知の部分が多かったのであろう。レコード業界のエトセトラをまず把握し、試行錯誤を重ねながら検閲のノウハウを構築していった。確実な情報で足元を固めながら検閲に臨んだ状況が、『出版警察報』からは如実に伝わる。

文字ではない、音なのだ

出版検閲とレコード検閲のもっとも大きな違いは「音が出る」ということである。レコード検閲係は納付される文句カードに目を通して「これは」と目星をつけたレコードを試聴用蓄音機で再生する。検閲基準をレコードの内容（歌詞やセリフ）に置くのは当然として、レコードというメディアの持つ特質にも重きが置かれた。

（イ）音の変化によりて内容の感覚を立体的に発表するを以て同一内容を発表する出版物よりも感度が強くなること

（ロ）レコードを聴受する一人若《もし》は《く》数人のみに限らず伝播された音波により内容が認識さる範囲の影響があること

（ハ）何時にても之を反復聴用に供するを得、而かも其の都度同一感覚度に内容を発表し得る性質を有するが故に影響を更新するに便であること

（ニ）聴受する場所の相違に依り感受性を異にすること、例《たとえば》之家庭に於て聴く場合、試聴

室に於て聴く場合、衆人の通行する街頭に於て拡大された音調のレコードを聴く場合、或《あるいはまた》又料亭や喫茶店に於て聴く場合等々、其の場合に於ける人的要素乃至《ないし》雰囲気により感受性を異にする。

（ホ）蓄音機の機能――主として音の高低並《ならびに》音色の如何――に依つて或種の相違あること

（小川近五郎「蓄音機レコード取締に関する概観（二）」／『警察研究』第六巻第十号／一九三五年十月）

この堅苦しい記述を、当時の日本のオーディオ環境について補完しながらわかりやすく解説しよう。

（イ）豊富な音響的ニュアンスで生々しい雰囲気を作り出すレコードは出版物より感覚に強く訴えかける。

（ロ）レコードは蓄音機の前で聴いている一人～数人だけでなく、蓄音機の音が届く範囲にいる人にも影響を与える。戦前の日本で一般的だったアコースティック蓄音機は音量の調整ができず、けっこう遠くまで音が届いたのだ。

（ハ）いつでも何度でも同じ内容を再生することができるので、そのつど、レコードから受ける感銘を上書きするし、同じ感銘を多くの人と共有することになる。

（ニ）レコードを聴く場所によっても受ける感銘は異なる。家庭で聴く場合、レコード販売店などの試聴室で聴く場合、往来で耳にする場合、料亭や喫茶店で聴く場合、二人きりで聴く場合。どんな場で、誰とどんなシチュエーションで耳にするかによっても、レコードが及ぼす効果は変わる。

（ホ）戦前に日本で流通していた蓄音機にもピンからキリまであった。音響力学にのっとった音道《ホーン》を持ち、堅固で上質な筐体を持った高級蓄音機と、お粗末な音道と合板を継ぎ合わせた筐体の安価な蓄音機では、音の質にも歴然とした差があった。高級蓄音機でレコードを再生するとじつに生々しい音像が出現するのである。また当時、徐々に普及していた電気蓄音機とアコースティック蓄音機の違いも考慮に入れなければならない。電気を用いないで音道によって音声を拡大する従来のアコースティック蓄音機と、真空管を用いて音を増幅する電気蓄音機とでは、サウンドの質が根本から異なる。ダイナミックレンジで臨場感豊かに聞こえる電気蓄音機だと、エロな声音のレコードもリアルさをともなって聞こえるのだ。

レコードを検閲する場合は再生装置の差異や音声が再生される場にまで想像力の翼を拡げて検閲に臨む必要性がある、ということが、以上の五項目で注意喚起されている。文句カードをチェックして問題がなさそうでもレコードを聴くととうてい見過ごせない表現となっていたり、逆に浪花節の文句カードで情痴シーンが煽情的に描写されていて風俗面で問題があっても、実際にその浪花節を聴いてみると節まわしが巧みでついつい陶酔して聞き惚れてしまったり、という悩ましい問題もまたレコードならではの現象なのであった。

ややこしい使いわけ

レコード検閲をはじめたとはいうものの、初手からいきなり発禁を連発したわけではない。「各曲種に亘り検閲する数の可成り多きに比し審議を要すべき容疑のものは極めて少ない」（『出警報』第七十五号）という報告から、実際にはレコードを演奏して可否を判断するケースはごく稀だったことがわかる。また、発売禁止を出すことに検閲当局自身が及び腰であった。たとえタテマエ上とはいえ、レコード業界と良好な関係を保ちながらレコード界の「浄化」を進めるのが理想的であり、一方的に弾圧することで生じる軋轢を恐れたのである。

出版法改正施行後、初の処分が下されたのは一九三四（昭和九）年十月のことである。十月十五日に納付されたツルレコードの十月新譜〈兵隊ナンセンス　朗らかな兵隊（斥候の巻）〉（今村壽三郎・梅井紋太郎／7178－A・B／一九三四年十一月新譜）が「安寧秩序を妨害する」として、同月二十二日に製作停止処分となった。[*2]

「軍の統制、紀律を巫山戯《ふざけ》たる語調で取扱へり。斯の如きは、厳粛なるべき軍の勤務を愚弄し一般人をして軍に対し面白からざる感を与へる虞ありと解せられ不穏当」（『出警報』第七十三号）という地方からの中報にたいし、レコード検閲係も「軍紀を嘲弄する嫌あるを以て爾後の製作停止」（同前）と判断を下した。

従来、万歳とか落語とかの中には軍隊生活を面白おかしく扱ったものがあったが、それらはユーモアの範疇に収まっているので不問に処されてきた。しかしこのレコードは一線を越えてしまったのだ。初回プレスされた現物はすでに市中に出てしまったので、追加プレスを差し止め、出まわった分については販売店から回収することとなった。

この処分は実質的に発売禁止と変わらないように見えるが、『出版警察報』には発売禁止と製作停止の違いについての説明はない。では、その両者の違いはなにかというと「断じて発売を許せぬ！」（発売禁止）と、「発売後のレコードは売れた分は見逃すが、販売店にある分は押収。在庫が切れたら再プレスしてはいけませんよ」（製作停止）という発売前・発売後の差である。ごく一般的には品物が市場に出まわる前に禁止される前者が「発禁」とされるが、後者も広義の発禁といっても間違いではない。このややこしい使いわけには当時のマスコミもさんざんに翻弄され、「製作停止」のレコードも新聞紙面などでは「発禁」として報じられている。

3　不問、注意、製作停止、そして発禁

問題なくパスから深読みのしすぎまで

ここで、ややこしいレコード検閲の処分を示しておこう。

まずは「不問」。稟議にかけた結果、問題なしとして検閲をパスすることである。レコード検閲の初期に多い。検閲をする側も瀬踏みをしながら線引きするラインを決めていったのであろう。エロや兵隊ネタでも、微妙なレベルの場合は不問に処されている。

タイヘイの漫画劇〈花嫁学校〉（タイヘイ漫画劇団／4115-A・B／一九三三年九月新譜）は、

「花嫁学校卒業の新婦が修得せる嬌態術を以て夫の伯父をも籠絡せんとする（不倫を意味する程のものならず）場面の表現あり」と要注意点を挙げているが、決定は「娯楽物に類するレコードに多少『エロ味』は避け難き所、弊を生せざる程度のものは一種の『ユーモア』と解するの他なかるべし。此の見解に於て不問」となった。エロなら一網打尽で禁止するかと思いきや、露骨に至らない程度のエロはユーモアとして許容しているのである。

ニットーの漫才レコード〈とんかつ〉（横山エンタツ・花菱アチャコ）のテスト・レコードによる内閲でも「内容自体が万歳であつて、面白可笑しく云ふ性質のものである限り或程度のエロ味は諧謔と解するの他なかるべく」ということで不問となった。このレコードは〈トンカツと又之進〉（６５９０‐Ａ・Ｂ／一九三四年十二月新譜）として市販された。

同じエンタツ・アチャコの漫才〈僕の兄弟〉（ニットー／６５０８‐Ａ・Ｂ／一九三四年九月新譜）は内容について「忠臣、軍務或は軍紀を諧謔を以て愚弄したるものにあらずやとの疑ひあり」と問題提起されたが、審議の結果は「作成者に別段の意図あるものとも思はれず」不問となった。

砂川捨次・荒川歌江の万歳〈でたらめ放送〉（タイヘイ／４８１７‐Ａ・Ｂ／一九三四年十二月新譜）では、万歳のなかで歌われる小原節の歌詞に〽満洲一面　菊の花　とあるのが、満洲国が日本の統治下にあるという意味に解釈されて支障をきたさないかと稟議された。こちらも「満洲に於ける皇軍乃至は日本人の栄誉到る所に高し」という意味に解釈すればさしつかえはないし事実そうではないか、という意見で不問となった。

落語〈あわて者〉（柳亭芝楽《りゅうていしばらく》／ユーモア／Ｕ３〜４／一九三四年十二月）の場合は、改正出版法前に発行された初出盤が、レコード検閲によってすでに製作停止となっていた。エロチックなセリフによって二枚組のうち前半の一枚U3が引っかかったのである。そこで問題となった「お嬶ア、寝よう〳〵」と淫らがましく連呼するセリフをカットした改訂盤で十月に再検閲を受けて通過した。再挑戦のチャンスは与えられていたわけである。

寛容と言えば寛容であるが「低俗な笑いを売り物にする芸だから多少のエロや軍隊風刺は見逃そう」という官僚的な上から目線が検閲係になかったとはいえない。しかし総体に検閲係はレコードに吹きこまれた文言の些細な点も逃さず、検閲初期においては深読みのしすぎを自覚しながら慎重に処分を決定していた。とくに皇室関係、国体関係にたいしてはシビアであった。検閲係の自制はレコード検閲が軌道に乗ると失われてゆき、ときには言いがかりに近い処分理由もあらわれるようになった。

喜劇的な失敗も演じている。一九三六(昭和十一)年十二月二十四日に発売禁止処分となった二村定一のジャズソング〈娘アラモード〉(ヤヨイ/2423［一九三二年に発売された太陽レコードの再発売］)は、歌詞中の〽そこでヌルさん五、六人を取り上げて「『ヌル』トハ男根ヲ意味シ情夫ト解セラル」と指摘された。Lさんは昭和初期のモダン語で恋人(LOVER)を意味する。検閲係は思うに男性自身のサイズを指してLサイズの「ヌルさん」と誤認したのだ。この解釈はいささか穿ちすぎであった。

係にとっては「不問」とさして変わらないが……

レコード内容の一部に問題があるが製作停止にするほどではない場合、それは「注意措置」となる。

出版法の対象であるレコード検閲の処分要目は新聞・雑誌のそれに準じていたが、レコード盤という媒体の特質上、問題を指摘された際の対処が出版物と異なるところもある。

新聞雑誌、書籍で便宜的に運用されていた「削除処分」「分割還付」は該当する箇所やページの削除をした上で頒布が許可されるが、レコードではこれは物理的に不可能である。その代わり「要注意」として、問題のあるレコード面（A面／B面）にたいして「以後このような内容・この程度の表現のレコードを発行したら禁止にする」「この種のレコードは将来的に発行を遠慮すべき」というガイドラインをメーカー側に知らせてレコード製作上の注意を喚起した。

制度上は不問と変わりないのだが、禁止処分となる目安を知らせることで爾後のレコード製作に反映されることを期待して下された。もっとも、検閲作業をこなしながら処分の目安をメーカーや警察に周知するのは手にあまったのか、『出版警察報』で確認できる注意措置のケースはわずか四件である。

漫才〈俺は兵隊〉（今村壽三郎・龍田清／エトワール／1040‐A・B）は「先方は海軍、こちらは陸軍つまり陸海軍で行く」という箇所が話の筋から推して陸軍は男、海軍は女と解釈されて猥雑な意味を感じさせる、ということから注意を受けた。

戦前の漫才は軍隊ネタが不可欠であった。軍隊ネタとエロが結びつくのは検閲当局にとって好ましいことではなかったものの、「取締るべきはどし〳〵取締り又不問に附すも支障なきものは不問とし、多少懸念のある程度は将来遠慮する様厳重注意する方針」（『出警報』第八十一号）という方針の下で注意措置にとどまった。

レコード検閲係にとって注意措置は「不問」と同等の制度処分にすぎないのだが、メーカー側にとってはそうではなかった。注意措置を出すとレコード会社から警視庁に始末書を提出させられたので、メーカー側が面倒を嫌って自発的に原盤破棄としたものらしい。レコード会社からすると注意措置もできれば避けたい処分であり、内務省の狙いどおりレコード製作方針に影響をもたらすこととなった。

すでに市中に出まわっている分は大目にみるが……

内務省への新譜レコードの納付は遅くとも発売の三日前までにおこなうこと、と決められていた。しかし、発売日までにレーベル各社から発行される無数の新譜レコードすべてを検閲するのは不可能であった。かくして発売後にレコードを取り締まる製作停止が濫発されることとなった。

製作停止処分の定義は、レコード検閲係の言葉を借りれば「造つてしまつたゞけでは致し方無いが、それ以上の製造はやめろ」(『国民新聞』一九三七年六月四日付)というもので、それを丁寧に説明すると「出荷されてすでに市中に出まわっている分は大目にみるが、今後の再プレス・販売は禁止」ということになる。したがって処分を受けたレコードが新譜の場合は、実質的に発売禁止に近い効果をもたらした。

検閲初期にレコード検閲係を悩ませたのは、すでに市場に出まわっているレコード(旧譜)のチェックである。旧譜の検閲は「五・一五事件記念レコード」問題を受けて一九三三年十月からおこなわれ(巻末表①参照)、それはレコード検閲スタート後も続けられていた。

ニットーの〈非常時音頭〉（作詞 藤原山彦／作曲 大村能章／編曲 篠原正雄／唄 東海林太郎《しょうじたろう》／6254-B／一九三三年十二月新譜）の場合は、雑誌記事「流行哥の罪悪」（月刊『ふるさと』一九三四年十一月十日発行）に載った〽昭和維新を血と血で盟《ちか》ひ　ヨイショ　眠り覚せと鳴らす鐘ドントネ　という歌詞が血盟団事件や五・一五事件を賞揚しており不穏だとして、発売済みのレコードをチェックしたうえで製作停止となった。このような発売当時に見落とした問題点をチェックするためにも旧譜の検閲は欠かせなかったのである。

はじき出される寄席レコード

レコードを取り締まるうえで改正出版法によって変化したのは、治安警察法第十六条を適用して公開の場での演奏を禁止するのに加えて、この製作停止の処分が加わった点であった。

製作停止に問われるとそのレコードの再プレスおよび再発売が禁止されるほか、小売店に卸されたレコードの回収もおこなわれる。現実には市中に流れたレコード盤をすべて回収するのは不可能に近かったのだが、この処分はむしろレコード会社への抑止力となった。

その好例が寄席関連のレコードである。

大正期からこちら、レコードに紛れこんだ下ネタや卑俗な方言は風教上よくないと批判され、ときとして摘発される対象であった。しかし明治期からレコード産業が営々と築いてきた大衆向けレコードのカタログから生々しい人間の営みにつながる笑いを駆逐することはおいそれとはできなかった。

とりわけ大正期、低俗な演芸というイメージを払拭しようと羽織袴に威儀を正し「高級万歳」

を名乗った砂川捨丸は、絶大な大衆的人気でレコードも一九二一（大正十）年から一九四三（昭和十八）年にかけて二百六十枚以上吹きこんだ。

捨丸が加藤瀧子や中村春代と吹きこんだ大正期のレコードの多くはレコードが電気録音となってから廃盤となっていたが、マイクロフォンの前でも捨丸の芸は変わらなかった。〈数へ唄（筈がない）〉（砂川捨丸・中村春代／リーガル／65365-A・B／一九三三年一月新譜）はサービス満点である。少し長いが抜粋引用してみる。

春　アーでは二つとせ。
捨　あの、夫婦ぢやないけど二人で巫山戯《ふざけ》て、膨れたお腹を今さらに知らんと言へやう筈がないわいえー。
春　アーでは三つとせ。
捨　おら、みんなで揃つておならをこいて、どれが自分のおならの匂ひか当てた者に十円やると言はれて一生懸命で嗅いでみたがどれがわしのおならの匂ひやサッパリ分からう筈がないわいえー。
春　なんやそれは。汚い文句やなあ。
捨　けどおまはん、自分でこいたおならやつたらすぐに匂ひが分かるけどもやな、なかなか大勢並んで揃うてこいた匂ひやから匂ひが混戦しおつてサッパリ嗅ぎつけることがでけへんがな。
春　あーそうか。

捨　けどあんたのおならやつたらすぐに分かるわな。
春　何でやねんな。
捨　南京豆食つてるさかいに。
春　あほなこといひないな。
捨　南京くさーい匂いがするがな。
春　いややでそんなこと云ふの。

春　アーでは六つとせ。
捨　無理に押し込んだとて娘の……。
春　え？
捨　え、え
春　なに？　何やね？
捨　あのー娘の……。
春　何を云うてんねん。
捨　その、娘の袂へ南瓜が十五も入る筈がないわいえー。ああややこしい。
春　ややこしいやつちやな、ほんまに。
捨　おうこつちもややこしいわ。

このレコードも〈非常時音頭〉と同様、発売当時は摘発されなかったが、レコード検閲開始後に製作停止となった。

砂川捨丸や柳家三亀松、富士蓉子《ふじようこ》・吉田名月など巷間人気のあった寄席芸人のレコードや好色レコード歌謡は、検閲開始とともに一気に八十七種も製作停止になった。捨丸・春代の旧譜だけでも十五種が製作停止に追いやられた。旧譜のチェックは『出版警察報』にあらわれているかぎりでは一九三八（昭和十三）年七月までおこなわれ、のべ百十八種のレコードが処分された。

寄席芸人はレコード検閲という新しい壁をいやでも意識せざるをえず、レコード企画時に刺激的な文言を削るなどして大衆受けするキモの部分を犠牲にした。下ネタや卑猥な方言は低俗で下品な笑い、言葉の全国標準化から外れた古い文化としてレコード企画からはじき出される運命にあったのである。

タイトルやレーベルは違っても中身はおんなじ

新譜のチェックをするかたわら膨大な量の既発売レコードを精査する過程では、取りこぼしや処分の重複もしばしば起こった。現場が混乱する要因のひとつは、同一原盤をさまざまなレーベル名で製造するという、当時のレコード業界の混沌にあった。

もうすこし説明しよう。

ただでさえ人手の足りないレコード検閲係を悩ませたのは、タイヘイ、ツル、太陽、オーゴンなど自前の工場を有する中堅レコード会社が野に放った数多くの同一レコード・類似レコードであった。これらのレコード会社は、売れ行き良好なレコードの原盤をさらに売りまくろうとさまざまなレーベル名、タイトル名で濫発したのである。

とりわけ柳家三亀松の場合は〈新婚箱根の一夜〉や〈新宿の一夜〉〈旦那と芸者〉のような当たり芸をありとあらゆるレーベルに吹きこんでおり、各社で再生産される同一レコードあるいは類似レコードも、ネズミ算式に膨れあがった。三亀松師匠に言わせれば「この事はあんまり喋り度くないんだけどね。題名だけを変えて『このレコードは新ネタだよ』と言うと、ギャラが沢山出るんだよ。だから、なるべくネタは同じでも、題名だけは、変更する事にしてるんだ」（森一也「三亀松レコード放談」／『季刊78』第74号／一九八九年六月）とか。レコード検閲係からしたら迷惑千万な話だ。

三亀松以外では、漫談（ジャズ）〈ほっときなさい〉（作詞 渋谷白涙／作曲 鳥取春陽／唄 藤村梧朗・丸山夢路）がトンボ、ホーオー、センターというそれぞれ異なるレーベルで禁止リストに挙げられている。ややこしいことに〈ほっときなさい〉には〈銀座篇〉〈新宿篇〉（トンボ／154 79、ホーオー／P82）、〈上野篇〉〈浅草篇〉（トンボ／15463）、〈東京篇〉（ホーオー／P8 2）〈大阪篇〉（ホーオー／P83、センター／69）と四枚六種類がある。さらにこれらを自由に組み合わせたフタミ盤もある。レコード検閲係もチェックしているうちに、どれがどれだかわからなくなったらしく『出版警察報』上で大混乱をきたしている。

〈南京豆売り〉の災難

このようなレコード業界特有の原盤同一性に絡む煩雑さとは別に、検閲当局のいささか乱暴な処分も見受けられる。一九三五年三月、ディック・ミネの歌う〈南京豆売り〉（テイチク／151 11-A）が発売直後に製作停止となった。原曲の“*The Peanut Vendor*”を原語で歌うのなら問題はないが「原語の猥雑な部分を仄めかした邦訳は風俗上面白からぬ感を与ふるものである」として処分されたのである。

問題の歌詞はこうだ。

〽豆買つて頂戴　温い豆　おいしいよ
毎日食べませうよ　此の豆、恋の豆
とても不思議な豆　食べさして頂戴よ……

たしかに性の隠語に通じていたらエロチックな意味合いがなくもない。が、これは〈娘アラモード〉のエルさんと同じく検閲係の深読みのしすぎで、原詞にも日本語歌詞にもエロチックな要素はないのだ。ミネは後年「〽豆、この豆、恋の豆と歌ったら、バサッとやられたよ。これだっていやらしく聴く方の神経が悪いんじゃない」（長田暁二『わたしのレコード100年史』）と述懐している。

災いを被ったのはひとりテイチクだけではない。ディック・ミネ盤が呼び水となって、過去に発売された川畑文子の〈キューバの豆売り〉（コロムビア／27441-B／一九三三年六月新譜）まで製作停止になってしまった。このレコードについては、検閲開始当初に審議にかけられたがその時は不問となった経緯がある。ディック・ミネ盤が問題となって再浮上し、「本レコードも不問の儘《まま》放任能《あた》はざる」として処分されたのである。さらに一九三五年十月にはマイナーレーベルから発売されていた〈南京豆売り〉（唄 エミール岩田／トンボ／15704-A／一九三五年）も製作停止にされた。不公平な措置が生じるのを防ぐため整合性をとったかたちだが、とんだ貰い事故だ。

出版法第十九条に基づき、新譜を発行前に差し止める。それが「発売禁止」、いわゆる発禁である。

「発禁」よりも「懇談」「内閲」

伝家の宝刀はなかなか抜かれなかった。レコード検閲の施行を機にレコード会社側も製作態度をガラッと変えて、問題となりそうな企画を除外して録音に臨んだためである。

レコード検閲係は「制度の設置自体が、取締上多大な効果を収めて居る」(『出警報』第七十二号)と自画自賛した。とくに大量の演奏禁止と製作停止処分を受けた柳家三亀松は、改正法施行後のレコードではお色気をかなり削いでいる、と同報は述べている。

三亀松自身も「一流会社は、検閲を怖がって、俺が一寸媚めかしい台詞を意味深に言うと、『済みませんが師匠、子供の前でも親父が平気で聞ける様に喋って下さいませんか』と註文がつく、これでは演り様がないよ」(前出「三亀松レコード放談」)と語っており、レコード検閲の牽制力が効果的であったのは事実のようだ。

レコード検閲は開始した当初から、業界を善導して問題になりそうなレコード製作そのものを減らしてゆく方針を採っていた。その手段として用いたのが「懇談」と「内閲」である。

「懇談」は、五・一五事件記念レコードの際に内務省が用いた。言葉は穏やかだが、レコード会社に直談判でねじこんで国家の圧力で言うことを聞かせようという実力行使だ。この方式は社会情勢の変化とともにより大きな圧力となって、レコード業界に影響を与えることとなる。

いっぽう「内閲」は、レコード製作者側から検閲係にレコード内容について相談し、忌諱に触れそうな箇所を事前にチェックして芽を摘むシステムである。そもそもは新聞雑誌の出版物の検閲における慣習で一九二七年に廃止されたのだが、実際には廃止後も必要に応じておこなわれていた。レコード検閲では、その内閲システムをスタート時から活用していた。「正式に製作（プレス）せざる以前の試作の内容の良否に関し、当局に判定を乞ふ（出版物の内閲に相当する）向もある。之等に対しては当局も、及ぶ限り誘掖《ゆうえき》的態度を以て相談に応ずることにして居る」（『出警報』第七十二号）とレコード検閲係も述べている。

レコードの場合は録音、原盤製作、プレス、と書籍よりも発行までに手間がかかる。処分いかんでは再製作をすることになるので、グレーゾーンのレコードに関してはレコーディングにかかる前か、あるいはテスト盤ができあがった時点で内閲を受け、発売禁止を避けようというわけである。実際にこれで大ごとになる案件を未然に防いだこともある。[*3]

メーカー側から国策に沿ったレコード製作の相談をもちこんでくるのだから、こんな楽な統制はない。基本的にレコード会社から「この内容で検閲は通るだろうか」と自主的に提出されたというが、自主的にというのはタテマエ上のことで、実際はレコード検閲係から「心配なレコードは内閲を通してはどうか」と水を向けられたのではないだろうか。

内閲をシステム化することによって行政処分を発する手間を省きつつ、さらにレコード検閲係の考える理想的な自主検閲環境を整えてゆく。レコード検閲は映画や演劇、新聞、書籍の検閲と比較するとゆるい印象があるが、「レコード界の善導」という指導精神が根底にあり、業界を統制した点ではほかの検閲と同じである。

レコード検閲制度の閣議決定から実施まで準備期間がじゅうぶんにあったとはいえないが、こうしてレコード検閲はスムーズに走りはじめた。一九三四年八月から十二月に検閲されたレコードのタイトル数は四千五百三十七種にのぼった。

第四章
レコード検閲係・小川近五郎

1　レコード大国ニッポン

最初の発禁は……

『出版警察報』に最初の発売禁止が登場したのは、レコード検閲がはじまってからじつに五ヵ月後の一九三五（昭和十）年二月のことであった。テイチクレコード二月新譜の万歳〈お客本位〉（三遊亭柳枝《さんゆうていりゅうし》・花柳一駒《はなやぎいちこま》／テイチク／6053-A・B）のA面のかけあいが当局の忌諱に触れたのである。二月一日の午後三時、内務省から大阪府特高課検閲係に発売禁止の通知が入り、それはただちに大阪市南区長堀橋筋二丁目のテイチク営業所に通達された。

レコードを内務省で新聞雑誌同様出版法によつて取締るやうになつたのは昨年十一月のこと、以来三ヶ月この取締に触れたものは大阪では一件もなく、せつかくの名案もあくびしてゐる有様だつたところ、こんどはじめて安寧秩序を紊《みだ》すレコードがこの取締を適用されて槍玉にあがつた――

（『大阪朝日新聞』一九三五年二月二日付）

この新聞記事では禁止の理由が「二人の田舎者が東京見物をして広瀬中佐の銅像前で同中佐に

関する冗談話をするが、それが当局の忌諱に触れたものらしい」と憶測で書かれている。

禁止となった〈お客本位〉は、金属原盤と営業所にあった在庫すべてが差し押さえられた。発売禁止となると処分の厳しさは注意措置や製作停止の比ではない。が、すでに二月新譜として発売されたあとで二万枚あまりが売れてしまっていた。

靖国神社をネタにするとは

新聞ではつまびらかに報じられなかった禁止理由が、『出版警察報』第七十七号に詳細に述べられている。

一人が靖国神社の祭祀体は何かと問へば、他の一人がそれは「小野の小町」を祀つてあるのだと答へ、いやそうではない「坂上の田村麿」が祀つてあるのだ等々、義務教育を以て既に国民の脳裡に明かな認識あるべき事柄に対し、仮令《たとえ》其の意図は諧謔たらしめんとしたものと雖《いえど》斯の如き過誤は許さるべきに非らず。且つは我国体の本義を宣明し国民をして其の帰趨に迷ふことなきを期せんとする現時潮に鑑《かんがみ》るも、黙過し得ざる事なるべし。

禁止の内容は靖国神社に祀られているものについて繰り広げられるボケとツッコミであった。検閲係は漫才のボケをたいへん厳しい態度で指弾している。多少のエロや軍隊生活ネタには目をつむるが、こと靖国神社という「国体の尊厳」に触れることは、それが世間一般で周知の事実をわざと外すボケであってもけっして許されなかったのだ。

靖国神社には明治維新以来、西南戦争や日清日露の戦役、満洲事変などで戦没した軍人・軍属などが祀られている。天皇家とのつながりが深い靖国神社を漫才のネタに取り上げることは、戦前ではタブーだった。しかも神社の運営には内務省も携わっていたのである。当局の内務省警保局図書課としては、これは有無を言わせぬ由々しき事件であり、不敬にわたる案件であった。

じつは、先の大阪朝日新聞に載った「広瀬中佐の銅像前で同中佐に関する冗談話をする」という禁止理由は、一九三四年三月二十八日に取り締まられた漫才〈君の生れ〉（横山エンタツ・花菱アチャコ／リーガル）のネタである。『出版警察報』では〈お客本位〉について「改正法施行前に処分を受けた『君の生れ』の前例があるにもかかわらずまた似たようなレコードを発行するのは不都合なので警告のためにも発禁にする」と書き添えられており、朝日の記者もこの似たような二つのネタを取り違えたのかもしれない。

次々と発禁に

いったん発禁を出してしまうと検閲のさじ加減を会得したのか、レコード検閲係は次々と発売禁止処分を下した。「制度の設置自体が、取締上多大な効果を収めて居る」という自画自賛は一体なんだったのか。発売禁止となったレコードについてはリストをご覧いただきたい（巻末表②発売頒布禁止レコード参照）。

四月、落語〈野崎詣り〉（笑福亭枝鶴《しょうふくていしかく》／エトワール／1014-A・B）、落語〈義眼〉（柳家権太楼《やなぎやごんたろう》／ヤチヨ／3209-A・B）、万歳〈一休の買物〉（永田一休・岩崎繁子／ショーチク／S99-A・B）の三枚が発禁になった。笑福亭枝鶴（五代目松鶴）の〈野崎詣り〉は上方の古典落語で内容は問題ないものの、「毎晩冷いけつ抱かされて、その位冷いけつが抱きたけりゃ横堀のおくび町に行つて水壷買うて抱いて寝よ」という表現が露骨であるとして引っかかった。

豪放な爆笑王・柳家権太楼（初代）の〈義眼〉は太陽レコードの〈いれ眼〉（2047‐A・B／一九三二年四月新譜）の再発売で、こちらは誤って義眼を飲みこんだ男が医者にかかる話。お通じがないというので医者が尻から覗くと、奥から義眼がこちらを見ていたといういささかグロな展開で「話柄及話し振り極めて蕪雑且つ猥褻」「医者が診察をする場面の如き不快極まる」（『出警報』第八十号）と叱られた。

万歳〈一休の買物〉は、手袋とズロースを間違えたというシチュエーションで「一日に二、三十回位も脱いだりはめたりする」「僕が手づから脱がしたりはめたりして軟き皮膚に接吻する」といった言いぶりが猥褻にひびくので禁止された。この表現はレコード検閲係が許容するエロの境界線を越えていたのだろう。

翌五月は万歳〈万歳の兵隊〉（関東捨丸ほか／セイカ／62‐A・B）が発禁（軍紀紊乱）になったのみだが、七月、日活映画主題歌〈のぞかれた花嫁〉（杉狂児《すぎきょうじ》／テイチク／50055‐A）と沖縄の万歳〈古妻太夫〉（仲村清次郎・仲元愛子／タイヘイ／C575‐A・B）が槍玉にあげられた。後者は沖縄からの申報によって審査されたレコードで「琉球語による万歳にして琉球語を解せざる一般内地人には理解し難きものである。（略）本件は内容著しく卑猥且つ乱倫のものにて許容し難きものである」（『出警報』第八十三号）という理由で発禁となった。

琉球語レコードの取り締まり記録は乏しい。タイヘイが発行していた丸福レコードでは一九三八年に四点が発禁となっているが、これ以外の取り締まり例は詳らかでない。

〈のぞかれた花嫁〉

一九三五（昭和十）年七月六日に発禁となった〈のぞかれた花嫁〉（作曲 古賀政男／七月新譜）は、流行歌として初の発禁であった。玉川映二《たまがわえいじ》（サトウ・ハチロー）の、

〽誰も見てない部屋なら　アノ甘い接吻しない
ネエお前　貴女とふたり　あゝより添ふて交す
嬉しいくちづけ　扉の外から誰だか覗いてる
アラまあ二人を見てる

という一番の歌詞が問題となったのである。新婚夫婦の甘ったるい歌詞だが正常な恋愛で風俗的に問題があるともいえず、いちおう不問に付してもおかしくない、と検閲係は言う。しかし一転「甘きに失する内容のものは兎角猥雑感を起し易きものであり、従つて弊害を伴ひ易きものとなり」（同）と判断を翻して発禁にしてしまった。「新婚の男女がホテルの一室で演ずる痴態の描写」（小川近五郎『流行歌と世相』／日本警察新聞社／一九四一年）がけしからんというわけである。

発禁を伝える『出版警察報』第八十三号は「比較的厳重なる測定標準を以てするレコードの検閲に於ては処分を要する部類に入るものであらう」と厳しい判断にたいして言いわけをしているが、このような蛇足はいかにも生真面目な検閲係らしい書きかただ。

このレコードは全国各地で出荷分が差し押さえられ、総計二千九十八枚が七月中に回収され

た。それでも発売後に発禁となったため、ごく少数は司直の手を逃れて流行歌ファンの手に渡り、現在でも珍重されている。

テイチクはすぐに島田磬也の改作した歌詞で改訂盤（５００６５‐A）を作り、七月二十七日に発売した。改訂盤では、

〽空は青空　窓から　アノ夢の浮雲見つゝ
ネー交す笑顔も二人　アゝ若いもの同士
高鳴る歓喜《よろこび》　あふれる胸だよ
小鳥も共に歌つてる　アラマア嬉しい僕等

と、誰かに覗かれている扇情的な情景設定は取り除かれ、密室から青空の下に場を移して健康的な歌詞となってしまった。杉狂児の浮かれた歌唱も明らかにトーンダウンしている。

テイチク商法

テイチクというのはもともと奈良で蚊帳や布団を商っていたのだが、上方商法でレコード界にユニークな地位を築いた会社である。

たとえば創業当初はレコードに応募券を附けて販売し、自社の布団や蚊帳が当たる懸賞をサービスとしておこなっていた。テイチクのレコードは他社の製品よりほんのわずか直径が小さく作ってあり、その分だけ材料費が浮いた。ＳＰレコードは何度も再生されることを見越して耐

久性を高めるために繊維末などの補強材を混入するのだが、テイチクの商品はその配分が少なかった。そのため音溝が摩耗しやすく、出荷時には特殊な潤滑剤を塗布したといわれている。[*1]

その秘密、教えようか。うち（テイチク）のレコード、質が悪いんだよね。十回もかけるとザリッザリッていいだす。それで社長に「もう少しいい材料使ってよ」って言うと、うちの社長は関西人だから言うことが違う。「そらなあ、ほんまにええもんやったら、お客さん何度でも買うてくれますがナァ……」。

（斎藤憐『昭和のバンスキングたち』／ミュージック・マガジン／一九八三年）

この発禁事件でもテイチクの上方商法は炸裂した。レコードが発売禁止になったことをわざわざ新聞広告に仕立てて、歌詞を改訂した〈のぞかれた花嫁〉の発売を宣伝したのである。そうして発売が近づくと「改訂盤いよいよ発売」と煽る波状宣伝を打った。

さらにカップリング曲の〈二人は若い〉（作詞 玉川映二／作曲 古賀政男／唄 星玲子、ディック・ミネ）は無事に検閲を通っていたので、美ち奴の都々逸（作詞 野村俊夫／５０１５３-Ａ）、バートン・クレーンと上村まり子の歌う別バージョン（５０１９２-Ａ）、テイチク・レコーディング・オーケストラの管絃楽版（５０１９６-Ｂ）、柳家金語《やなぎやきんご》楼《ろう》の落語（５０２４２-Ａ・Ｂ）、テイチク・ジャズ・オーケストラのジャズ・アレンジ版（５０２９５-Ａ）、杉浦エノスケ・横山エンタツの漫才（５０３１３〜１４）、杉田明造の明笛独奏（１５３０８-Ａ）、と関連レコードを派手に繰り出した。その結果、このレコードは二十二万〜二十三万枚の大ヒットを記録した。テイチクの巧みな宣伝手段が検閲当局の一枚上を行ったのだ。

旧譜に遡及も

やがて発禁はその数を徐々に増してゆく。

一九三五（昭和十）年のレコード検閲はその後、九月に一件、十一月に二件、十二月に三件の発売禁止を出した。

十一月の案件は昭和初期からなんどもレコード化された〈製絲情話〉という書生節で、関西のニットー（桂孤月・宇野勝・小千代／S1002［5375の再発売］）とコッカ（植中文春・喜久代／20022）から発売された二種類が槍玉にあがった。そのあおりを受けて旧譜の〈製絲小唄〉（植中文春・船田秋江／リーガル／65608［オリジナルはオリエント／60593］）まで製作停止に処されたので、当時としては大規模な摘発である。いずれも歌詞中の、

〽親が添はさにや添はぬ気か、親と未来は添やすまい、是程愛するこの僕を親と見替て下さいね

〽大事な〳〵両親を、見捨てゝ貴郎と添ふからは

という部分が、日本の家族制度を否定した恋愛至上主義として厳しく指摘されたのである。

この間、旧譜にたいする製作停止処分も九月に十一件、十月に二件、十一月に三件、十二月に四件が下された。エロにしろ風刺にしろ、耳を刺激するような飛び抜けた表現は、知らないうち

に人びとの耳から遠ざかっていった。この年、一九三五年に検閲を受けたレコードのタイトル数は一万二千二百十二種にのぼった。

〈暗い日曜日〉は発禁？

ついでながら、現在でもしばしば発売禁止曲といわれる〈暗い日曜日〉についても述べておきたい。この不吉な伝説をまとった歌は「自殺者がふえるといけないというので、シャンソン歌手ダミアが歌った『暗い日曜日』というレコードは発売禁止になった」（加太こうじ『衣食住百年』／日経新書／一九六八年）という記述に代表されるように、すっかり発売禁止曲として定着しており、それを疑う者もいなかった。

〈*Szomorú vasárnap*〉（*Gloomy Sunday*）はハンガリーで一九三三年に発表された流行歌である。一九三五年にレコード化されると時期を同じくして自殺者が二十名あまりも相次いだため「ハンガリー政府では今度『暗い日曜日』の発売を禁じました」（ポリドールの広告／『月刊楽譜』一九三六年八月号）と本国でのレコード発売禁止が報じられて、一躍「死のレコード」として有名になった。その噂をまとったまま英国やアメリカでダンス音楽として流行し、とくにフランスでは一九三六年にダミアが歌ったことでシャンソンとしても有名になった。

日本では一九三六（昭和十一）年八月二十二日にＪＯＡＫから淡谷のり子の歌唱で初放送された。この放送に感化された女性タイピストが自室に遺書を残し〈暗い日曜日〉のレコードをかけ放しにして家出、諏訪湖畔で自殺未遂するというひと騒動（「魔の舞踏曲『暗い日曜日』の誘ひ廿二娘を諏訪湖へ」／『読売新聞』九月二日・同月八日）があったことで、「死のレコード」はさらに信憑性を増した。

レコードはハル・ケンプ楽団（ラッキー／60126-A／一九三六年七月新譜）、ヘンリー・キング楽団のダンスレコード（ポリドール／1525 6-A／同年八月新譜）、ダミアのレコード〈*Sombre Dimanche*〉（コロムビア／J 2481-A／同年九月新譜）が矢継ぎ早に発売された。世間の風評が高かったためレコード検閲も時間をかけて稟議したらしく、「慎重調査の上で日本では一向差支なしと決まる」（海月子「梟の眼」／『三味線楽』同年十月号）という経緯で許可されたのだった。洋楽盤を追いかけて作られた淡谷のり子（作詞 清野協／編曲 仁木他喜雄／コロムビア／同年十一月新譜）やディック・ミネ（作詞 門田ゆたか／編曲 高橋孝太郎／テイチク／同年十二月新譜）のレコードも問題なく発売された。

アメリカではNBCが放送禁止にしたといい、英国ではBBCが一九四〇年代から二〇〇二年までボーカル入りの〈暗い日曜日〉の放送を禁じたが、実際のところ〈暗い日曜日〉と自殺の間の因果関係は立証が難しく、「死に誘う歌」の実態は都市伝説の域にとどまっている。

レコード大国ニッポン

昭和初期、この国はレコード大国であった。『出版警察報』第八十六号（一九三五年十一月）によれば、レコード業界の大手はビクター、コロムビア、ポリドールの三社というのが当時の一般常識であった。一九三六年にはキングレコードも大手に加わる。国内資本のテイチクと大日本蓄音器株式会社（ニットー及びタイヘイ、クリスタル）は二流に数えられていたものの、一般的な認知度は高かった。以上の六社は全国蓄音器レコード製造協会を構成していた会社でもある。[*2]

名古屋のアサヒ蓄音器商会は一九三五年に経営規模を縮小し、同年五月に蓄音器レコード製造協会を脱退して、レコード界の熾烈な競争から落伍した形となっていた。中小規模経営であったオーゴン、東京レコード製作所（太陽、ラッキー）、コッカ、ショーチク、福永レコードプロダクションなどのマイナーレーベルも、もともと同協会に加盟していたのだが、レコード業界の競争の熾烈化にしたがって櫛の歯が欠けるように脱退していった。

もっともこれら弱小レーベルもヒット流行歌の模倣盤やさまざまな発行元からの注文による請負プレスで繁盛し、良くも悪くもレコード業界を下支えしていた。以上のような大小さまざまなレコード会社が毎月、大量のレコードを発行していたのである。大小各レーベルの月額生産枚数を並べてみよう（佐瀬武禮「レコード会社資本調べ」／『文藝春秋』一九三六年六月号）。

ビクター……………………三十五万〜四十万枚
コロムビア…………………六十万〜七十万枚
ポリドール…………………三十五万〜四十万枚
大日本蓄（タイヘイ）……二十万〜二十五万枚
テイチク……………………二十五万枚
オーゴン……………………六万〜七万枚
アサヒ蓄（ツル）…………十一万〜十二万枚
ショーチク…………………五万〜六万枚
ラッキー……………………三万〜四万枚

日本がレコード大国であった所以《ゆえん》は世界中のレコードが日本で手に入ったからである。日本ビクター、日本コロムビア、日本ポリドールという三強がプレスする洋楽レコードの原盤は、提携会社を通じてアメリカ、イギリスはもちろんドイツ、フランス、イタリア、オランダ、ロシア、スカンディナヴィアを広くカバーしていた。これほど広範な地域のレコードがカタログに載っているのは日本だけといって過言ではなかった。

五大陸を網羅してレコードを輸出

日本はレコードを輸入するだけでなく、輸出のほうも右肩上がりの勢いを示していた。国内需要のほか、コロムビア、ビクター、テイチク、タイヘイ、ニットー、ツルなどは当時日本統治下であった台湾、朝鮮半島向けのレーベルも発行していた。[*3]

大手レコード会社は上海、台湾、朝鮮半島、満洲に置いた支社や支店向けに現地録音を国内プレスしたレコードを配給するとともに、世界にも販路を広げた。

日本蓄音器商会を一例に取ると、一九三四（昭和九）年に商工省がレコードを重要輸出品目に指定したころには十七ヵ国に輸出している程度だった。それが一九三九（昭和十四）年、第二次世界大戦の直前には、世界五大陸を網羅して、全五十九の国や植民地にレコード、蓄音機の附属品、楽器を輸出するまでになっていた。[*4]

海外で古レコードにMADE BY NIPPONOPHONE CO. LTD（日本コロムビアの海外での通り名）の刻印を見つけたら、それは戦前に海を渡った一枚に違いない。

2　夢想家にして実務家

内交レコードと帝国図書館の鑑賞室計画

このような事情で、レコード大国日本の検閲係のもとには洋楽レコードと邦楽レコードが毎日二十五、六枚届いた。もっとも洋楽レコードは音楽好きの検閲係を喜ばすだけで検閲の必要はあまりなく、彼らの労力はもっぱら邦楽の流行歌や民謡、漫才、都々逸、浪花節など寄席芸に注がれた。[*5]

一九三五年のレコード生産高は二千八百九十二万二千三百九十枚。その発行総数は九千八百四十七枚、タイトル別にして一万二千百九十二種にのぼった。うち流行歌・民謡は二千百六十六枚（タイトル別で三千九百八十三種）で、平均して月に百八十枚の流行歌・民謡レコードが検閲室に運びこまれたことになる。

レコード検閲開始から一九三六年三月までに、内務省に納付されたレコードは約三万枚を数えた。内務省はレコード会社から検閲のために正副二枚の同じレコードを納付されるのだが、検閲が済めばレコードも用済みである。

書籍の場合は一八七五（明治八）年から終戦の翌年に納本が廃止されるまで、検閲のために納本された正副の書籍の副本が内務省（ごく初期は文部省）から帝国図書館（上野図書館の名で親しまれた。現・国立国会図書館）に交付されていた。内務省からの交付なので図書館内では「内交」と呼んだ。

検閲済みレコードが三万枚に及んだあたりでその処遇に窮した内務省は、書籍と同じように帝国図書館にレコードを内交することにした。そうして、その内交レコードによって帝国図書館にレコード鑑賞室が作られる計画が浮上した。

帝国図書館のレコード鑑賞室計画は「処分に困つた内務省で考へついたのがレコード・ライヴラリー、早速上野の帝国図書館へこの話を持込んだところ、オー・ケーとあつて十七日本決りに話がまとまり」（『読売新聞』一九三六年四月十八日付）とかなり具体的な記事にもなったのだが、けっきょく実現には至らなかった。一九二八年から終戦まで毎週一回、内務省警保局図書課へ内交本の受け取りに行っていた、図書館学者で帝国図書館長をつとめた岡田温《おかだならう》（一九〇二〜二〇〇一）が興味深い記述を残している。

昭和10年頃になると「内交」を受けに内務省に出向くたびに、倉庫の一隅にレコードが積まれてあるのが目につき出した。後には相当量となったために別の倉庫に移され、かなり乱雑につまれて使用に堪えられない状態になりつつあったのを知って、この度も館長の命の下に内務省と交渉した結果、同省としては検閲に必要なのはレコードに付せられた印刷歌詞だけで、レコードそのものはむしろ荷厄介ということなので、図書館側もその交付を受けることにして、当時既に相当の枚数に達していたレコードの棚を設計し、置場所の配置まで考慮したが予定の予算を得られず、その中戦争は苛烈となったため、ついに実現に至らずして終った。

（岡田温「旧上野図書館の収書方針とその蔵書」／『図書館研究シリーズ(5)』／一九六一年十二月）

内交されるはずであったレコードの山も結局のところ帝国図書館には来ず、その後の空襲や戦中戦後の混乱のなかで散逸する運命をたどった。現在、国立国会図書館に所蔵されているSPレコードにも旧内務省に由来するレコードは含まれていないようである。[*6]

実質においてただ一人の検閲係

一九三六年になるとレコードの生産高はさらに増え、二千九百六十八万二千五百九十枚を記録した。[*7]これは戦前日本の最高値である。この年、各レーベルから発行される毎月の新譜レコードの総計は計八百種から一千種にもなり、レコード検閲室には一日平均二十枚の納付レコードが届けられた。一九三六年に検閲を受けたレコードのタイトル数も戦前最高の生産高を反映して一万三千六百八十種にのぼった。

新聞雑誌・図書の検閲係は嘱託と非常勤の雇人を入れて三十六名、フィルム検閲係が二十五名（『内務省庁府県職員録』一九三六年六月）もいたのにたいして、膨大な数のレコードをチェックする検閲係の陣容はというと、たったの四名（『出警報』第八十九号／一九三六年二月）であった。

高等官の久山秀雄事務官（一九四七年に最後の警保局長となる）がレコード検閲を統括し、その下に属官（判任官）三級の小川近五郎と雇員の石倉俊雄《いしくらとしお》、沢田《さわだ》虎彦《とらひこ》がいた。雇員とはいっても、石倉も警保局図書課の検閲係で、同僚の安田新栄と共著で『最近十年間に於ける思想関係出版物総攬』（刀江書院／一九三三年）という本を出している。

エリート官僚の図書課長や事務官が二、三年で任期を終えてころころ変わるのにたいして、この書名が示すように図書課の属官や雇員には十年以上在籍する者がざらにいた。石倉と沢田は納付されるレコードの受け付けと検閲後の現品の整理保管を受けもっていた。つまりレコード検閲そのものをおこなうのは小川近五郎ひとりであった。

書類にハンコを捺して行政処分をおこなうのは高等官たる上司の奏任官や勅任官たちであったが、日々レコード検閲をおこない、さらに検閲の過程でレコード会社とやりとりを交わしたり業界人との懇談をおこなったり、対外的な発言をしたりするのはその下の判任官である小川である。小川こそがレコード検閲の心臓といってよかった。それだけではなく小川は検閲の経験から、半官半民の統制機関を作って内務省とレコード業界の間に不可分の関係を築き、健全で楽しいレコード界を構築したいという理想を抱いていた。[*8]

もちろんその真の狙いは業界を一元化して掌握するところにあったのだろう。鈴木俊一（元東京都知事・元内務官僚／一九一〇〜二〇一〇）が「イデオロギストで極端に言えば全体主義思想のほうに近い人が多かったのではないか」（『鈴木俊一著作集・別巻』／良書普及会／二〇〇一年）と評した内務省警保局の雰囲気も小川の意欲に反映していたとも思える。この理想は一九四二（昭和十七）年に社団法人日本蓄音機レコード文化協会として実現する。一途な夢想家でありながら、有能な実務家だったといえよう。

厳格だが親切

図書検閲の世界では元図書課長や事務官の回想録が残され、映画や演劇の世界では検閲禍に遭った俳優や芸人によってさまざまなエピソードが伝えられて歴史家の研究対象となっている。レコードの世界ではこの小川近五郎という男がレコード検閲のスポークスマンとして頻繁に座談会やインタビュー記事にあらわれ、また作詞家作曲家の思い出に「検閲官」(検閲官という呼称は一九四〇年から用いられ、それ以前は検閲係と呼ばれた)として出てくる。検閲の現場での小川は、

検閲に関しては、厳格でありますが、其指導に当つては、全く懇切、叮嚀で、いつも各社の文芸部の人達が小川さんを小父さんの様な気持で接してゐる姿を私はよく見受けるのであります。(京極高鋭《きようごくたかとし》)

わたしが知るかぎりの官界のひとで、歌謡といふものの精神にもつともよく通暁した人である。わたしは、レコード歌詞の検閲で、たび〳〵氏と交渉があるが、氏が役目柄、歌詞の文句で妥当ならぬものを指摘されたのを見ると、実に的確剴切で、作品の意図をふかく窺察されることおどろくべきものがある。決して通り一ぺんの検閲ではない、十分な準備と、並ならぬ鑑識をもつて、キユツと痛いところを刺される。「油断のできない人だな」とおもつて苦笑することもある。(西條八十)

とレコード業界への理解者ぶりが強調されている。だが、これらは小川近五郎の著作『流行歌

と世相』への序文であるから、言葉どおりに受け取るのは危険かもしれない。

情に厚い苦労人

こういうエピソードがある。

文部省推薦認定レコード事業の委員・田辺尚雄の長男で音楽評論家の田辺秀雄（一九一三～二〇一〇）は一九三六（昭和十一）年四月、日本コロムビアに入社して洋楽部に配された。田辺はビクターやポリドール、キングの洋楽部員とも仲良くなり、互いの情報交換も兼ねて昼食会を定期的にもっていた。

あるとき小川近五郎から「検閲に使う試聴用蓄音機について相談がある」というので内務省に出向いて説明した。そのあとレコードについて雑談をしているうちに「私が各社の若い連中と個人的にグループを作り、レコード文化向上の為に昼食会を作っているという話をしたら、それは良いことだ、私も割り勘を払うから参加させて欲しいということになり、私達を応援してくれた」（「レコードと私　その二」／『SPレコード』第54号／二〇〇三年）というのである。

それだけではない。

一九四〇（昭和十五）年、皇紀二千六百年奉祝楽曲としてフランスのジャック・イベール、ハンガリーのヴェレシュ・シャンドール、ドイツのリヒャルト・シュトラウス、イタリアのイルデブランド・ピツェッティから奉祝曲が献呈されることになった。その発表とともに楽曲をレコード化するという話がもちあがったが、全国蓄音器レコード製造協会に加盟する諸レーベルは二の足を踏んだ。売れそうもないように思われたからである。

レコード製造協会の会長は日本コロムビアの常務取締役・武藤与市《むとうよいち》だった。田辺は「社長の顔を潰すわけにはいかない」とまったくの一存ですべての奉祝曲のレコード化をコロムビアで引き受けてしまった。この件が問題になったことに加えて社内の派閥争いにも巻きこまれてしまい、田辺はあわや左遷か馘首《かくしゅ》かという瀬戸際に立たされた。

そのことをどこで知ったのか小川近五郎が武藤与一を訪ねてきて、田辺を助けてくれるよう懇望した。さらに重ねて「あの人の考えは会社にとって掛け替えのないもので、一つの制作部を作って好きなようにやらせた方がいい」と言い置いていった。その結果、文芸部に第三制作課が置かれて田辺の活躍の場が保証されたのである。

田辺の回想からは、情に厚い苦労人、レコード業界の理解者、という小川近五郎のイメージが浮かび上がる。音楽評論家の堀内敬三も後年、著書で「検閲は係官小川近五郎の温厚な人物を反映して良風美俗を保ち、美しい音楽を奨励するという方針で進み、常識的かつ妥当な仕事をしていた」(『音楽明治百年史』/音楽之友社/一九六八年)と述懐している。京極高鋭や西條八十の寄せた序文は通りいっぺんの社交辞令ではなかったのだ。

硬軟両様

懇切丁寧なおじさんであった一方で、小川はレコード検閲係としてのいかめしい顔ももっていた。〈裏町人生〉(作・編曲 阿部武雄/唄 上原敏・結城道子/ポリドール/一九三七年八月新譜)の作詞者、島田磬也を呼びつけて難詰したり、若者世代の〝ボーイズもの〟のギャグを頑なに理解しようとせず「不真面目!」と不許可にしたりという強権発動ぶりも見せた。

たとえば服部良一は代表作〈夜のプラットホーム〉(コロムビア)について、

この曲は誰もが戦後の作品だと思っている。昭和二十二年に発売された二葉あき子のレコードがヒットしたからだ。しかし、本当は戦時中の昭和十四年に淡谷のり子の歌として書いたものだ。

発禁理由は、軟弱で、厭戦思想があるというものであった。もっとも、作詞家の奥野君は、新橋駅で出征兵士を見送る勇ましい歓呼の中で、プラットホームの柱の陰で泣いている新妻らしい女性の姿に心打たれて詩を作ったという。検閲官にもそれが感じられるのか、「出征兵士を見送る風景が連想され、めめしい」と、発売を許さなかったのである。

(服部良一『ぼくの音楽人生』/中央文芸社/一九八二年)

と書いている。[*9] このカンのいい「検閲官」が小川近五郎である。

序文でも検閲の厳しさをチラとのぞかせた西條八十にとって、小川は天敵だった。松竹映画《愛染かつら》の主題歌〈旅の夜風〉(作・編曲 万城目正/唄 霧島昇、ミス・コロムビア/コロムビア/29920/一九三八年十月臨時発売)で、三番歌詞の〽男柳がなに泣くものかがちょっと問題となった。

第一男柳だの女柳なんてものがある筈はない。もっとも、ひとつはこれで、「個人的感傷を許さず」という検閲を回避するつもりでもあった。これを読んだ当時の内務省の小川検閲官が「柳が泣いているなら、まあいいでしょう」と苦笑したそうだ。

（西條八十『唄の自叙伝』／小山書店／一九五六年）

このように相手によって態度を硬軟使いわけ、手強い相手には融通も利かせて懐柔する。油断も隙もないのが小川近五郎という男であった。

下級官吏とはいっても、小川がインテリであったらしいことは、著作『流行歌と世相』における、「大衆歌謡の内容を、いろいろの角度から検討してみると、その国の国民文化の水準を測定する一つの方便となり得ると思ふ」という分析的な態度や、著作をものする以前に「娯楽に於ける政治性」（掲載誌未詳）という所論を発表していることからもうかがい知ることができる。

官吏らしからぬ人物。レコード業界に通じ、流行歌のありかたに一家言持っていた小川近五郎とはいかなる人物だったのだろう。

上京し、松井須磨子を追っかける

小川近五郎は一八九六（明治二十九）年七月三日、大分県に生まれた。下級官吏の多くがそうであるように、小川の生い立ちについて多くは伝わっていない。野口男三郎事件を題材にした〈男三郎の歌〉が書生節で流行った明治末期、幼少の小川が縁日でこの歌を聞き覚えて歌っては親に叱られたという。[*10] 幼いころから音楽好きだった一面がうかがえる。

長じて地元の旧制中学校に進んだ。

東京の第一高等学校に入った先輩が夏休みに帰省したとき、「東京で流行ってるんだから」と

〈カチューシャの唄〉を大威張りで歌って聞かせた。これが小川にとって衝撃的な洋楽体験だったようだ。すっかり〈カチューシャの唄〉に感激した小川は中学を卒業して進学のため上京すると、学業の合間に松井須磨子を追っかけた。

〈カチューシャの唄〉が劇中で歌われる《復活》の舞台について、小川は「松井須磨子が帝劇でやりました。それを聴いたものでした」(「流行歌論　座談会」/『音楽公論』/一九四二年十二月号)と述懐している。しかし、それは正確には帝劇ではなく一九一六(大正五)年四月に浅草・常盤座と明治座でおこなわれた再演であろう。

小川は「随喜の涙を流して歌つたものである」と回顧し、「多少共知識階級に属する人達には、謂はゞオペレッタ主題歌ともいふべき、この種の芸術的扮飾を持つた流行歌は、艶歌に較べて、垢抜けがしてゐて好感が持てたものと思ふ」(『流行歌と世相』)と当時の観客が受けた感激を分析している。この回想からは、一九一六年には上京していたことがうかがえよう。

小川近五郎の青春時代は、彼自身の言葉によれば「全部が夢なんです。希望の多い時代でしたから、世間に暗い影なんか全然ない。学士様なら娘をやらうで、学校さへ出れば問題はない。(略)ロマンティシズムになりすぎたかも知れないが、当時はぼうとどうしようと勝手であつた、一面綺麗な時代でもあつたのですね」(「流行歌論　座談会」)という至ってのんきな時代であった。小川たち若い学生は西欧文化が花開く東京で思う存分に遊学を享受した。学校の講義を抜け出して浅草へ連続活劇映画の《名金》(一九一五年)を観に行き、昼ごはんを挟んで映画を三本はしごして帰る。浅草オペラにもはまり、《カルメン》の舞台に熱中して覚えてきた歌を歌っては「豚を絞め殺すやうな声で歌ふものではない」と周囲から叱られる。年代的にみて有楽座で上演された歌舞劇協会の《カルメン物語》（一九一八年九月十六日／高木徳子主演）や金龍館で上演された根岸歌劇団の《カルメン》（同年十二月十三日／清水静子・田谷力三主演）あたりを観劇したものと思われる。

浪花節の席亭へも足を運んだらしく「奈良丸、雲右衛門がやってゐた頃の浪花節の聴衆には帝大の生徒が多かつた」（「流行歌論　座談会」）と述べている。席亭に行かなければ帝大生が多かったなどとは証言できない。また、座談会で「（端唄は）私のはうが節がうまいだらう」と述べていることから察するに、お座敷通いもしたのだろう。

学生時代の小川近五郎は暇さえあれば遊芸にいそしむ軟派青年だった。そうして学生が派手に遊びまわってもそれが許される時代だった、と当人は言う。だが、いくらのんきな大正時代でも金がないと遊びまわれない。「お前は学問をしろと親はどんどん学資を送る」という小川近五郎青年は実家も豊かで相当恵まれた環境に育ったことが想像される。

履歴の謎

『音楽年鑑』（共益商社書店）の昭和十五年版から掲載された略歴によれば、小川は専修大学法律科出身だという。共益商社書店版『音楽年鑑』昭和十六年・昭和十七年版にも同じ情報が引き継がれているほか、版元の異なる大日本雄弁会講談社版『音楽年鑑　昭和十六年版』にもまったく同じ内容が掲載されている。『日本官界名鑑　昭和十七年版』（日本官界情報社）は「大正六年東京専修大学ニ学ビ」と年度が示されている。おそらく小川サイドから提供された経歴をそのまま掲載したのだろう。

しかし、同大学の校友会名簿に小川近五郎の名前はない。それどころか専修大学に在学した記録すらない。専修大学のアーカイブに問い合わせた結果も同様であった。そもそも小川が東京で学業を修めていた一九一六、一七年ごろには、専修大学には法律科が存在しなかったのである。詳しく述べると一八八〇（明治十三）年、「法律経済学校」として創立した専修大学は一九〇七（明治四十）年を最後に法律科の学生受け入れを止め、一九二七（昭和二）年に法学部を新設するまで法律の専攻科目を置かなかった。小川が東京に出てきた時点では経済科しかなかったのである。

では、いったい彼はどこで学んでいたのか？　小川近五郎が進学した大正初期の東京六大学はじめ主要大学、旧制高等学校、専門学校の在学・卒業記録を調べた。中学卒業後、東京で高等教育を受けたのであればどこかに記録が残っているはずなのだが、現在のところ見つかっていない。[*11]

3　流行を統制する矛盾のなかで

最初はふつうの会社員

東京で修学した小川は、一九一九（大正八）年、森村組の仕入輸出代行を主な業務とする森村商事に入社した。

森村組（現森村商事）は一八七六（明治九）年、森村市左衛門とその弟・豊によって出発した。日本陶器合名会社（一九〇四年設立／現・ノリタケカンパニーリミテド）、東洋陶器（一九一七年設立／現・TOTO）、日本碍子（一九一九年設立／現・日本ガイシ）を設立し日本の陶器産業の礎を築いた会社である。一九二五年に日本で最初のIBM統計機（キーパンチ式計算機）を輸入して日本陶器に納入し、輸出貿易にともなって必要となった大量のデータ処理に道を拓いた。多岐にわたる事業によって、森村組は昭和初期には森村銀行を擁する一大財閥に発展していた。

森村商事のアーカイブに小川近五郎について尋ねたところ、「戦後すぐ（一九四六年七月）に、森村組は社名を森村商事株式会社（MORIMURA BROS., INC.）に変更しましたのでややこしいのですが、一九一七年に日本橋の森村銀行内（のち三菱銀行と合併）に森村商事株式会社（Morimura Trading Company）が設立されています。この別会社は輸入業務をおこなっておりました。一九二〇年ごろというと、この会社に在籍していたのではないかとも考えられます」ということであった。

同社は二〇二六年に創業百五十年を迎える。その記念年に向けてアーカイブを整備しているさなかで、小川近五郎個人に関する記録まではたどり着けなかった。しかし小川がその森村商事株式会社の社員として社会への第一歩を踏んだ可能性は高い。

その後、一九二一（大正十）年に台湾電力株式会社に移り、さらに転じて一九二八（昭和三）年に入ったのが内務省であった。当時、民間企業から官吏に転職するのはさして珍しいルートではなかった。三十二歳での入省である。

お前やれといふことになつたのです

内務省に入省してまず小川が配属されたのは復興局だった。復興局はその名のとおり関東大震災後の一九二四（大正十三）年、復興院を引き継ぐかたちで内務省に設けられた。一九三〇（昭和五）年、復興局は帝都復興の目的を果たして廃止されるが、その前年の一九二九年、小川は警保局に転じた。

『出版警察報』第七十六号で楽曲のアレンジ（編曲）に「アダプテーション」（脚色）という映画用語を当てたり、著作『流行歌と世相』にも「スターシステム」（八三頁）、「タイアップ」（八四頁）、「クロースアップ」（九八頁）と映画にちなむ言葉をしばしば用いたり、映画と流行歌との関係性について常に留意し、事細かに記述しているところから見て、警保局に入局した当初、小川は映画検閲に携わっていたのではないだろうか。[*12]

入局して六年めにレコード検閲の開始が決定し、三十八歳でレコード検閲係となった。戦前の官吏は高等官と判任官に二分されていた。小川は下級官吏の判任官（属官六級）である。戦前のサラリーマンの平均月給が百円といわれたのにたいして、属官六級の月俸は七十五円だった。ただし勤続にしたがって一九三四年に四級（月俸九十五円）、一九三五年に三級（百十円）、一九三八年には二級（百二十五円）まで昇進することになる。

戦前歌謡の復刻レコードの解説書では「音楽方面に弱かった小川検閲官」「小川検閲官なる人物は、歌詞についてのクレームはつけるのだが、音楽は皆目わからぬ人で、耳で聞いただけでは、タンゴとブルースの区別もつかない朴念仁だった」といったふうに、音楽に無理解な人物として小川近五郎がしばしば登場する。

ところが事実は真逆で、実際には小川は朴念仁どころか書生節や〈カチューシャの唄〉で流行歌のおもしろ味を覚え、学業そっちのけで映画や浅草オペラに通う軟派学生だった。〈カチューシャの唄〉や浅草オペラに夢中になっていたことが、ひいては音楽愛好へとつながり、小川近五郎の人生の大きなターニングポイントとなったのである。

私は音楽はわからないが音楽は好きです。好きですけれども、音楽そのもの丶学問的なことは知りませんからね。感覚はわかりますが、音楽はわからない。だが、偶々内務省では音楽的感覚を持ち合した者は私だといふことになつた。そこでお前やれといふことになつたのです。

（前出「流行歌論　座談会」）

そういえば警視庁検閲係長の橘高広は無類の映画愛好家だった。大正期に「活動写真興行取締規則」（一九一七年）の施行にかかわり、映画を通じて社会教育を志向した人物である。その一方で立場を超越して立花高四郎のペンネームで『活動狂の手帖』（洪文社／一九二四年）、『これ以上は禁止　ある検閲係長の手記』（先進社／一九三二年）などの著作を世に出した。一九三三（昭和八）年に職を辞すると映画評論家になって『キネマ週報』の主幹をつとめた。好きが嵩じて検閲に身を投じ、マスコミを通じて頻繁に露出したところは小川近五郎にも相通じる。

レコード検閲に必要な、ほどほどの知識とセンスが小川にはあった。その音楽愛好ぶりは周囲の同僚や上司にもよく知られており、それがレコード検閲の人選に影響したことが、この発言から読み取れる。そうして、この人選は幸か不幸か国策としてのレコード検閲をたゆまぬ歩みで押し進めてゆくことになるのだ。

相当なクラシック音楽通

レコード検閲がはじまると、その経過は『出版警察報』につぶさに報告された。事実の羅列に終始する無味乾燥な内務省内部文書で執筆者の署名もないのだが、こと「蓄音機レコードの発行並取締状況」にかぎっては月々の報告から小川の体臭が色濃く漂ってくる。とくにおもしろいのは、行政処分されるレコードとは別に「推薦レコード」も挙げられている点である。

この「推薦レコード」には小川近五郎の個人的な趣味趣向が反映していると考えられる。その範囲はクラシック音楽からジャズ、ポピュラー音楽にわたり、日本の流行歌や童謡にまで目が行き届いている。ジャズに関しては、レコード検閲が開始された当初、(一)ジャズ音楽の意義、(二)ジャズ音楽の構成、(三)ジャズ音楽の将来、(四)ジャズ音楽の普及、と事細かに解説を加えた「最近のジヤズレコード」(『出警報』第七十三号/一九三四年十月)を掲載して、局内での啓蒙につとめた。彼自身ジャズへの理解を深めようと一念発起してまとめた記事なのかもしれない。

『出版警察報』の同じ号には「九、十月新譜中特異なもの」として、同年十月に来日公演したエマヌエル・フォイアマン(チェリスト/一九〇二～四二)のコロムビア盤数種を挙げている。これは小川が相当なクラシック音楽通であったことを示す記述である。

というのは、フォイアマンはレコードをよく聴く音楽愛好家にこそ若き巨匠としてよく知られていたが、その人気はけっして通俗なものではなく、通人受けのする演奏家と目されていた。その来日公演も、会場が九段の軍人会館（いまの九段会館）という音楽コンサートでは珍しい場所であったこともあって十月四日の初日は三百名と不入りだった。しかし、演奏会を重ねるにしたがってその実力が口コミで広がり、十一月十四日の告別演奏会は三千名がホールを埋める大盛況となった。

比較的コアなファンが多かったフォイアマンの新譜を的確に推薦するだけの見識を、小川はもっていたのだ。反面、紹介したレコードを米国録音と誤って伝えている（正確には英国録音）ことから、レコードのデータ面について正確な知識を有していたわけではないことも示している。小川にとっては中身の音楽が大切なのであって、レコードそのものにはさして興味がなかったのだろう。レコード検閲をはじめるに当たって小川近五郎は、自分の好んでいた洋楽からレコード業界への理解を築いていったようである。

日系歌手へのまなざし

しかし、レコード検閲が主に扱うのはクラシック音楽やジャズ・ポピュラー音楽といった洋楽ではなく、浪花節や落語、漫才などの邦楽（和もの）であった。なかでも各レーベルが収益上大きな期待をかけていた流行歌こそ大部分を占めることになるだろう、と検閲開始前から目されていた。

当初の小川の流行歌に関する知見は、『出版警察報』第七十六号の「吹込者月旦」を見ると、小唄歌手に就て述ぶるに、些か哀調を帯びた抒情歌詞を唄ふには、節廻しの巧妙さに於て声音の美しさに於てビクター専属の勝太郎を当代随一とし、ついで力強く巧みに唄ふ者にポリドールの喜代三、コロムビアの二三吉を推すべく端唄歌手としてはビクターの市丸など美声と言ふべきであらう。

声楽的流行歌手としては、巧妙さと魅力とを兼備した現在の人気歌手にポリドールの東海林太郎、それについでコロムビアの松平晃、ビクターの藤山一郎などで其他の歌手又は婦人歌手等は特色といふ程のものなく、ジヤズソング歌手としては、川畑文子（帝蓄）、ヘレン、隅田（ビクター）ベテイ、稲田（コロムビア）等の外国育ちの歌手は特筆すべき部類に入る。

と、ごく端的にまとめられている。ジャズソングを歌う日系歌手の「特筆すべき」点については次のように総括される（『出警報』第七十二号／一九三四年九月）。

今日「アメリカ」の発声映画界に於て、「デイトリツヒ」の男声とも思はるる声音と「エロテイツク」な歌ひ振りとが歓迎さるるのと同一の趣味を、映画と共に我国に持ち来たしたものと思ふが、今後之等の「レコード」の進出に伴ひ、検閲上相当の注意を要することとならう。

日系歌手たちのハスキーなボーカルと舌足らずな日本語が、小川にとって好ましくない新潮流であったことがうかがわれる。

こと「やくざ物」になると……

レコード検閲開始後、小川が折に触れ言及した流行歌歌手からは、ひとつの個性的な傾向が浮かび上がる。

『出版警察報』にはしばしば東海林太郎や勝太郎、市丸らの名が挙げられており、彼らへの言及はほかの歌手に比べて明らかに多い。また東海林や上原敏《うえはらびん》を代表とする「やくざ物」の流行はかねがね小川にとって興味深い研究対象であった。公人として「斯かる仁義と称するが如き偏狭なる似非道義観念が、社会道徳であるが如く考へしむるのは取締を要する」（『出警報』第八十二号／一九三五年七月）と厳しい姿勢を見せる小川が〈妻恋道中〉（作詞 藤田まさと／作・編曲 阿部武雄／唄 上原敏／ポリドール／2428‐A／一九三七年四月新譜）について長々と記した文章を見ていただきたい。

「妻恋道中」の文句を検討してみると「好いた女房に三下り半を、投げて長どす（脇差）永の旅、怨むまいぞえ俺らのことは、またの浮世で逢ふまでは」といふのが第一聯の文句である。「やくざ」気質の義理故ならば、恋情やる方ない愛妻との絆もきつぱりと断ち切つて、粋な棒立縞の道中合羽に三度笠、肩には振り分け手甲脚絆に身を固め、腰に渋好みの長脇差をぶち込んで、男伊達姿も凜々しく旅から旅の渡り鳥を思ひ立つところを謳つたものである。野服姿の道中武士などにくらべると、「いなせ」な姿である。第二聯では、「惚れてゐながら惚れない素振り、それがやくざの恋とやら」と言つて、曳く手数多の女子の歎願を払ひ除けて義理の旅を続けるあつぱれ男やくざの気概もみせてゐる。又第三聯では、「馬鹿を承知の俺らの胸を、何故に泣かすか今朝の風」と言つて、世の中を見尽してゐる自分ではあるが、ついほろりとする情はあるものだといふ豊かな人情味も織り込んである。大衆が、こう謂つた立場と気持とを憧れるのは余りにも当然と思はれる。而かもこの好男子、義に勇めばなかなかの剣豪振を発揮するとあつてみれば、魅力は百パーセントであらう。

（『流行歌と世相』一七五頁）

こういった立場と気持にあこがれているのは小川検閲係自身ではないか、とすら言いたくなるほど〈妻恋道中〉の解説を熱弁してしまっている。そしてわれに返ったように「享楽、遊興、頽廃、虚無に屈託すると、偏狭異様な義理に奮ひ起つて縦横に振ふ殺剣の怪味に浸らうとする大衆の興趣にも困つたものであるが、こんなところを堂々めぐりをさせてゐるような世相といふものも感心したものではない」と嘆いているのがおかしい。

この箇所に限らず、『流行歌と世相』の著者は、やくざ物となるとエキサイトする。以下の大衆心理の分析からは、検閲官らしからぬ人間味さえ感じさせる。

大衆と雖も、真実に生きたいのであるが、不幸にして合理的な真実を見出し得ないことが多いし、又自分達の尽した真実が極めて意味のないものとなることも多いので、不満足の気持も起りがちなのである。そう謂つた不満の気持のはけ口が、異様とも思はれる股旅物の義理や、縦横に振ふ殺劍の快味に憧れを持たしめる結果にもなると考へられるのである。
（同、一〇八頁）

反面、〈上海ブルース〉（作詞　北村雄三／作曲　大久保徳二郎／編曲　杉原泰蔵／唄　ディック・ミネ／テイチク／N209‐B／一九三九年一月新譜）のようなバタくさい流行歌には「恐らくカフェーあたりの雰囲気に投合したのであらう」といたって冷淡で、歌手のディック・ミネにたいしては言及すらしていない。

好き嫌いが包み隠さず正直にあらわれる人柄のようだ。

口やかましいおじさん？

『流行歌と世相』は一九三九（昭和十四）年十月から翌四〇年にかけて執筆された。そのとき小川近五郎は四十三歳。レコード検閲係らしい冷静かつ怜悧な俯瞰視点で歌謡史を述べながらも、流行歌にたいする私人としての見解や「他愛のない大衆」といった斜に構えた描写からは、その素顔がちらちらと垣間見える。とくに、時おり顔を出す、

「酒の香と煙草の煙の交錯する赤い灯青い灯の裡に、繰り拡げられる絵巻物が、頽廃淫靡な享楽場と化せずにゐられなかつた」

「赤い灯か青い灯か知らぬが、薄暗い灯影の下で、頭はバブヘヤーか何かで、顔は物凄いメーキアップをした女給に、うつつを抜かして燃えてゐる青春である」

「学業を放擲した書生が娯楽街をうろついたり、飲食店でのさばつたりする位は序の口で、紅灯

の巷に出入りをしたりダンス場を漁り歩いたりする風景やヤンキーかぶれをした若い女の風体など、当時でさへ些か苦々しく思へてならなかつた」

といった若者文化にたいする批判からは、なにか青春や享楽にたいする怨嗟でもあるのではないかと感じさせる。

しかし学生時代の小川は学業を放擲して映画や浅草オペラにのめりこみ、浪花節の寄席にも足を運んでいたはずである。田舎から送ってくる学資で派手に遊び呆けて、それが問題にもならない牧歌的な時代に青春を送ったのではなかったか。「世間に暗い影なんか全然ない」「ダークサイドは全然ない時代」「欧米文化を忠実に輸入してゐた爛熟時代」「アメリカのコマーシャリズムが盛に種を播いてゐた時代」(「流行歌論　座談会」)と、たっぷりいい目をみている。少しは昭和期の学生を大目に見てもよさそうなものだ。

社会情勢であれ流行歌の歌詞であれ、カフェーや女給や都会的な享楽といったモダニズムに触れると嫌悪感をむき出しにする小川は、その反動であるかのようにやくざ物の流行歌を好み、クラシック音楽でもロマン主義や現代音楽ではなくベートーヴェンやモーツァルトといった古典主義の音楽を金科玉条とした。気ままな学生生活を送ったとはいえ、要は隠れようのない硬派のおじさんなのである。

小川の心のなかの学生生活は大正期のそれで留まっていた。松井須磨子の舞台の〈カチューシャの唄〉に心酔し、浅草オペラや連続活劇の映画を観るために講義をサボる。昭和のカフェーとエロレヴューの文化から見たら純粋でかわいいものである。関東大震災後、エロ・グロ・ナンセンス時代の到来と入れ替わりに小川は社会の荒波に揉まれ抜いた。そんな小川だから、バーやカフェーに入り浸る軟派の若者にも、自由主義恋愛主義を謳歌するモダンな流行歌にも「最近の若者は」と目くじらを立てたのだろう。

しかし、私情はともかく、職業のレコード検閲となると小川の態度は至極公平であった。小川はただ検閲係として血も涙もなしに流行歌をバッサバッサと製作停止処分や発禁処分に附したわけではない。そこには彼なりの独特な流行歌論とでもいうべきものがあった。

流行を検閲によって抑圧するのは不可能である

小川は流行を検閲によって抑圧するのは不可能であるという考えの持ち主で、大衆にとって流行は必然だと考えていた。

「大衆歌の存続することは否めないと思ひます」

「人間には裏と表の生活があるのであるから、公衆道徳を阻害することがなければ仮令《たとえ》卑猥な替へ唄が歌はれたとしても、根掘り葉掘りして、とがめだてをする必要はない」

「人心の帰趨が社会の風潮を作り、その社会の風潮がこれに相応した流行歌を生むものである」

「流行歌が、その当時の社会の風潮を反映して、或色彩に濃度を加へながら進んでゐるときに、社会の風潮と游離して流行歌丈方向転廻をさせようといふことは、本質的には困難な事だと言はねばならぬ」

「（昭和十一～十二年の流行歌について）之を一思ひに抹殺できなかつた是非は別問題として、考へように依つては、こんな歌が在つたが為に当時の世相が證明されるわけでもあるし、又流行歌の進歩して行つた姿がわかると謂つたことにはなるまいか」

といった社会論を自著『流行歌と世相』のなかでくりかえし述べている。
この考えは彼がレコード検閲に当たった当初から変わらず一貫している。たとえば、

彼等青年女子には我々に窺ひ知れぬ夢があり希望がある、恋愛もすれば、人生の哀愁に涙する、これは彼等にのみ許された世界であり極楽なのだ。かう言ふ世界の人達が流行歌に吸ひつけられ愛唱するのを、殊更圧迫するのは愚かしい、大人は彼等の気持をよく酌んでやる可きだと思ふ、だから彼等が歌ふものが道学者からみれば甚だ俗悪低劣だと感じても、それが彼等をして楽しませる以上、やがては正しい文化的素養の基礎となるかもしれないのだ、我々は以上の見解から、よほど俗悪なものでない限り敢て掣肘《せいちゅう》を加へない方針である（後略）

（「流行歌と家庭」／『都新聞』一九三六年七月三日付）

という表明は時代を超えた真理だろう。このような理解者がレコード検閲の検閲係であったのは、レコードが聴覚と官能に訴えるメディアだから当然といえば当然なのかもしれないが、法と世間と私情の板挟みで苦労したであろうことは想像に難くない。
新聞のインタビューでもこんなことを言っている。

流行歌と一概に云つても、中にはエロの利き過ぎたのも数のうちですし、無いではありませんが、あれで相当堅実な、しかも音楽的であり、なかなか明朗なものも無いでも無いのです。流行歌はいかんといふ人の中には、どうやらその善し悪しよりはあまりよく流行歌とい

ふものを知らないで、先入主的な感情ばかりで云ってゐる人が多いやうです。

（「べそを掻く流行歌【上】」／『国民新聞』一九三七年六月十三日付）

堅苦しい内部文書でも情理を説いた。

恋情を中心とする感情の発露も、正常のものである限り社会文化に不可欠の要素なりとの見解もあり得る訳で、青年の帰趨を過らしめ若は風俗を紊すものにあらざる限り、あながち顰蹙すべきことではないと思はるる（後略）

（『出警報』第八十二号）

小川近五郎は情のひとであり、流行歌を低俗なものだと見なしていた社会評論家や教育者、レコード批評家よりもかえって深い理解を持っていたといえよう。

バランス感覚

また官僚のなかでも小川は一般市民的なバランス感覚を備えていたほうであったのだろう、ビクターの〈東京甚句〉（作詞 西條八十／作曲 中山晋平／唄 小唄勝太郎・三島一声／53133-A・B／一九三四年七月新譜）が翌年まで流行って歌われたとき、

〽東京の空で牡丹餅を投げた　どちらへ投げた　目茶苦茶に投げた

ハ山の手あんだらけ　下町あんだらけ

という囃し言葉が問題となった。飛行機から爆弾を投下するようすに模して、不穏行動（テロ）を示唆しているということを大真面目に唱える者がいたのである。「何ぞ計らん、文句の意味は単に架空無稽なもので、唯無茶苦茶に、牡丹餅を投げさへすればよいのであった」と小川はこのナンセンスな暴論を馬鹿馬鹿しいとばかりに一刀両断にしている。[*13]

帝都を震撼させた二・二六事件後、〈旅の人形師〉（作詞　長田幹彦／作曲　鈴木静一／唄　徳山璉《とくやまたまき》／ビクター／53639-B／一九三六年二月新譜）という流行歌が一部で問題となった。からくり人形を操る人形師を歌った流行歌だが、歌詞で光秀の謀反を歌うくだりがある上に、囃し言葉の〽カラリと廻れば　トトントントロ世が変わる　に二・二六事件にたいする風刺が含まれているのではないか、と取り沙汰されたのである。この件についても、小川は「事件の起こる二ヶ月も前から歌はれている上に歌詞には光秀だけでなく家康や八百屋お七も出てくるから事実無根だ」とレコードを擁護している。

ただしこのレコード、ヒットこそしていないもののなぜかよく売れ、現存数も多い。戦後に再発売までされている。小川のフォローに反して、この一見なんでもない流行歌に偶発的な含意を見出す人は案外多かったのかもしれない。

理解はあっても……

ただ悲しいかな小川は検閲係であった。

彼がいかにレコードビジネスや流行歌に理解があったとしても、内務省警保局に身を置いて築き上げた倫理観の前には一官吏にすぎない。卑俗な表現のレコードが流行することに理解は示しつつ、安寧秩序を妨害したり風俗を壊乱したりしそうな流行歌を野放しにするわけにはいかなかった。

小川は、レコード検閲を重ねるにつれ、流行歌の内容の「改善進歩」をうながす指導精神が必須だと考えるに至った。歌謡の改善について彼は「一足飛びに改善が出来ると考へるのは早計であつて、強圧以外の手段が必要である」「正しい権力の発動が絶対のものであることの半面には、之に依存し過ぎると濫用になり易く、又往々にして、事志と違つた結果を生ずるのではないかと考へられる」と述べている(『流行歌と世相』)。

『流行歌と世相』は一九四〇年の著作だが、この言葉は後付けの理屈ではなく、一九三五、三六年当時からすでに新聞などで同趣旨の内容を語っている。検閲というシステムがあたりまえのものであった戦前において、一見この発言は大衆に寄り添っているように思われるが、たどり着く先の目的はレコード流行歌の浄化であって、小川は「正しい権力」の行使者なのである。

新たな潮流に危惧

小川は甘ったるい覗き趣味の歌詞を扇情的に歌った〈のぞかれた花嫁〉に直面して、流行歌界にあらわれるエロ表現の新たな潮流に危惧を抱いていた。「大胆卒直な露悪振りはなくなつたかはりに、妙に遠廻はしに擽《くすぐ》りを利かした歌を作る傾向」(『流行歌と世相』)というのがそれで、つまり合法的なエロ表現をたくらんでレコード会社が姑息な手段に出るようになったというのである。

レコード会社側からすると、歌詞表現がどの程度までなら許されるか、どこからが許されないかという検閲のさじ加減を測りながら可能な限りギリギリのセーフを攻めるようになった。

たとえば〈花嫁行進曲〉（作詞 高橋掬太郎／作曲 江口夜詩／唄 音丸／コロムビア／28701-B／一九三六年二月新譜）は多少問題にはなったものの、予防線を張った歌詞によって検閲禍は免れた。「歌の内容も多分に煽情的なものであるが、鄙びた甘さを持つ音丸の声調で『いやだわよ』とやられると、些かてれるような擽つたいような気持になる」（『流行歌と世相』）と小川は照れている。無邪気だ。

このコロムビア盤については、レコード検閲係のもとへ「エロだから取り締まれ」という趣旨の投書が大量に寄せられたという。投書にたいして小川は「あれは新婚のはじらいをうたったものでエロではない」（南葉二〈オリジナル盤による―明治・大正・昭和―日本流行歌の歩み〉別冊解説書）と擁護した。「新婚の男女がホテルの一室で演ずる痴態の描写」と厳しく指弾された杉狂児の〈のぞかれた花嫁〉に較べれば、甘く楚々とした音丸の歌唱は、小川近五郎には好ましいものだったのだろう。

その代わりと言うべきか、同曲を柳家三亀松が都々逸入りの艶話に仕立てた〈三亀松漫芸　花嫁行進曲〉（リーガル／67854-A・B／一九三六年八月新譜）は容赦なく製作停止処分を受けて、おもしろ味の半減した改訂盤（リーガル／67941-A・B／同年九月新譜）を作るはめになった。

第五章
〈忘れちゃいやョ〉と〈あゝそれなのに〉

1 罪は万死に値する

ありふれたテーマ

一九三六（昭和十一）年三月二十日、レコード検閲史上もっとも有名なレコードが出現した。流行歌〈忘れちゃいやョ〉（作詞 最上洋／作曲 細田義勝／ビクター／53663-B／一九三五年十二月二日録音・一九三六年四月新譜）である。

歌ったのは渡辺はま子。一九三三年、武蔵野音楽学校を卒業後にポリドールの〈最上川小唄〉（作詞 阿波勝戸／作曲 中山正／1363-B／一九三三年六月新譜）でレコードデビューしたものの ポリドールには入らず、恩師の徳山璉がいるビクターに入社した。ビクターでは〈海鳴る空〉を皮切りに二十数曲吹きこんだが、パッと輝くような大ヒットに恵まれなかった。

〈忘れちゃいやョ〉も製作当初はそんなに期待されていたわけではない。おなじビクターでは先行して〈忘れちゃ嫌だわよ〉（作詞 佐伯孝夫／作・編曲 鈴木静一／唄 筆香／53281-A／一九三四年十二月新譜）というよく似たタイトルの流行歌があったし、さらにツルレコードには〈忘れちゃ嫌よ、捨てちゃ嫌〉（作詞 水島千秋／作曲 高峰龍雄／唄 島津千代子／6525-B／一九三三年一月新譜）が、ニットーレコードにもそのものずばり〈忘れちゃいやよ〉（作詞 吉井勇／

作曲　水谷ひろし／編曲　服部良一／唄　美ち奴／6819-B／一九三五年八月新譜）という流行歌もあった。

テーマとしてもありふれていたのである。

稀代の曲者

だが、いざ蓋を開けてみると〈忘れちゃいやョ〉は関西からヒットに火がついて、製作停止処分される六月までの二ヵ月間に十万枚を売り上げた。

小川近五郎はこのレコードがよほど忘れ難かったのだろう、処分に至る過程をこと細かに記している。

発売時のレコード検閲は意外やさらりと通った。不思議な気持ちも起こらず、またとんでもないものだとも考えずにちょっと変わった歌いかたの流行歌だと思った程度で、「勿論審査はやつたのであつたが微苦笑する程度で、不問に附しても大事ないであらうといふことに決つたのである。中には面白いなどといふ冗談も出た程であつた」（『流行歌と世相』一三九頁）と検閲現場の空気を伝えている。

のちのち問題になるとは誰も思わなかった。思わなかったどころか、検閲係ですらおもしろいと感想を述べるほどであるから、世間で流行したのは当然だろう。

のちに小川は〈忘れちゃいやョ〉を、「稀代の曲者」と呼びながら、

この流行歌は、歌の歌唱形式から言つても極めて効果的な新手法の発見であつたし、流行歌

の変遷から言へばまさに劃期的な第一歩を踏み出した歌で、この後続々と飛び出した類型のエロ感の直接発撒を目的とする新傾向流行歌の先駆者であつた。今迄、退嬰に走らうかそれとも頽廃を選ばうか或はエロかグロにしておからうかと、些か低迷気配であつた大衆の嗜好を、処を得たりとばかり、一気呵成に端的な愛慾主義にとびつかせた功労者でもあつた。
（『流行歌と世相』）

と、エポックメーキングな面から皮肉交じりに賞賛している。これもまた官吏らしからぬ感想だといえよう。

荷風は記す

流行歌というものを軽蔑しながらも当今流行っている歌を克明に日記につけていた永井荷風は、そのころこう記している。

流行唄「忘れちやいやよ」と題するもの蓄音機円板販売禁止。また右の唄うたふ時は巡査注意する由。喫茶店の女より唄の文句をきくに甚平凡なるものなり。
（『断腸亭日乗』一九三六年七月十一日）

荷風が歌詞を口伝てに聞いて「甚平凡なるものなり」と思ったのも無理はない。小川のいう新手法というのは、これまで彼ら検閲係がチェックに腐心していた歌詞ではなく、その歌いかただった。

歌の各聯につくリフレイン「〽ねえ、忘れちゃいやよ」を歌手は、「ねえ」で甘えてみせて「いやーんよ」と鼻に抜けた発声で、しなだれかかってエロを満喫させようとする。その手法を小川は「歌詞の一部を通常の曲調に依つて表現せず対話調と為し、恰《あたか》も婦女の嬌態を眼前に見るが如き官覚的表現方法」（小川近五郎「最近話題を生じた流行歌レコードと取締の問題」／『警察研究』第七巻第九号／一九三六年九月）と分析してみせ、「感心する程巧者なものであつた」（『流行歌と世相』一三八頁）と感嘆した。歌っている当の渡辺はま子は「一寸《ちよつと》おそろしいやうな唄、歌つてゐて怖くなつて了《しま》つた。地でやれと冷やかされ」と日記に吐露している。この録音のもつ威力をまざまざと感じていたのだ。

今にして思へば……

作られる歌に罪はない。問題は流行りかただった。

〈忘れちゃいやョ〉のレコードが西日本から流行りだしたのを見て危機を感じた警視庁は五月上旬にレコード店にたいしてこのレコードの街頭演奏禁止を通達し、カフェーや喫茶店など接客業者にたいしても客前での演奏を禁止した。

しかし時すでに遅し。〈忘れちゃいやョ〉に突破口を見出したレコード業界は、このビジネス・チャンスにいっせいに飛びついていた。しかも本家〈忘れちゃいやョ〉よりどぎつい歌詞、臨場感たっぷりの色気で迫る歌いかたで。*1

六月以降、雨後の筍のようにあらわれた模倣レコードは、その熱烈なささやき声でそのほとんどが検閲の網に引っかかった。さらに影響はレコードにとどまらなかった。ヒットをみた松竹がすぐに映画《忘れちゃいやよ》を製作したが映画検閲によって禁止されたのである。

この期に及んで小川は後悔した。

「今にして思へば、迂闊千万であつたわけで、このような歌を横行濶歩せしめた罪は万死に値すると臍《ほぞ》を噛む次第である」と自身の不明を恥じている。たしかに検閲当局としては迂闊としか言いようのない見逃しが招いた騒動だった。

模倣レコードが跋扈するに及んで、内務省警保局はさして煽情的でもない本家〈忘れちゃいやョ〉まで処置せざるをえなくなった。しかし、そうすればレコード検閲に手抜かりがあったことを認めることになる。

警保局は落ち度を認めたくなかったのであろう、「劣悪な模倣レコードのせいで本家も処分せざるを得なくなったがその処遇には差を設ける（大意）」（『出警報』第九十四号）と、まわりくどい注釈つきで、出版法ではなく警視庁取締規則の治安警察法第十六条により製作停止処分にした。そのような背景があるので『出版警察報』も小川近五郎も、このレコードに関しては曖昧に「処分」という表現で済ましている。[*2]

渡辺はま子の困惑

原盤の自発的破棄と販売店に卸したレコードの回収をビクターに要請し、販売済みのレコードは治安警察法によって取り締まる、という処分は、一見したところ通常の「製作停止」と変わらないように見える。先の注釈を読んだら温情処分とさえ映るかもしれない。しかし出版法から治安警察法へ処分をあずけたことで、市井での〈忘れちゃいやョ〉レコードの取り締まりはかえって厳しくなった。

厄災は、歌った当の渡辺はま子に降りかかった。

彼女は〈忘れちゃいやョ〉のヒットで舞台にも引っ張りだことなった。この唄を看板にして関西を公演して巡ることとなり、千日前・大阪劇場とキャバレー「マルタマ」では無事に済んだが六月二十七日、大阪歌舞伎座の公演で臨監する警官が〈忘れちゃいやョ〉の上演禁止を申し渡した。翌二十八日の京都南座の公演でも歌唱が禁止された。ところが関西公演から帰京して出演した七月一日の東宝劇場公演では臨監の警官が〈忘れちゃいやョ〉をスルーしたうえに歌手をねぎらったので、渡辺はま子は「誉められて変な気持ち」（日記）と戸惑った。

取り締まりが現場の官憲の判断に任されたため、こうした場当たり的な禁止がおこなわれたのだ。細川周平《ほそかわしゅうへい》は「はま子のレコードは警察の越権行為を許し、出版法と治警法の管轄と見解の違いを露わにした」（「戦前のレコード検閲『出版警察報』から探る」／二〇一一年）と述べている。

ビクターは〈忘れちゃいやョ〉の「絶版」を受けて、改訂盤〈月が鏡であったなら〉（5377 3／一九三六年七月六日録音・九月新譜）を製作した。大騒動になったことで渡辺はま子が緊張したのか、四回も吹きこみなおしてOKが出たという。

〈月が鏡であったなら〉は甘え声の「ねェ」をカットしてピアノで代用している。いちばんの聴きどころを骨抜きにしたこの改訂盤はそれでもブームの余韻を追い風に、一九三八年二月末までに十一万五千九百枚も売れた。一九三六年に十万枚以上を売り上げたレコードは十一種あるが、そのうち第六位を占める健闘ぶりを示したのである。[*3]

2 「ねェ小唄」の憂鬱

一網打尽？

検閲当局は〈忘れちゃいやョ〉の模倣レコードを「一網打尽に取り締まった」と豪語したが、実際には取りこぼしたレコードもある。

京都ショーチクの〈忘れないでね〉（作詞 松本一晴／作曲 米戸勉／唄 千草秋子《ちぐさあきこ》／S218-B／一九三六年）は、本家〈忘れちゃいやョ〉に酷似した歌詞を半分にまでみじかくして、サビ（歌のクライマックス）が手っ取り早く聞けるようになっている。オリジナルの渡辺はま子をそっくり真似した甘い歌いぶりでありながら発禁となっていない。

ショーチクは京都に本社があり、東京の京橋一丁目のビルに吹込スタジオを持っていた。商業レコードを製作しながら一般向けの録音サービスも兼業でおこなう営業力の弱いレーベルだった。製作するレコードの多くは〈忘れないでね〉のような違法すれすれの模倣レコードなので、大っぴらな宣伝もできない。レコードの影響力のなさを加味してお目こぼしにあずかったか、ほかの類似レコードより遅れて作られたため、摘発から逃れたのだろう。

影響力がごくごく限られていれば見逃されたというわけではない。レーベルによっては検閲禍を大きく受けた。その代表がテイチクである。

発禁となった〈私しのあなた〉（作詞・作曲　未詳／唄　橋立砂子／50377／一九三六年八月新譜）は本来、大阪のキャバレー・マルタマが顧客に頒布するために委託製作したレコードであった。歌っている橋立砂子《はしだてすなこ》もマルタマに出演していたキャバレー歌手である。警保局はすぐに禁止された盤の回収につとめたが、五十六枚プレスされたうちの三枚しか押収できなかった。差し押さえられる前にキャバレーであらかた配ってしまったからだ。回収しそこなったことについて、警保局は「特殊事情が潜在しているからである」と言いわけしている。

改訂盤の運命

〈私しのあなた〉が禁止されたので、テイチクは改訂盤〈私のあなた〉（作詞　村田吉邦／作・編曲　北木正義／唄　橋立砂子／50489-A）をすぐに製作した。初出盤の、「ネー」「ネーネー」という執拗なささやきがそっくり削られた。この改訂盤は検閲を通過して九月に臨時発売され、もっぱら関西方面で良好な売上げを記録した。

じつは橋立砂子はもう一枚発禁盤を出している。〈ハッキリしてよ〉（作詞　樹下八郎／補作　村田吉邦／作・編曲　北木正義／1056-A）は一九三七年一月新譜で発売されたものの、たちまち禁止となった。全二千二百十二枚出荷されたうち、押収できたのはわずか五百二十八枚だった。この種のレコードはおおむね都市部での流行にとどまるのだが、珍しく北海道から沖縄まで二十あまりの道府県で売れたため、回収が困難をきわめたのである。歌詞を示そう。

〽とても貴方が好きなのよ　思ひ出したら又来てね　ウ、
チャカチャンチャン　スッチャカチャンチャン　チャンチャカスッチャンチャン
チャカチャンチャン　スッチャンチャーンのチャカチャカスッチャンチャン
いやよ　返事もしないで罪だわよ　ネーハッキリしてよ

〈私しのあなた〉からの反省も学習も皆無。けたたましい。小川近五郎は「『チャカチャカ』ト囃シ立テタル後『いやよ』ト頓狂ナル淫声ヲ発シテ居ルノハ嬌態ヲ演ジテ居ル感ジヲ出シタルモノノ如ク一層不良ナリ」と妄想をたくましくして糾弾した。しかし、実際に聴くと問題にされた箇所はそれほど刺激的ではなく、むしろ前段で発せられる「ウ、」という唸り声のほうが当時としては生々しい表現である。

禁止処分後に改訂盤（1283／一九三七年三月新譜）が作られたが、なにが当局の逆鱗に触れたのかこの改訂盤も発売直後に禁止され、全二百五十枚のうち八十五枚が押収された。テイチクが二百五十枚しかプレスしていないところをみると、どうやら再度の発禁を見越していたのかもしれない。

テイチクはけしからん

レコード検閲にとってもテイチクは心証の悪い会社だった。

話は少しさかのぼる。

帝都を震撼させた二・二六事件の一ヵ月後、一九三六年三月にテイチクはさっそく事件を題材とした詩吟〈告兵詞・弔殉職五警官・挽武人天野少佐〉（吟詠 大和流宗家・福井銀城／15375-A・B／一九三六年六月新譜）を製作した。さすがに事件が事件なのでテイチクも慎重を期したのだろう、警保局図書課レコード係にレコード発売の可否を照会した。小川は詩吟の内容がかなり刺激的かつ生々しい題材であるため戒厳司令部とも打ち合わせた上で、事態が収束するまで発売は留保してほしいと回答した。

ところが、である。テイチクは六月新譜でいきなりこの詩吟レコードの発売を強行した。内務省は二・二六事件を想起させる演劇も映画も差し止めていたので、レコードだけ特例を許したのでは均衡が崩れる。顔に泥を塗られたかたちの警保局は激怒して、出版法ではなく治安警察法を適用して発売三日後に製作停止処分にした。

エロと異なって安寧妨害案件となれば警察の手配は迅速だった。二十枚発行されたレコードのうち十七枚を差し押さえて市中への流布を防いだのである。この件や〈忘れちゃいやョ〉模倣レコード製作の懲りない態度は、その後のテイチクへのレコード検閲の厳しさにつながった。

おかげで事務が煩雑に

小川近五郎が「このような歌を横行濶歩せしめた罪は万死に値する」と後にみずからを責めたように、〈忘れちゃいやョ〉のエピゴーネンを発売禁止にした後にも、「ねェ小唄」はレコード会社各社から陸続とあらわれた。

「ねェ小唄」とは、各レコード会社が発売した同傾向の甘い流行歌にジャーナリズムが与えた名前である。そのいずれにも共通しているのは、相手に語りかけるような対話調が歌に取り入れられ、色っぽいささやき声でもって官能に訴えかける、という点である。

検閲する側にとって「ねェ小唄」は検閲事務を煩雑にするコンテンツだった。

それまで歌詞カードの内容で試聴するか否かを決めて問題のありそうなレコードのみ聴けばよかったのが、こんどは歌詞と歌唱の両方をチェックして処分を下さねばならなくなったのである。エロチックな歌唱は当然のことながら、その歌唱を際立たせる作曲やアレンジ手法も俎上に載せられる。

しかも「ねェ小唄」のブームは思ったより長く続き、小川近五郎は「歌ひ方、表現の仕方、つまり曲が問題になる時代になつたのですから、われわれも楽ぢやありませんや」(「べそを掻く流行歌【下】」/『国民新聞』一九三七年六月十五日付)と弱音を漏らしている。二名のレコード係では毎月の新譜を処理しきれないことに小川近五郎は頭を抱えたに違いない。ついには各社への掣肘として「当局では今後歌詞は差支なくともエロな声を出すレコードはどしどし発禁するといつてゐる」(『読売新聞』一九三六年十二月二十四日夕刊)、「嗾《けしかけ》るやうな題名は御法度　この際厳重取締」(『大阪時事新報』同年七月二日付)という宣言が出された。

内務省警保局が強く注意を喚起したことで、各レーベルが慎重な製作を心がけた効果もあろうか、「ねェ小唄」で実際に行政上の発禁処分となったレコードは、意外に少ない。しかし、それは皮肉にも検閲が「ねェ小唄」を公認したかたちとなってしまったとも言える。のちに小川が「時潮の大きな流れに押されて、取締規格を厳格に指示することも亦周知徹底せしめることも出来なかつた」(『流行歌と世相』)と述べたように、検閲といえども大衆がつくり出す時代の雰囲気には抗えなかった。

〽だって嫌よ

発禁を免れた「ねェ小唄」に、〈だって嫌よ〉（作詞 三沢操／作曲 山川武／唄 静《しづ》ときわ／ビクター／53733-A／一九三六年六月十五日臨時発売）と〈とんがらかっちゃ駄目よ〉（作詞 佐伯《さえき》孝夫《たかお》／作・編曲 三宅幹夫《みやけみきお》／唄 渡辺はま子／ビクター／同年八月二十五日臨時発売）がある。

〈だって嫌よ〉は、これがデビューレコードとなる静ときわの歌唱で、〽だって嫌よだって嫌よだって嫌よ、寂しいんですもの のくだりに情感が込められていて、聴く者に猛烈に迫ってくる。作詞者の三沢操は長田幹彦の筆名である。

> 銀座街頭で盛んに演奏して禁止を喰つた某社の如きは、そのイヤラシさに更に拍車をかけて「だつて嫌よ」を製造して、再び街頭で鳴してゐる。その歌ひ手と云ふのが、ひどく頭の悪い、歌ひ手と云ふも恥かしい歌ひ方をする。
>
> （「スクラップブック」／『婦人画報』一九三六年八月号）

この歌は、渡辺はま子がおとなしく聞こえるほど官能的な歌唱で流行の兆しをみせたが、〈忘れちゃいやョ〉と同じ轍を踏むまいと会社側が自発的に街頭宣伝を禁止（『文藝春秋』レコード欄／一九三六年八月号）したという。事実は警保局からの自発的自粛の要請によるものであろう。

しかし売れるとわかっているレコードを販売店もやすやすと引っこめたりはしない。〈だって嫌よ〉の裏面の〈円タク行進曲〉（作詞 三沢操／作曲 山川武／唄 小野巡・静ときわ）を店頭で盛大に演奏して難なく売り抜けたのであった。このレコードは発売禁止にも製作停止にもなっていないものの、新聞報道や右のような批判記事によって世間で誤解され、気の毒なことに静ときわには〝発禁歌手〟の異名がついてしまった。[*4]

小津映画にも

〈とんがらかっちゃ駄目よ〉（作詞 佐伯孝夫／作曲 三宅幹夫／ビクター／53789-A／一九三六年八月二十五日臨時発売）は、ふたたび渡辺はま子を起用したレコードである。こんどは冒頭から「ねェ、ねェ」と歌わせている。彼女のコミカルでコケティッシュな魅力を引き出してオフィス・ラブを歌ったモダン歌謡だ。

はつらつとした若々しい雰囲気が漲《みなぎ》っているなか、〽変わらぬ幸せ祈りましょうね という最後の一節には社会情勢への漠然とした不安が反映しているようにも感じられる。一九三六（昭和十一）年八月公開のP.C.L.映画《唄の世の中》のなかでくりかえし使われ、渡辺はま子もカメオ出演して歌ったのでレコードのヒットにつながった。

〈忘れちゃいやョ〉と同じように全国の小学生にまで〽とんがらかっちゃ駄目よ というリフレインが流行し、ために小津安二郎《おづやすじろう》監督の松竹映画《淑女は何を忘れたか》（一九三七年三月公開）では、子役の葉山正雄《はやままさお》と突貫小僧《とっかんこぞう》がこの歌で大人を囃し立てるシークエンスが挟まれた。全国の児童に広まったことでこの流行歌も教育界から問題視されたが、宣伝を自粛するよう当局から要請された程度でなんの処分も受けてはいない。

3 洪水の前

タイヘイの「表情小唄」

タイヘイは大衆の嗜好に忠実なレーベルだったので、「ねェ小唄」の流行をいち早く採り入れた。そのなかでもっともよく売れたのが〈泣かせてネ〉(作詞 飛鳥井芳郎/作・編曲 水谷ひろし/唄 新橋みどり/タイヘイ/21001-A/一九三六年五月新譜)である。

このレコードは新興キネマ・大泉撮影所の特作映画《椿は紅い》の主題歌として作られた。ゆったりとした和風のタンゴ歌謡で、対話調の歌詞は他の「ねェ小唄」を踏襲しているものの、肝心の「ねェ」も含めて抑制された歌唱だったからか、無事に検閲を通過した。歌手の新橋みどりは翌年〈若しも月給が上ったら〉(キング/一九三七年七月新譜)でスター歌手の仲間入りをすることになる。ウエスターン・レコーディング・オーケストラによるインスト盤も発売され、戦後にはキングから再発売されたから、「ねェ小唄」としては息の長いヒット作といえよう。

この成功で気をよくしたタイヘイは、一九三七(昭和十二)年に「ネエー小唄コンクール」なるものを開催し、その一等に選ばれた当選歌〈〝貴方〟来るまで〉(作詞 小堀秀雄/作曲 松山伸/編曲 工藤進/唄 水島早苗/21182-A/一九三七年三月臨時発売)を盛大に売り出した。

しかしネエー小唄という呼称はタイヘイに定着せず、のちに同社では「表情小唄」という呼称に変えてしまった。表情小唄として発売されたものには〈ためいき〉（作詞 島田磬也／作曲 城文雄／編曲 杉田良造／唄 水島早苗／21250-A／一九三七年七月新譜）がある。甘え声ではなくため息をリアルに聞かせる歌謡なのでこれはエロにも当たらず、検閲係の首をひねらせながら検閲を通過した。

静ときわ

災難なのは新興レーベルのミリオンだった。

ミリオンはビクターの待遇に不満を抱いた歌手・作曲家が独立して身を寄せたレーベルで、その出かたが注目されていた。第一回発売レコードとして、静ときわが歌う〈可愛がってネ〉（作詞・作曲 未詳／101-B）を一九三七年二月新譜として発売するべく準備していたが、三六年十二月二十二日に発売禁止となった。歌詞はさしつかえないが歌いぶりが挑発的でエロだという理由である。プレスした一千二百七枚すべてが差し押さえられてしまった。管内の東京市内であったため迅速に処分がおこなわれたのである。[*5]

前述したように、静ときわはビクターの〈だって嫌よ〉で〝発禁歌手〟という称号を頂戴していた。その発禁歌手が新レーベルのミリオンに飛び出して発する第一声ということで大きな期待が寄せられた矢先、こんどは本物の発禁が下ったのであった。

静ときわは、その後ミリオンで〈考へるわヨ〉（作詞 林京太／作曲 山川武／121／一九三六年六月新譜）、〈フンフン〉（作詞 ゆざわよしを／作曲 山田貞雄／126-A／同年七月新譜）など、

「ねェ小唄」を中心に十一曲のレコードを出した。〈フンフン〉は期待されたが、「ネェ小唄の急所を狙つたものだが検閲を恐れてか、骨抜きとなつてしまつた」（『レコード音楽』一九三六年七月号）と批評は手厳しい。ミリオンでのレコードで話題となったのは小野巡と歌った〈バットが一銭〉（作詞　高田保／作曲　山川武／１０７－Ｂ／同年一月新譜）くらいであった。

降って湧いた大ヒット

テイチクに降って湧いた「ねェ小唄」の大ヒットが〈あゝそれなのに〉（作詞　星野貞志／作曲　古賀政男／唄　美ち奴／１１６５－Ａ／一九三七年一月新譜）である。一九三六（昭和十一）年の暮れに売り出してから三七年上半期、盧溝橋事件の直前までに売り上げが五十万枚を突破した。

この流行歌はもともと日活映画《ウチの女房にゃ髭がある》（監督　千葉泰樹／出演　杉狂児・星玲子ほか／一九三六年十二月十一日公開）の主題歌で、杉狂児と美ち奴が歌う同名主題歌のカップリングに配されていた。〈うちの女房にゃ髭がある〉もコミックソングとしてヒットしたのだが、〈あゝそれなのに〉がそれ以上にヒットしたため、日活はあわてて同じ監督、同じキャストでこんどは映画《あゝそれなのに》を製作し、一九三七年三月十九日に封切られた。古賀政男はこの歌のメロディーを、街を流していたチンドン屋の〈竹に雀〉[*6]から着想したという。

テイチクはここを先途とアコーディオン独奏版〈あゝそれなのに〉（小泉幸雄・吉田未男／１３７１－Ａ／一九三七年四月新譜）、端唄版〈あゝそれなのに〉（唄　美ち奴／三味線　豊吉《とよきち》／１４５７－Ａ・Ｂ／同年五月新譜）、漫才版〈あゝそれなのに〉（三遊亭柳枝・花柳一駒／１６５４／同年七月新譜）、映画物語〈あゝそれなのに〉（今泉伍朗《いまいずみごろう》／１６１１～１２／同年七月新譜）、三味線ジャズ版

〈あゝそれなのに〉（三味線　豊吉／テイチク三味線オーケストラ／１７６４－Ａ／同年九月新譜）と多彩なバージョンを矢継ぎ早に売り出し、こうした便乗商品も功を奏してメチャクチャに流行りつづけた。

流行の要因は？

小川近五郎は、〈あゝそれなのに〉が流行した要因としてこう述べている。

その当時世間のあちこちでかういふことが伝へられた。それは、こんなに世の中がごたごたして国民生活の目標が立たない時節には、いくら国民は真面目に働いても真実といふものが蹂躙されて仕舞ふ、まつたく「あゝそれなのにそれなのに」と謂つた気もするのであるから、大衆の心持にぴつたりとしてこの歌は流行するのだといふ説である。

（『流行歌と世相』一四九頁）

混沌とした世相にたいする嫌気がさして、〈あゝそれなのに〉で憂さを晴らしたというわけである。

それに加えて小川は美ち奴の声について、「声の持味から来る感じには何となく普通でないものがある。其処がこの歌ひ手の魅力でもあらうし又批評を受ける所以でもあらう」（『出警報』第九十八号／一九三六年十一月）と指摘した。それを「若しエロ感があるとすれば歌ひ手の声の味だといふことになる」（『流行歌と世相』一四九頁）とも評している。〈忘れちゃいやョ〉の折には渡辺はま子の色っぽい歌いかたが問題となったが、美ち奴の場合は鼻にかかった声そのものにエロ感があるというのである。

だが理詰めの警保局である。さすがに「生まれつき声がエロだから」という乱暴な理由で処分することはできなかった。

世論に押されて（?）原盤破棄へ

〈あゝそれなのに〉大ヒットの要因として、〽おこるのは　おこるのは　あたりまへでせう　というリフレインの普遍性が挙げられる。〈とんがらかっちゃ駄目よ〉の〽ねえ、ねえ。とんがらかっちゃ駄目よ　や、〈二人は若い〉の〽あなーた　〽なあんだい　といった口ずさみたくなるリフレインは、全国の児童が口々に歌ったため教育者や一般市民から問題視され、内務省や新聞にクレームの投書が相次いだ。[*7] たとえば次のようである。

◇〃あゝそれなのにそれなのに……〃小学校の一年生位の子供が唄つて通る。この唄を聞かない日はない。昨日の朝も通学の女生徒が「我が師の恩……の調子が下手だと先生に注意されたがあたし〃あゝそれなのに〃はうまいのよ」と笑ひながら大声に合唱です。

◇私には五歳になる男の子がありますが、私が夫を呼ぶのを聞いて坊やが〃ナーンダイ〃と茶化します。私は恐ろしくなりました。流行唄に対して或る詩人が「いまいましいが面白い」と興がつて居られるやうですが、家庭の婦人はそれでは済まされません。（しづ江）

（『東京朝日新聞』一九三七年三月十四日夕刊）

投書にたいしてレコード検閲係（小川近五郎だろう）は紙面で答えている。

昨年〝忘れちやいやよ〟〝二人は若い〟といつたものが大分流行しましたが、あれは子供のために作つたレコードではないのですから子供が唄ふのは面白くありません。家庭で学校でよく注意して欲しいと思ひます。当局としてはいまあの程度の内容の歌詞は許可しないわけには行かない時代だと思ひます。歌詞と同時にメロデーも問題です。取締りの限度をどの程度にするかは大なる問題です。子供が唄ふ割合にその弊害は実際にはないのではないかとも思つてゐます。

この談話は興味深い。のちには「稀代の曲者」「万死に値する」とまで非難した〈忘れちゃいやョ〉の歌詞について、「いまあの程度の内容の歌詞は許可しないわけには行かない時代」という認識を公にしている。また「ねェ小唄」の出現によって検閲係が歌詞のみならずメロディーにまで気を払わなければならなくなった状況も伝わる。この返答はもちろん〈あゝそれなのに〉も念頭に置いてのことだろう。

大人から子どもまで大流行が賛否渦巻いた結果、〈あゝそれなのに〉は製作停止処分にはならなかったものの、自発的な原盤破棄を命じられた（『報知新聞』一九三七年九月二十五日付）。行政処分は免れたわけだが、そのあと一九三八年一月新譜で発売予定だった〈歌謡ヴァラエティー歌の慰問袋〉（解説 静田錦波／唄 美ち奴ほか五名／テイチク／N１１０‐A・B）はヒット曲メドレーのなかに〈あゝそれなのに〉が含まれているがために納付した翌日の十二月十六日に発売禁止となった。検閲当局は〈あゝそれなのに〉のブーム再燃を懸念したのである。

時局と「指導精神」

盧溝橋事件から日中戦争(当時の呼称は支那事変あるいは日華事変)へと戦時色を強めるのと軌を一にして、レコード検閲も小川近五郎がかねて胸に温めていた「指導精神」を発揮しはじめる。このころ、小川の肩書きはレコード検閲係主任になっていた。

彼は事変前に流行したモダン歌謡を評して「この頃は官能的な歌かさもなくばこう謂つた享楽的な内容の歌でなければ持て囃されなかつた」「今日となつて当時の風潮を考へてみると、空恐ろしい感じがして肌に粟を生ずる思ひ」「こんな歌が得意で歌はれたことを想ふと、穴でもあれば這入りたい気持」「(昭和)十一年から十二年へかけての流行歌が、時潮のせいとは云ひ条随分と奔放な歩み方をしたものだと思へる」(『流行歌と世相』)とさんざんに批判した。

盧溝橋事件以前の流行歌を論評する彼の言葉の端々には、軽佻浮薄で無節操な世相と享楽に浸る若者への批判が渦巻いているが、それは取りもなおさず当時の世相と流行歌にたいして無批判であった小川近五郎自身の反動的な自省の念であったのかもしれない。しかし、裏を返せばその小川も当時の享楽的な世相風潮のなかでレコード検閲をおこない、通過させ、いわば歌謡史を形づくる手伝いをしたのであるから、責任転嫁も甚だしいと言わざるをえまい。

そもそも小川が考える「正しい流行歌」というお題目も、日中戦争以降、戦時体制下となってから彼の心のなかに築かれたものであった。指導精神そのものはレコード検閲発足当初から制度の根底にあったとしても、一九三四年から一九三七年に至るまで毎月の検閲を通して、『出版警察報』には小川のなかの具体的な「正しい流行歌」像、「公的な流行歌」像は姿を見せないのである。

第六章
昭和十二年の転機

1　模倣盤問題

レヴューまかりならぬ！

一九三六（昭和十二）年から三七年にかけて、過去に検閲をスルーしたレコードが再発売される際に発売禁止となるパターンが頻発した。

富士蓉子と吉田明月の万歳〈レヴューガール〉（テイチク／5946-A・B／一九三四年十月新譜）は発売時、岡山県から「レヴューガールが肢を掲げて舞踊する姿態について談じ、観客が之を覗き込む所などその場の様子を描写したるは風俗上支障とならずや」と申報があった。具体的には、

女　ステージの所へ顎乗せて、その埃は自分一人で引受けた様な顔して大きな口開いて見てたぢやないの。
男　余計な事べら〳〵喋べくりないな。
女　そうすると踊り子が踊りの合いの手に片足ファツと上げる。
男　さゝ僕の見る所は其処だよ。

女　片方上げると同時にあんたの首は下つたでせう。あれ何を見てたの。
男　それは其の。
女　何さ。
男　あれやがな。
女　あれあんたいくら見ても駄目よ。
男　大勢居る中にはたまには一人位ズロースほころびる奴が出来るからね。

というやりとりの箇所だが、申報にたいして検閲は「単に其の場の様子丈を話題にしたるに止まり夫《それ》以上の猥雑事に言及せず、娯楽向話材として此の程度は不問に附すべきであらう」（『出警報』第七十六号／一九三五年一月）と結論を出している。まだ検閲のガイドラインが固まっていなかったから許可されたのだろうが、その後、社会情勢の変化でエロにたいする取り締まりが厳しくなって、富士蓉子・吉田明月の同じネタの旧譜（改正出版法施行前に発行されたレコード）はすべて製作停止処分にされた。〈レビュー万歳〉（ポリドール／3707-A・B／一九三二年九月新譜、一九三六年二月十日処分）、〈レヴュー万歳〉（ユーモア／U12-A・B／一九三六年七月六日処分）、〈レヴューのくだん〉（ツル／6976-A・B／一九三四年一月新譜、一九三六年九月二十九日処分）がそれである。おそらくこのコンビの人気演目だったのだろう。

一九三七年、テイチクが過去に許可済みの〈レヴューガール〉を廉価な大衆盤で再発売した際も、これらの前例によって発売禁止となった（625-A・B／同年一月二十日発行、二十七日禁止）。それればかりか、過去に許可された初出盤（5946-A・B／一九三四年十月新譜）まで同日付で発禁となった。しかし押収の執行は大衆盤が全一千八十九枚プレスされたうちの百八十五枚、一九三四年の初出盤に至っては店頭ですでに売り切ってしまったためか十枚しか回収できなかった。

あまりにも生々しく刺激的すぎる

名古屋のアサヒ蓄音器商会がリリースしたレコードドラマ〈空襲葬送曲〉（説明 濱口龍太郎／ツル／6331～32／一九三二年九月新譜）は再発売のタイミングが悪すぎて発禁となった。

このレコードドラマは同年、海野十三《うんのじゅうざ》が雑誌『朝日』五月号～九月号に連載した「空襲葬送曲」が原案となっている。[*1] 上海事変での衝突がきっかけとなって日本とアメリカが交戦状態に入り、東京が米軍の爆撃にさらされるというSF戦記で、レコードもそのストーリーを忠実になぞっている。一九三六年六月、アサヒ蓄音器商会が再発売盤として廉価盤シスター（2090～91）を内務省に納付したところ、「国防ノ充実、交戦時ニ於ケル国民ノ覚悟並防戦準備等ニ付注意ヲ喚起セントスル」趣旨をよしとしながらも、

一、日米の国際関係上、外交問題となりかねない内容であること。
一、帝国海軍の作戦行動や潜水艦の航続距離を写実的に描くなど軍機に触れること。
一、満洲事変、上海事変など頻発する諸事件を扱うことで不必要に不安を煽ること。

が問題点として挙げられた。しかしそれらはタテマエにすぎない。ほんとうに問題視されたの

は次の場面であった。

（前略）一九三七年五月一日、日米の国交は断絶、厳かな宣戦の御勅命は下ったのであります。帝都の辻々に貼り出されたる号外、断続的に行はれる臨時ニュースは五年前の上海事変の比ではない、国民の不安がもう圧へ切れない程絶頂に上りつめた或る日の夜、愛宕山放送局から意外なニュースが市民の耳へ送られました。

「只今から午後六時お小供様の時間で御座いますが当放送局は只今より陸軍警備司令の手に移る事になりましたのでプログラム全部の中止を致します。就きましては、只今より東京警備司令官別府隊長の市民への警告が行はれます。（後略）」

このアナウンスがまだ記憶に新しい二・二六事件の際の戒厳司令部のラジオ放送「兵ニ告グ」を想起させ、ドラマとして聞き流すにはあまりにも生々しく刺激的すぎる、というのである。戦前のラジオ番組は実際に午後六時から「子供の時間」だったのでリアルさはいや増す。ストーリーの後段で「日本帝国ノ壊滅ヲ思ハシムル」点も問題となった。最終的には光線兵器「怪力線」が爆撃隊を漏れなく撃墜して日本は救われるのだが、いくら架空のドラマでも自国が爆撃にさらされる描写は検閲当局にとって不穏極まりない。レコードは六月五日に発売禁止となり、五十組百枚のレコードすべてが押収された。アサヒ蓄は五・一五事件に続いて、不本意ながら二・二六事件にもかかわることとなってしまったのだった。

このように、レコード検閲が開始された一九三四年からわずか二、三年の間にレコードを取り巻く環境は世相とともに変化して、レコード検閲にも大きな影響をもたらしたのである。

ヒット曲になりすます

レコードの黄金時代は、副産物として「模倣盤」問題も引き起こした。模倣盤とはハッキリ言ってしまえば偽物レコードのことであるが、『出版警察報』では一貫して模倣盤、模倣レコードと表記されているのでここでもその表記に従いたい。

大正期から書生節によるヒット曲の替え唄は盛んにおこなわれたが、模倣盤は替え唄とはまったく性質が異なる。[*2]また昭和初期には、大ヒット曲を蓄音機で再生した音響を収録して原盤をこしらえ、レコードレーベルまで本物に似せた贋作が大阪に出現したという。これは模倣レコードというよりいわば「擬態」レコードであり、以下に述べる模倣盤とは別物である。

模倣盤の定義は、レコード流行歌の大ヒット曲（しばしば中程度のヒット曲もターゲットとなった）にタイトルや旋律、歌詞を意図的に似せてヒット曲になりすまし、宣伝費を投ぜずして経済上の恩恵にあずかろうというのが狙いのレコードである。

大ヒット曲を続々と世に送り出すことが可能なのは、絶大な資本力と強力な営業販売網を有するメジャーレーベルであった。作詞家、作曲家、アレンジャーを抱えこみ、度重なる企画会議と細密な契約によって商品である流行歌が作られる。

会社と契約した歌手が、トレーニングを欠かさない競走馬のような優秀な専属楽団の伴奏でレコーディングをおこなう。吹きこまれた原盤は幾重もの工程を経て製品となる。その製品を売らんがために資金を注ぎこんで宣伝につとめ、ときには映画などとタイアップして、運がよければヒットするのである。

ところが、レコードがヒットしたころ合いに模倣レコードがあらわれ、ブームの尻馬に乗ってあたかもヒット盤そのもののように装う。ヒット曲が登場すると、おおむね半年後には模倣レコードが出まわるのである。

模倣レコードの常連は東京・田端《たばた》にあったニッポンレコード、その後継社オーゴン、名古屋のアサヒ蓄音器商会（ツル）、大阪のコッカ、兵庫のタイヘイ、特許レコード（タカシマヤ、バタフライ）、京都のショーチク、マグナ、福永レコードプロダクション（エトワール、テレフンケン）といったレーベルであった。

とにかく安い

企画面でも質でも販路でもまともに戦って太刀打ちができない大資本レーベルを相手に、マイナーレーベルが武器としたのが、レコードの値段である。

メジャーレーベルのレコードは軒並み一枚一円五十銭（十インチ標準盤の場合）であったのにたいして、模倣レコードは一円、九十銭、六十銭、五十銭、値段はバラバラだがとにかく安い。繁華街の夜店ではその安いマイナーレーベルをさらに安く売りさばいたので、模倣レコードは別名「夜店レコード」とも呼ばれた。

破格の安さを実現するためにマイナーレーベルは製作費、宣伝費の削減に努める。

歌詞も楽曲もアイデアは売れているレコードからタダで得られる。歌手は音楽学校出身のレコード歌手志望者を調達したり、複数のレーベルで変名を使いわけて歌いまくっているベテランを呼んだりして、歌唱もなんとなくオリジナルに寄せる。伴奏は寄せ集め楽士の場合が多かった。そうして大ヒット曲と見紛うようなタイトルをつけたら、自社が宣伝をしなくてもうっかり売れてしまうのだ。そのため「インチキレコード」「パクリ盤」「ニセモノ歌謡」「小判鮫商法」「そっくり曲」などさまざまに不名誉な呼びかたをされた。

ヒット曲と同じようなタイトルと内容で価格が半額や三分の一だったら、間違えてそちらを買ってしまうだけでなく、懐を痛めずブームに乗っかれるという消費者心理で、チープな模倣品と承知のうえ購入した人も多かったのではないだろうか。

本物を売るメーカーからすれば企画会議を経て時間と金をかけて製作し、少なからぬ宣伝費を投入してヒットさせたレコードの売り上げの何割かを掠め取られるのだから冗談ではない。模倣レコードが出現する都度、メジャーレーベルは当局に取り締まりを依頼したり当該メーカーに苦情を入れたりするものの、当局は取り合わず、マイナーレーベルは多少の賠償金を支払っても収益のほうが上回るこの商法をやめようとはしなかった。それだけおいしい商売だった。

逆にいえば模倣盤の出現が人気のバロメーターだった。

模倣盤のはじまりをたどるのは困難だが、一九二九年にヒットした〈東京行進曲〉〈三朝小唄〉（ともに中山晋平の作曲）の偽作がニッポンレコードからあらわれたあたりが最初とみられている。このとき訴えられて検事局で詫び状を書かされて懲りたはずなのに、ニッポンレコードはほとぼりが冷めるとふたたびヒット曲の模倣に手をつけた。それが有名な「酒は涙か溜息か」事件である（第二章参照）。

裁判によって、五百円というマイナーレーベルにとってけっして安くない授業料を支払わされて痛い目を見たにもかかわらず、レコード業界は模倣盤というおいしい商法を覚えてしまった。
ネタ元のメーカーにとってはたまったものではないのだが、模倣盤を著作権侵害で訴えたところで成立するかどうかはグレーゾーンな上、決着がつくのは当該ヒット曲のブームが去った後である。レコード流行歌が黄金時代を迎えた一九三四（昭和九）年から三五、六年には模倣盤の横行は重大な業界問題となっていた。レコード検閲当局がその潮流を察知したのは一九三五年に入ってからのことらしく、「近時一層類似作の増加を来した」（『出警報』第七十八号／一九三五年三月）と報告されているのが最初である。

タイトルあの手この手

流行歌の模倣も多種多様で、各メーカーの売らんがための知恵を絞った痕跡がタイトルにあらわれている。〈あなたのわたし〉（コロムビア）を〈わたしのあなた〉（マグナ／１‐Ａ）にしたり、〈妻恋道中〉（ポリドール）が〈恋妻道中〉（コッカ／２００４４‐Ａ）になっているのは、ちょっと素人が見たのでは区別がつかないだろう。この手のレコードで多いのは言い換えを駆使したタイトルで、思わず笑ってしまうようなニセモノもある。

〈旅笠道中〉（ポリドール）→〈股旅道中〉（ショーチク／Ｓ１８５‐Ａ）
〈弥次喜多行進曲〉（ポリドール）→〈弥次喜多マーチ〉（エトワール／２００２‐Ｂ）
〈船頭可愛いや〉（コロムビア）→〈船頭愛しや〉（ショーチク／Ｓ１４８‐Ａ）
〈お駒恋姿〉（ポリドール）→〈お駒恋衣〉（コッカ／２００１６‐Ｂ）

〈ふんなのないわ〉（コロムビア）→〈つまんないわ〉（コッカ／20046－B）
〈もしも月給が上がったら〉（キング）→〈もしか昇給したら〉（コッカ／20054－A）

たしかに意味は同じだ。

多くの模倣レコードは歌詞の内容も同じような世界観で本物に寄せている。芸がないといえば芸がないのだが、なかには秀逸な本歌取りもある。コッカの〈赤城颪の子守唄〉は、ネタ元の〈赤城の子守唄〉（唄 東海林太郎）の〽山の土産に何をやろ に呼応して〽お山の土産もいりませぬ とアンサーを返している。おなじコッカ版〈野崎小唄〉は、オリジナル〈野崎小唄〉（唄 東海林太郎）の視点がお染の乗る屋形船であるのにたいして、久松が乗る駕籠からの視点に切り替わっている。発想の転換だ。

ビクターのヒット曲〈無情の夢〉を模倣したショーチク版〈無情の夢〉は、オリジナルの歌詞が失恋の悲哀で自己完結しているのにたいして、相手の幸福を祈るところが優しいというかいじらしいというか。流行歌としては蛇足だが、痒いところまで手の届くようなサービス精神が模倣レコードの醍醐味である。

ここで名誉のために付け加えると、いくらマイナーレーベルだからといって家庭内工業に毛が生えたような代物ではなかったし、インチキレコードばかり作っていたわけでもない。スタジオと録音設備を有し、原盤製作からプレス製盤までの工程をこなす自社工場を持っていた。

新聞に定期的に新譜広告を出稿するほどの資本はなかったが、全国の小売店（レコードを扱う店は蓄音機商・楽器店に限らず時計店、書店、古物商と多岐にわたった）と特約店契約を結んだり、顧客にダイレクトメールで注文票を送って通信販売で販路を広げたりと、インチキというイメージからはかけ離れた営業努力と堅実な経営姿勢もうかがえる。

流れが一気に変わった!

一九三四(昭和九)年にレコード検閲がはじまったとき、その制度に期待したのがじつは大手レコード会社だったことの理由はこれでおわかりだろう。取り締まる法律がないため跳梁跋扈していた模倣盤にたいして、当局がしかるべき制度的な処分を下してくれると期待したのである。

検閲開始当時、レコード検閲を司った事務官も「日本全国で発行されるレコードは内務省に納本せられる結果屢々問題となつた偽作に類するインチキレコードの発見が容易となつて著作権の保護上非常に便宜となると思はれる」と模倣盤の取り締まりに期待をにじませた。[*3] だが、いざレコード検閲をはじめてみると模倣盤はむつかしい問題であった。

前述のとおり模倣元のメーカーが裁判を起こしても著作権侵害が成り立つか否かグレーゾーンなうえ、時間のロスが大きいばかりでなんの解決にもならない。一九三五年七月十五日、内務省内に著作権審査会が設置されたので大手メーカーは審査会に模倣盤問題をもちこもうとしたが、諸事情でインチキレコードのためだけに審査にかけることはかなわなかった。また著作権審査会を警察権と結びつけることも困難であったことから、けっきょく「取り締まってくれ」という陳情は警保局レコード検閲係に寄せられた。

ところがレコード検閲係の立場としては、レコードの納付手続きに違反はないし、内容的にレコード検閲で取り締まるべき「安寧」「風俗」にも引っかからない。しかも模倣盤を製作するマイナーレーベルは法律を盾に正当性を主張し、「小規模経営でもって大会社と対抗するには模倣するしかない」「偽作とならないように旋律を三分の一以上変更している」「廉価なレコードを広く一般大衆に提供しているのだから、社会道徳的にもむしろ褒められてしかるべき」と強腰で小川近五郎に食ってかかった。模倣盤にとってレコード検閲は効果なしだったのである。

その流れが一気に変わったのが〈忘れちゃいやョ〉事件だった。

ヒット曲を模倣するだけでは処分できなかったが、その内容がオリジナルレコードよりもエロで風俗壊乱の恐れありとなると、話は違ってくる。〈忘れちゃいやョ〉の模倣レコードはほぼすべてが発売禁止か製作停止処分となった（第五章参照）。これを好機と内務省警保局は弱小レーベルのレコード製作方針を流行歌から逸らし、児童向けの廉価盤や個人吹きこみ、委託製作へと転換させるよう根気強く説得した。そのため一九三七年以降は模倣レコードも半減し、一九三九年後半にはすっかりなくなってしまった。

2　コロムビアと当局

コロムビアの「レース」参入

「ねェ小唄」ブームは年をまたいで混迷の一九三七（昭和十二）年まで続いた。このヒット競争に遅ればせながら業界最大手のコロムビアも加わり、ブームの勢いは収まるどころかさらにヒートアップした。

それまでコロムビアはビクターの〈忘れちゃいやョ〉に端を発する「ねェ小唄」レースからは距離を置いていた。いや、それどころかレコード検閲がはじまってこのかた、コロムビアは新譜から発禁流行歌を一枚も出していないのである。

日本コロムビアは英国のコロムビア・グラフォフォン社とアメリカのコロムビア・フォノグラフ社の資本によって一九二八（昭和三）年に設立された外資系のレーベルであったが、一九三五年に外資を離脱して日本産業株式会社（日産）の傘下となっていた。[*4] しかし経営母体の交替は、レコード検閲の上ではなんら影響がなかった。

コロムビアは創立時からレコードを製作するにも文芸部の企画会議を通過せねばならなかった。そのため、時の流行を作り出すのは得意だが、ムーヴメントにいち早く乗ったり冒険的な企画をレコード化したりすることには慎重だった。そのコロムビアの「ねェ小唄」へのレース参入はインパクトが強かった。

出すとなったら続々と

以下はコロムビア製「ねェ小唄」のめぼしいラインナップである。

〈となりの娘〉（作詞　西條八十／作曲　古関裕而／編曲　奥山貞吉／唄　松平晃・豆千代／２９０３０-Ａ／一九三六年十月新譜）

〈楽しかったわネ〉（作詞　久保田宵二《くぼたしょうじ》／作曲　竹岡信幸／編曲　奥山貞吉／唄　二葉あき子／２９０３０‐Ｂ／同）

〈叱らないでね〉（作詞　高橋掬太郎／作曲　明本京静／編曲　奥山貞吉／唄　二葉あき子／２９０９８‐Ｂ／一九三六年十二月新譜／２９２５６‐Ｂ／一九三七年四月再発）

〈すべて許してね〉（作詞　久保田宵二／作曲　野瀬宇多男［中野忠晴］／唄　二葉あき子／２９１３２‐Ａ／一九三七年一月新譜）

〈だってネ〉（作詞　西條八十／作・編曲　江口夜詩《えぐちよし》／唄　豆千代・伊藤久男／２９１９１‐Ａ／同年二月新譜）

〈だまつてゝネ〉（作詞　西岡水朗《にしおかすいろう》／作・編曲　杉山長谷夫／唄　二葉あき子／２９２８７‐Ａ／同年六月新譜）

〈ふんなのないわ〉（作詞・作曲・編曲　江口夜詩／唄　ミス・コロムビア／２９２９４‐Ａ／同年五月新譜）

〈ほっといてよ〉（作詞　西岡水朗／作・編曲　江口夜詩／唄　二葉あき子／２９４１７‐Ａ／同年八月新譜）

このうち〈叱らないでね〉は「ねェ小唄」を片っ端から発禁にするレコード検閲の厳しさを皮肉った歌謡で、〝怒らないでネ　叱らないでネ　と検閲係に呼びかけたものだ。幸か不幸か、この皮肉は小川検閲係には見破られなかった。歌詞を子ども向けに書き換えて、少女タッパーのマーガレット・ユキ（日英ハーフで「日本のシャーリー・テンプル」といわれた）があどけなく歌う〈吐ラナイデネ〉（作詞 高橋掬太郎・藤浦洸／作曲 明本京静／編曲 奥山貞吉／29220／一九三七年三月新譜）も作られたのだから、コロムビアの皮肉は徹底している。

もちろん他社も負けじと「ねェ小唄」を続々と量産する。それはエロ・グロ・ナンセンス期のエロ歌謡ブームの再来を思わせる勢いだった。

〈泣きたくなったのよ〉（作詞 若杉雄三郎／作・編曲 伊藤翁介／唄 能勢妙子／ビクター／53882-A／一九三六年十二月十日ビクターマンス特別発売）

〈嬉しいネ本当にネ〉（作詞 松坂直美／作曲 島田逸平／唄 三浦房子／キング／10066-B／一九三七年三月新譜）

〈わたし泣いたりしないわよ〉（作詞 若杉雄三郎／作曲 伊藤翁介／唄 能勢妙子／ビクター／53953-A／一九三七年四月新譜）

〈しょってるわ〉（作詞 近藤春雄／作・編曲 細田義勝／唄 灰田勝彦・古筆愛子／ビクター／53956-A／同年四月新譜）

〈ホントかい〉（作詞 近藤春雄／作・編曲 細田義勝／唄 小林千代子・灰田勝彦／ビクター／53956-B／同年四月新譜）

〈かうしてネあゝしてネ〉（作詞 木村細雄／作曲 水原英明／唄 水島早苗／タイヘイ／21219-A／同年四月臨時新譜）

〈ねェ小唄〉（作詞 小野金次郎／作曲 山田抄太郎／編曲 高木静夫／唄 小唄勝太郎／ビクター／J54045-A／同年七月一日臨時発売）

〈忘れないでネ〉（作詞　有明英子／作曲　佐藤暁子／編曲　池譲／唄　葉山かおる／タイヘイ／212 51-B／同年七月新譜）
〈忘れないわよ〉（作詞　清水南海夫／作曲　細川武夫／唄　有原ユリ子／スター／S1093-B／同年十月新譜）

タイトルだけを拾えば、一見「ねェ小唄」風のレコードはもっとたくさんある。しかしタイトルに釣られて聴いてみると、なんの変哲もない流行歌であったりする。ここに挙げたのは、雑誌やレコード評で当時「ねェ小唄」と判断されたレコードだ。

「あぶな唄」

流行歌とひと口に言ってもその種類はやくざ物から映画主題歌、シティーソングまで多種多様である。一九三七年は正月新譜から軍国ものが流行歌の一角を成した。そろそろ満洲事変が拡大化しそうだという先読み感が時代の空気に蔓延していたのか、満洲事変の際に作られた軍歌、軍事ものレコードの再発売が増えていたのである。東宝映画の宣伝部長でバレエにもタンゴにもクラシック音楽にも造詣の深い映画評論家・森満二郎《もりみつじろう》は、

依然として「ネエ小唄」とミリタリズム小唄とが圧倒的に支配してゐる。吉本明光氏はこの「ネェ小唄」を「あぶな唄」と命名した。一皮むけば猥歌になるといふ意味であぶない絵に対する意味で言つたのだらうが、これは蓋《けだ》し名言で「あぶな歌」に逃避するか、軍国小唄に

勇むか、「島の娘」以来の感傷主義は稍《やや》気配薄といふのが最近流行歌の情勢であつて、自由主義、芸術至上主義はあんまり大きな顔が出来ない世相をハッキリ反映してゐる。

（森満二郎「六月の流行歌」／『レコード音楽』一九三七年六月号）

と、窮屈になってきた世相における流行歌の勢力分布図を描いている。そんななかで、いみじくも「あぶな唄」と呼ばれたように、「ねェ小唄」は、より過激な表現とレコード検閲のせめぎあいという火事場見物のような興味も加わって、年を越えてもブームが続いていたといえる。

〈だまつてゝネ〉をめぐるドタバタ

コロムビアの〈だまつてゝネ〉は一九三七年二月五日に二葉あき子とコロムビア・オーケストラによって吹きこまれた。企画当初は五月新譜予定であったのを、満を持して六月新譜（五月二十日発売）に変更し、月報のトップにもってきた。「ねェ小唄」として大ヒットさせる自信のあらわれである。

〽ネーあなたいじわるネ　知つてゐるくせにネ
真面目くさつてネ　訊いちや嫌だわヨ
恥しいことよ　オホ　だまつててね

〽ネーだつてわたしもネ　乙女ですものネ

そんな答をネ　言ふの嫌だわョ
恥しいことよ　オホ　だまつててね
〽ネー昨夜見た夢ネ　嬉しかつたわョ
髷に結つてネ　膝に乗つてたワ
恥しいことよ　オホ　だまつててね
〽ネー夢が醒めたらネ　おかしかつたわョ
ママが寝言のネ　訳を訊いてたワ
恥しいことよ　オホ　だまつててね
〽ネー今のお話ネ　貴方ひとりよネ
人に聞かせちやネ　わたし嫌だわョ
恥しいことよ　オホ　だまつててね

澄んだ清純な声の二葉あき子が媚を含んで甘える歌いぶりは効果抜群だった。ところが店頭用の宣伝盤も配布し、期待をかけて売り出そうとした矢先、検閲係からの申し入れで発行を自発的に撤回することとなった。「官能的効果を可愛い感じでごまかす手法があまりにも上手に出来ていて効果が出過ぎる」というクレームである。

コロムビアは注文の殺到を見越して初回プレスを通常の三倍にあたる六、七万枚用意していたので、それらがすべて無駄になってしまった。あわてて歌詞を改訂し、同年五月十四日に再録音した。二葉あき子は苦労して一本調子なおとなしい歌唱に仕上げ、ようやくオーケーが出た。さらに検閲当局を刺激しないよう、レコード29287のA面からB面に変更された。

この改訂版〈だまつてゝネ〉は翌七月新譜であらためて発売された。小川近五郎は「文句を幾分訂正し歌ひ方の調子をぐつと落して普通に歌つた改訂盤を発売したので、大してはやりも売れもしなかつたようであつた」（『流行歌と世相』一五八頁）としてやったりな書きぶりだ。新聞のレコード評も「気分を出し過ぎてゐるとその筋のお叱りで吹き込み直しをしたものゝ、今度は上品に歌つてゐるが、同時に骨抜きになつてしまつた」（『東京朝日新聞』七月六日夕刊）、「清純な感じの薄桃色となつた」（『読売新聞』六月二十三日夕刊）と内閲の結果を如実に伝えている。しかし、これをほかのレコード評から見てみると、

「だまつててね」の改訂版が出てゐる。「ネエ」小唄を「オホッ」小唄にまで掘り下げて擽るやうなエロを窺つてゐる。官能的な点から云つてはこの方面での典型的なものであらう。現行の検閲制度とスレスレに行つてゐる点でも典型的な「あぶな小唄」である。

（森満二郎「七月の流行歌」／『レコード音楽』一九三七年七月号）

と立派に「あぶな唄」扱いされている。改訂前のバージョンと聴き比べるとまったく別物のように無難な歌唱となっているのだが、森満二郎には二葉あき子の「オホッ」が醸しだす色気だけ

でも十分にエロだったのだろう。

このレコード評を裏づけるように、実際のところ〈だまつてゝネ〉は宣伝を禁じられたにもかかわらず、いったん都合により発売中止となっていることでかえって「凄いらしい」と評判になって、けっこうな売れ行きとなった。新聞で「発禁」と伝えられた（『読売新聞』五月十五日夕刊）ことも逆宣伝となったのだろう。[*5]

むしろ受け手が

ミス・コロムビアが意味深な官能的歌唱を聞かせる〈ふんなのないわ〉は、小川近五郎が「工夫の極地《ママ》」（『流行歌と世相』一四五頁）「官能的表現技巧の極地《ママ》」（同前、一一五頁）と半ば賛嘆するほどの巧みな歌唱で検閲をパスした。

しかし、いかにも世間で流行しそうなフレーズなので警保局は発売の一ヵ月後に公衆の集まる場でのレコード演奏と宣伝を禁止した。それでも〈あゝそれなのに〉と同じように児童が「〽ふんなのないわ」というリフレインで大人に口ごたえするという流行りかたをみせたので、教育者や巷の「良識」ある大人がこぞって投書抗議した。

警保局はコロムビアに自発的廃盤を要請する。コロムビアは要請に従い、このレコードを廃盤にし、一九三八年度コロムビア総目録（一九三七年十二月までの発売盤を収載）から削除した。

この例が示すように昭和十年代には、レコードを取り締まる側ではなく受け手である大衆からのおびただしい投書が、レコード検閲に反映するようになった。投書によるレコード取り締まりは古く一九二五（大正十四）年のニットーの〈串本節〉の例（第一章参照）に見られるように実効性があったようだ。一九三六、三七年には新聞や雑誌、内務省への投書という形で「ねェ小唄」をはじめとするレコードへの意見が続々と寄せられた。[*6]

3 民意はどこに

両論併記

小川近五郎はおそらくそうした投書も踏まえて、『流行歌と世相』で流行歌のありかたについて賛成論と反対論を併記して検討している（一一四〜一一七頁）。

流行歌賛成論については、

「流行歌に対して顰蹙を感ずる者は、最初から受けつけないのであるから勿論悪影響を享くることはない。又、その歌を享楽してゐるものには、心理的害悪はないものである。随って、主観を以て非難するは当を失する」といふ見解が最も多いようである。こう謂った意見の中には成る程肯綮《こうけい》に値ひする部分も認められるのではあるが、この見解を無制限に敷衍《ふえん》して行くと、猥雑背徳な歌の流行をも許容するところ迄発展しがちのものである。このことは、遂には社会風教や家庭教育の立場を全然無視した結論に陥り易く、国民文化の発達をも阻害する結果を招致するものとして全幅の賛意を表し難いものがある。

と部分的に理解を示しつつ距離を置いている。小川自身、大衆歌謡に世相が反映されて時代の精神がにじみ出るのは、ある程度やむをえないことだと認めている（第四章参照）が、流行歌賛成派からはもっと束縛のゆるい自由な検閲を求められていた。レコード流行歌を「善導」したい小川としては、それは譲れない一線である。

では世間の唱える流行歌反対説を全幅的に支持しているかというとさにあらず。

之等の意見を表示する人達も人間の生活から慰安の歌を取り去ることの暴挙であることは認めてゐるのではあるが、単に俗事に関する流行歌は往々にして過誤を惹き起し易いから充分注意しろといふ意志表示丈《ママ》で、歌の区分や認定の方法や他の娯楽分野との関聯性などを考慮して論議する程親切なものではなく、聞きやうによつては、非難せんが為の強弁としか受けとれないものも決して尠くはないのである。

と、こちらには批判のための批判が少なからず含まれていることを指摘している。

ガイドラインをどこに引くか

レコード検閲係のもとに集まってくる民意はさしずめ今日のＳＮＳで個人個人が発する意見とおなじで種種雑多、玉石混交だったことが、「色々の言ひ分が随所から勝手な放送をする仕末」

（同前）という小川の感想から伝わってくる。結果的には小川近五郎の持論に沿って「改善と向上の意志を持ちながら流行歌の本質を重視し、歌と世相の結びつきの必然性を些か過大視」（同前）するレコード検閲がおこなわれた。

小川はじめ警保局図書課レコード検閲係が欲していたのは、どの程度の内容や表現なら社会的影響や教育に差し障りなく、大衆歌謡として許容できるかという目安であった。それはまた、レコード業界が求めるレコード検閲のセーフゾーンでもあった。その目安が投書などの民意から明確に示されるようになるのは、日中戦争がはじまって〈愛国行進曲〉のような国民歌が出現してからのことである。

皮肉にも戦争というベクトルを得てレコード検閲のガイドラインは固まった。「この頃は不健全なレコードと思はれるものに対しては一般の投書はもとより、婦人団体等からもいろ〳〵と抗議が出てくるので、当局としても、検閲の標準をどこに置けばよいかすぐわかります」と小川は述べており（「業者、当局と大衆が共にネヂを締め直す　婦人団体の希望からでも解る　レコード検閲の目安」／『東京日日新聞』一九三九年六月二十五日夕刊）、このころには投書をはじめとした民意が検閲の効率化にひと役買っていたことがわかる。

気になる一節

一九三七年に入ってからのレコード検閲は、レコード発行前の内閲システムと小川近五郎の熱心な指導精神が実を結んで発売禁止の数量が減じた。

家庭に於ても歌唱し得る程度のものにするといふ流行歌に対する理想は、行政処分を以て片端からかたづけることに依つて目的を達し得るものではなく、それが為には発行に携はる者の意志を其処に赴かしむることと、家庭歌謡を以て実質上今日の流行歌に代位せしむる境地を招来するに如くはない（後略）

（「蓄音機レコード取締り状況」／『出警報』第九十八号／一九三六年十一月）

この記述の背景には、家庭でも口ずさめる歌謡を目指す「国民歌謡」の放送が一九三六年六月からラジオで定期的におこなわれ、〈夜明けの歌〉（作詞 大木惇夫《おおきあつお》／作曲 内田元／一九三六年四月二十九日初放送）や〈椰子の実〉（作詞 島崎藤村／作曲 大中寅二／同年七月十三日初放送）のような人気曲まで出ていたことがあろう。これら評判のいい国民歌謡はさっそくレコード化され、健全な歌謡曲として浸透していた。また、国民歌謡のレコード進出に刺激されたビクターも同年十二月から〝父様もお子様も揃つて歌へる朗らかな流行歌〟（ビクター・マンス新聞広告／十二月十二日）と銘打って「家庭歌謡」を発売しはじめた。

ただ、新聞のインタビューで小川が放った言葉に、ちょっと気になる一節がある。これは小川がレコード会社の人間から聞いたこととして紹介されている。

「厳粛なものや謹厳なものぢや流行歌にならないぢやありませんか、流行歌の本質はすくなくとも〝生活の鼻唄〟でなければならないと考へます。（略）放送局なんかで、盛んに〝国民歌謡〟とかなんとかいふ変ちくりんなものを、流行らせる気かなんか盛んにやつて居りますが芸術的価値を云々するのぢやないですよ、いゝですか、芸術的価値はとに角として、あの国民歌謡なるものが大衆に迎へられてゐるかどうか……を考へてみて下さい、実際問題として、恐らく何人あんなものを歌つてゐる人があるでせう、酒席の伴奏にならないやうな流行歌なんて、ありますかツてんだ……

（「べそを掻く流行歌【下】」／『国民新聞』一九三七年六月十五日付）

とからです。

筆者は、これは他者の言葉などではなく、じつは小川の本心だったのではないかと感じる。なによりも「生活の鼻唄」というのはいかにも小川らしい言葉で、のちに著作『流行歌と世相』の冒頭に置いた「大衆の歌とはどんな歌か」という項目の主幹を成すテーマである。しかもレコード会社の者が「あんなものを歌っている人なんてあるものか」と言ったというが、彼らはその国民歌謡の人気作をレコードにして売っているではないか。仮に「変ちくりんだ」と思ったとしても、わざわざ当局の人間に悪口を言う理由はないのだ。

そう考えてもう一度このインタビューを読むと、小川近五郎の鬱憤の晴らしかたがじつに人間くさくておもしろく思われる。

小川はレコード業界に向けて取り締まりの方針を「裸の歌は家の中だけしか通用しない、戸外に出るにはどうしても着物を着なくちゃいけない」（「時局下の検閲眼【2】」／『読売新聞』一九三八年八月二十四日付）と例え話で説明したが、流行歌の作者たちにはなかなかそれを理解してもらえず歯がゆい思いをしていた。逓信省の管轄下にあるラジオ放送に流行歌浄化の実を取られては、内務省の下級官吏である小川近五郎の立つ瀬はなかったであろう。

だんだん窮屈に

この一九三七年の前半には次のようなレコードが発禁となった。

【三月】
落語〈堀の内詣で〉（柳亭芝楽／ニットー／S1662／三月十日禁止）
【四月】
〈立候補御挨拶〉（尾崎行雄／エヂソン／EW525－A・B／四月十九日禁止）
〈恋のアンテナ〉（唄　湯沢寛・河東田敏子／コロナ／宣伝用テスト盤十数枚を店頭より押収）
【五月】
〈さうぢやないの〉（唄　羽衣歌子／ビオン［ショーチク］／1018／五月二十四日禁止）
【六月】
〈二上り新内　江戸情緒〉（唄　美代司／テイチク／1652／六月八日禁止）
〈喫茶むすめ〉（唄　有島通男／コロナ／148／同月十日禁止）
〈縁は異なもの〉（唄　千代吉／日本PCL／K104／同月十日禁止）

テイチクの端唄〈二上り新内　江戸情緒〉は家庭の奥様と家僕の不義密通を声色巧みに描いたのが引っかかった。「我国伝統ノ淳風美俗保持ノ上断乎排除スベキモノ」（『出警報』第百六号）と強い言葉で非難されている。なお、テイチク以外はマイナーレーベルの流行歌である。内務省とレコード会社の関係には濃淡があり、コロムビアやビクターのように検閲の意向が比較的行き届いたレーベルもあれば、テイチクのように目の敵にされたレーベルもある。また検閲室の空気を読めないまま発禁盤を出してしまうレーベルもあった。[*7]

政党政治が潰え、窮屈になってきた世相を示す禁止レコードとして、憲政の神様と呼ばれた尾崎咢堂《おざきがくどう》（行雄／一八五八〜一九五四）が第二十回衆議院議員選挙への立候補に際して吹きこんだ〈立候補御挨拶〉（エヂソン／EW525-A・B）が挙げられる。政府の再解散に触れた部分が当局の忌諱に触れ、四月十九日に発売禁止となった。政見発表のレコードは大正期の大隈重信《おおくましげのぶ》（ニッポノホン）からこちら多々作られたが、禁止となったのはこれが初であった。レコードの発禁は四段抜きの新聞記事で報道されたが咢堂の盤石な支持層には影響せず、この選挙でも三重県二区で悠々当選を果たしている。

小川近五郎を主任とする「善導」が功を奏しはじめたのと軌を一にして、大きな転機がレコード検閲に訪れた。一九三七（昭和十二）年七月七日、盧溝橋事件が起こり翌八日には日中両軍の一部が衝突した。日中戦争が勃発したのである。

第七章
便乗と動員

1　日中戦争というチャンス

流行歌への鉄槌

日中戦争は勃発当時、北支事変、支那事変、日華事変などと呼ばれた。その事変は小川近五郎にとって、いや内務省警保局にとって乱麻のごとき流行歌を一気に変える千載一遇の機会であった。政府主導の国民精神総動員運動は検閲当局をしてレコード界の統制に踏みきらせた。

大衆娯楽が大衆と直《すぐ》に游離しては、目的の達しようもないと考へた。改善の熱意を放棄したわけでは決してなかつたのであつて、内心ではジリジリと鍔ぜりで進んでゐたのであつた。隙があつたら踏み込んで斬る。太刀尖に狂ひをもたせたくない覚悟もしてゐたのであつた。隙といふものはチヤンスである。が、そのチヤンスも到頭やつてきた。それは支那事変であつた。

（『流行歌と世相』）

小川が書いた『流行歌と世相』のクライマックスはまさにここである。「隙があつたら踏み込んで斬る」「隙といふものはチヤンスである」という彼の言葉のとおり、秋のシーズンからレコード検閲は格段に厳しくなった。

販売第一主義を奉公主義に改めよ

もうすこし詳しく述べよう。

一九三七年八月二十八日午前十一時、内務大臣の馬場鍈一《ばばえいいち》は内相官邸で映画会社とレコード会社のトップを招集して懇談会を開き、そこで国民精神総動員を説いた。

つづく八月三十一日には検閲を司る内務省警保局長もレコード業界人やレコードに関係のある音楽家、評論家、文芸家、諸官庁の関係者を集めて、レコード界の時局対処策を協議する懇談会を催した。図書課長が準備した協議事項を提示してフリートークで進行するこの集まりで当局は、レコード業界に従来の販売第一主義を時局克服のための奉公主義に改めるよう要請した。

示された協議事項は、

(一)　レコード製作上留意すべき事項に関する件
(二)　題材の選択に関する件
(三)　曲調の構成に関する件
(四)　演奏者に関する件
(五)　宣伝の方法に関する件
(六)　取締官庁との連絡協調に関する件

の六件で、製作するレコードの内容にまで細かく内務省の要望するガイドラインが示された。

まずレコードの企画について、時局から遊離した感覚のレコードは作らないことが求められた。ことに時局に関係ない私的な感傷を取り上げることはきつく戒められた。ただし個人的感情でも戦場に馳せる思いや戦場から故郷の家族への呼びかけは許された。時局物でも中国の一般民衆を侮蔑する内容のものは禁じられた。

歌詞は用語や修辞法に制限が設けられ、歌いかたも「ねェ小唄」のような対話句調（相手にささやくような歌唱）の甘い歌いかたは禁じられてしまった。楽曲も人の耳をそばだてる奇矯な着想や楽器の使用法に制限がつけられた。演奏にも質実剛健が求められたのである。

これまでの自由主義的な、バラエティに富んだレコード製作はこのガイドラインによって封じられることとなった。

時局柄好マシカラズ

「ジリジリと鍔ぜりで」流行歌に詰め寄っていたレコード検閲当局は、「時局」というガイドラインを得て一気に斬り込んだ。

九月十七日、〈結婚三段跳び〉（作詞 浜田一郎／作曲 山田忠／唄 小澤秀夫・小奴／プレザント／60030-A／一九三七年七月新譜）、〈私子供《ベビイ》ぢやないことよ〉（作詞 島田磬也／作曲 山田忠／唄 生野静子／プレザント／60030-B／同）、〈愛のスクラム〉（作詞 島田磬也／作曲 末廣比露志／唄 吾妻瞳／プレザント／60031-B／同）、〈青春の波濤〉（作詞 丘真澄／作曲 下田まさよ／唄 大沼日出夫／コッカ／20064-A／同年九月新譜）がまとめて発売禁止処分となった。

処分理由はいずれも歌詞が「男女間ノ甘キ恋愛ノ感情ヲ歌ツタモノニテ健実性乏シク時局柄好マシカラズ」(『出警報』第百九号)というものであった。

ちょっと前ならば小川検閲係がしぶい顔をしながらも検閲を通したレベルの歌詞である。この発禁は事変がレコード検閲に明確な一線を画したあらわれであった。

従前からレコード検閲係とレコード会社の間には意思疎通のための懇談が持たれていたが、事変以降はこの懇談を通じて、時局柄好ましくないレコードに「自発的発行撤回」、つまり発売中止をうながすようになった。

『報知新聞』の記事「流行歌への鉄槌　原盤破棄の命下る」(一九三七年九月二十五日付)によれば、十月新譜として各レーベルが納付したレコード群のうち、五種が発売禁止、二十種に「自発的ニ発行ヲ停止」が命ぜられた。命ぜられる時点でもはや自発的ではないのだが、タテマエ上「自発的」とすることで行政処分を回避し逃げ道を用意したかたちである。この強権的な措置は旧譜にも及び、〈二人は若い〉〈忘れちゃいやョ〉〈あゝそれなのに〉〈ふんなのないわ〉などのヒット曲に「自発的原盤破棄」が要請された。[*1]

〈軍国の母〉と〈裏町人生〉

戦前、レコード製作に要する時間は早くて一ヵ月、通常は二ヵ月かかった。したがって日中戦争がはじまってからも、しばらくのあいだレコード検閲室には事変前に製作したレコードが届いていた。このタイムラグが時局にふさわしくない発禁・発売中止レコードを大量に生んだ。

一方、北支事変を題材とした時局レコードは七月二十一日に最初のものが納付された。[*2] 時局レコードの初ヒットは〈軍国の母〉（作詞 島田磬也／作曲 古賀政男／唄 美ち奴／テイチク／1780‐A／一九三七年八月十日臨時発売）である。この歌は映画《国家総動員》の主題歌として作られ、映画とのタイアップもさることながら出征兵士を送りだす大衆の心情にフィットしたことでヒットをみた。

〈軍国の母〉と前後しておなじ島田磬也作詞の〈裏町人生〉（作曲 阿部武雄／唄 上原敏・結城道子／ポリドール／2485‐A／同年八月新譜）がヒットした。こちらは戦時迎合とは真逆で、小川近五郎をして「人生の落伍者の異様に拗ねた而かも陰鬱な感情から湧き出た反抗心」「不健全な捨台詞とも聞こえるし、又聞きやうによつては引かれ者の小唄とも聞こえる」「鳥渡《ちよつと》救済の方法がない程ひねくれてゐる」（『流行歌と世相』二六頁）とまで言わしめた。

なまじかけたか薄情け

小川は島田磬也を警保局へ呼び出し、〈軍国の母〉と〈裏町人生〉を比較しながら難詰した。「こんなに感動的な歌詞を書きながら、一方でなぜこんなやさぐれた歌詞を書いた」というところだろうが、当の島田磬也は「苦笑しつつこれを甘受した」（前出『裏町人生』）というから小川の舌鋒は文筆ほど鋭くはなかったのかもしれない。その不逞な歌詞を検閲で通過させたのは当の小川なのだ。

とはいえ人情と処分は別物で、自著で「素直でない不健康な気持の所有者は、究極に於て排除されなければならない」と決めつけた小川は、〈裏町人生〉の発売後まもなく流行が広がらないよう措置を講じた。ポリドールに対してレコードの宣伝禁止（小野佐世男《おのさせお》の画によるポスターが作られていた）と発売禁止を命じてこの歌を葬り去ろうとしたのである。

発売禁止は本来レコードリリースされる前に裁断される行政処分であるが、八月三十一日の懇談会からこちら、発売されたあとに禁止を通達するという新種の「発売禁止」があらわれていた。大衆に真に愛される流行歌の危険性を知っている小川だからこその強権発動であった。

この処分にもかかわらず〈裏町人生〉は巷で流行し、まもなく禁止も解かれた。レコード検閲でレコード会社の抵抗に遭って処分を撤回することは稀にあったが、このときの処分取り消しもそうだったのかはわからない。

2　見よ東海の空明けて

歌詞こそ勇ましいが

事変下という非日常的な状態の現出で、レコード検閲も新たなタームを迎えた。「各レコード会社文芸部が時局そのものよりも検閲の弾圧を怖れてビクビクもので止むなく軍国物万能で企画を立ててゐることである。これも昨今では大分局面が変つて来てひどく遊戯的なもの、他愛ないナンセンス物も発売される気運をどうやら見せて来たやうで」と事情通は移ろいゆくレコード界の趨勢を観察している（新井彌太郎「レコード検閲について」／『音楽世界』一九三七年十二月号）。

そんな奇妙で不安定なバランスが生み出した一曲を紹介しよう。時局歌〈皇軍万歳〉（作詞 久保田宵二／編曲 仁木他喜雄／唄 中野忠晴とコロムビア・ナカノ・リズム・ボーイズ／コロムビア／29545‐A／一九三七年十一月新譜）である。

〽何を小癪な支那の兵　たとへ百万寄せたとて
抜けば玉散る日本刀、目に物見せてくれようぞ
罪なき者を苦しめて平和を破り義を乱す
青竜刀が斬れようかヒヨロヒヨロ弾が当たらうか……

と歌詞こそ勇ましいが、その実はハワイアンの〈タフ・ワフ・ワイ〉（作曲 レレイオハク／編曲 ジョニー・ノーブル）をホットにジャズアップしたジャズソングであった。もっとも、〈タフ・ワフ・ワイ〉は英語圏では〈ハワイアン・ウォー・チャント〉（ハワイの戦いの歌）のタイトルでも流布したから、これを時局歌にしようという発想はごく自然なものだったかもしれない。新聞の新譜評は「これが何と、そのネタを割るとハワイ名物尻振りエロ踊りのフラ・ダンスの音楽に軍歌の文句をつけたものなのだから物凄い」（『読売新聞』一九三七年十月二十七日夕刊）と身も蓋もない書きぶりだ。

トミー・ドーシー楽団が同じ曲をスウィング化してレコーディングしたのは一九三八年十一月二十九日のことだから、日本コロムビアの〈皇軍万歳〉は本場アメリカより一年早い。角田孝のギターが刻むエッジの効いたリズムに乗せたラップ調の歌唱は、これが一九三七年の時局歌だと

わかってはいても時代感覚を惑わせる。
かくの如く時局の緊迫と洗練された娯楽が危ういシーソーゲームでかろうじて平衡を保っていたのが、一九三七年という年であった。この年に検閲を受けたレコードのタイトル数は一万三千四百六十種。事変を受けたレコード界の低調ぶりが雑誌で取り沙汰されたわりに前年度とさほど変わらない数字なのは、レコード発行数そのものが事変前と変わってないことを示す。

円滑に、うまくゆく、好い傾向

いきなり検閲を厳しくしておきながら、日中戦争の勃発前から小川近五郎のコメントは一貫して変わらない。

> 業者自身も我々の意義をよく理解して最近では非常に好い傾向に向つて来た。
> （「家庭と流行歌」／『都新聞』一九三六年七月三日付）

> この頃は危いと思ふものは会社側でも注意して試作盤をつくつて持つて来るのでこの点大変に円滑にゆくやうになりました。（「受難のねェ小唄」／『読売新聞』一九三七年五月十四日夕刊）

> 業者も処分になりさうなものは出さないやうに努力してゐますので取締方針が高度化されたにも拘らず非常にうまく行つて居ります。
> （「検閲鏡にうつるレコード　上」／『東京朝日新聞』一九三八年七月三十日夕刊）

このように、内閲システムによってメーカーに圧力をかけつづけている内実とは裏腹に、機会さえあればレコード会社がいかに検閲に協力をし、検閲上助かっているかを社会にたいして発信している。

もっとも検閲係としての本音をもろ出しにして巨大化したレコード業界にそっぽを向かれては、少人数でおこなっているレコード検閲はたちまち停頓してしまう。「製造する方に云はせると、物判りの悪い奴等だといふし、一方社会では取締が緩慢だとせめるし、これでは中に立つ我々の立つ瀬がありません」（前出「べそを掻く流行歌【上】」）と愚痴るように、小川は検閲主任として常にレコードメーカーと社会の双方にたいして心を砕いていた。

しかし、このようなアメとムチの使いわけも、やがて戦時体制の強化とともにムチをふるいつづける方向へシフトしていくこととなる。

新聞社の懸賞募集歌

混沌とした社会情勢を背景として、レコード界にも新しい潮流が生まれた。懸賞募集歌である。

一九三七年七月三十一日から八月六日にかけて『東京日日新聞』と『大阪毎日新聞』が「進軍の歌」の歌詞を募集した。八月六日の締め切りまでに応募されたのは二万五千篇で、同月十二日に当選歌が発表された。[*3]

二万五千篇の応募作品から一等賞に選ばれたのは本多信寿の歌詞（〽雲わきあがるこの朝……）

である。陸海軍の軍人の推挙が多かったという。

次席の佳作に選ばれたのは藪内喜一郎の歌詞（〽勝ってくるぞと勇ましく……）であった。こちらは菊池《きくち》寛《かん》や北原白秋が推した。

発表後、一等賞の〈進軍の歌〉（合唱・演奏　陸軍戸山学校軍楽隊）は陸軍戸山学校軍楽隊の筒井快哉が、次席の〈露営の歌〉（編曲　奥山貞吉／唄　中野忠晴・松平晃・伊藤久男・霧島昇・佐々木章）は古《こ》関《せき》裕而《ゆうじ》が曲をつけて八月十八日に録音、同二十一日には内務省に納付したというからたいへんスピーディーなレコード化だった。満洲旅行の帰途、列車内で懸賞募集当選歌の記事を読んでいた古関裕而が〈露営の歌〉の歌詞に心動かされて曲をつけ、東京に帰ってコロムビアから〈露営の歌〉作曲依頼が来たときにはすでに曲ができていた、というエピソードはよく知られている。

レコードは十月新譜（２９５３０）として発売され、その売り上げ実数は発売半年で六十万枚（『流行歌と世相』に挙げられた数字）という。事情通は「コロムビアでは百万突破と称してゐるが、実数は五十万枚程度と見られる」（水木穣治「不況に喘ぐ最近レコード会社の動き」／『話』一九三八年三月号）と見積もった。警視庁の特別高等課による集計では一九三八年二月末までに五十六万枚の売り上げを記録している。この数字は一九二八年から一九三八年までの流行歌でダントツである。ちなみに二位は〈あゝそれなのに／うちの女房にや髭がある〉（テイチク）の四十九万六千九百八十八枚、三位は〈東京音頭〉（ビクター）の四十四万二千二百枚であった。[*4]

小川近五郎は〈露営の歌〉を「不朽の名作」（『流行歌と世相』）と賞賛した。軍人が推す〈進軍の歌〉ではなく〈露営の歌〉を指して「不朽の名作」と言ったのは興味深い。小川にとっては四角四面で強壮な正統派軍歌の〈進軍の歌〉よりも、主情的な〈露営の歌〉のほうが国民歌としてふさわしいと感じられたのだ。

この成功は新たなビジネスをもたらした。「股旅者が三度笠を引つ下げて北支へ出張に及んだやうな詠嘆調」「モダン・ボーイが銀座裏へ従軍記者となつてパアマネントかなにかに力んでみせてゐるやうな軽薄さ」（森満二郎「十月の流行歌」／『レコード音楽』一九三七年十月号）という批判ばかり寄せられてきた時局レコードにとって〈露営の歌〉のヒットは心強いお手本で、「流行歌は大衆の生活、心情に根ざしたものである」とかねがね主張する小川近五郎にとっても好ましいものであった。

〈愛国行進曲〉

さらにこの年九月に発足した内閣情報部も、民間の懸賞軍歌ブームと歩調を合わせて官製の懸賞募集歌を発表した。第二の国歌とも喧伝された〈愛国行進曲〉である。

五万七千五百七十八篇の応募作品から選ばれたのは森川幸雄の歌詞（〽見よ東海の空明けて……）で、次いで作曲が募集された。一万四百八篇の応募から、当時すでに海軍軍楽隊を引退していた瀬戸口藤吉（軍艦マーチの作曲者）の作が当選した。

〈愛国行進曲〉は内閣情報部が著作権を開放したので、当選作発表と同時にレコード会社各社がこぞってレコード化した。北支事変以降、流行歌市場が低迷しつづけているところへ官のお墨付きのフリー素材があらわれたのだから、これを使わない手はない。

いち早く動いたのはコロムビアで、十二月二十日に当選作が発表されるとその日のうちに三枚六種類をレコーディングして、変化に富んだ企画で商戦に臨んだ。ビクターも当選作発表と同時に近日発売の広告を打った。テスト盤を内務省に納付するや検閲を待たず出荷して、歌手が出演するレコード発表会をラジオ中継まですするという手まわしのよさだ。

一九三八（昭和十三）年正月新譜として両社のレコードが発売されたのを皮切りに、各レーベルからいっせいに〈愛国行進曲〉のレコードが発売された。なにしろ著作権フリーである。コロムビア、ビクターのほかにアサヒ、キング、ポリドール、テイチク、タイヘイ、ニットー、トーチク、ショーチク（シンヒノマル）、テレフンケン、エイト、コッカ、オトモダチ（コッカ）とあらゆるレーベルがこのレースに参加し、さまざまなアレンジ、編成でレコード化した。その種類は未発売録音や放送用録音を含めて延べで八十種近くにのぼった。

意図せざる業界再編？

この〈愛国行進曲〉レースは体力勝負で、レコードメーカー間の格差を広げる結果となった。大手のコロムビア、ビクター、テイチク、ポリドールはそれぞれ六、七枚もの〈愛国行進曲〉を製作したものの、けっきょくのところ世間でよく聴かれるのは最初に発表したコロムビアとビクターのものばかりであったから、マイナーレーベルの売れ行きは推して知るべしである。

大々的な規模でキャンペーンを張ってレコード業界あげてのお祭りになった割に〈愛国行進曲〉の総売り上げは四十万枚と伸び悩み、体力を削られた弱小資本のレーベルは徐々に流行歌から社歌、校歌などの委託製作や児童向けレコードに主力をシフトしていった。

内閣情報部が意図したわけではないが、レコード検閲係が頭を痛めていた模倣レコード問題も大幅に淘汰された。その影響はレコード生産高にも影響したようで、商工省の調査では一九三八年のレコード生産枚数は一千九百六十三万四千三百四十枚に落ちこんだ。検閲を受けたレコードのタイトル数は九千八百九十七種にとどまった。

3　私的感情のゆくえ

まだ最初のうちは

小川近五郎は日中戦争以降、レコード業界を販売第一主義から奉公主義へ転向させた、と誇らしく著作に書いた。しかしそれは国策に沿ったレコードが売れるからレコードメーカーが軍国モノを野放図に製作しただけで、販売第一主義にはなんの変わりもなかった。小川が切望したような、流行歌の質の向上には資さなかったのである。

ジャーナリズムは「ねェ小唄」から軍歌時局歌へと極端に走るレコード流行歌の傾向をよしとせず、「支那を安手に侮辱した愚劣なレコードにした所が同じことである。そんないい加減なものを受け容れる程大衆はアマク出来てゐるものではない。さうしたレコードは何も内務省が文句を云ふまでもなく大衆の検閲によつてさつさと葬り去られて行くに違ひないだらうではないか」（前出「レコード検閲について」）と批判している。ことレコードに関しては、検閲当局も大衆も戦争にたいして距離を置き、静観する余裕がまだこの時代にはあったのだ。

円盤国策

レコードの販売第一主義が根深いと見て取った当局は、官民を集めた懇談会で上意下達を徹底しようとした。

一九三八（昭和十三）年五月十六日に丸の内の日本工業倶楽部会館で開かれた日本文化協会主催の懇談会には、内務省から図書課課長やレコード検閲主任の小川近五郎、内閣情報部から京極高鋭、警視庁から検閲課長、放送局から洋楽課長、日本文化協会の理事らが揃い踏みし、ビクター、コロムビア、テイチク、ポリドール、全国蓄音器レコード製造協会の代表を加えて「国策リズムの道標　レコード賞制定」（『都新聞』同月十五日付）「国策の線にも沿ひ大衆にも受ける健全〝大衆歌《ポピュラー・ソング》〟を作つて一石二鳥の〝円盤国策〟と行かう」（『読売新聞』五月十七日付）という主旨の懇談をおこなった。この場で各社から大衆歌や童謡の自信作を持ち寄るレコードコンクールを秋に開催することが決定した。

懇談会は八月五日にもおこなわれた。このときはコンクールに向けた流行歌作りの指導をテーマに西條八十や藤田まさと、古賀政男、徳山璉、松平晃など各レコード会社のアーティストも呼ばれた。ところが中山晋平が「近頃甘いものはいかん、センチメンタルなものはいかんとすべて弾圧を喰ふ有様だがもう少し取締を緩和して頂いて国民精神総動員に毒にならぬ程度の流行歌は作らせて頂きたい」と発言したのをきっかけに、枝葉末節に拘泥するレコード検閲に攻撃の矛先が向いて〝小川近五郎《レコードけんえつしゅにん》攻撃の会〟（『映画朝日』同年十月号）になってしまった。

この会に出席した西條は後日、流行歌統制の危機をこう訴えている。

文部省の某事務官は流行歌の娯楽の時代を過ぎて、民衆に指導精神を与へる時代になつたと思ふし、又さうしなければならぬと言ひ、内務省の小川検閲官は私的感情の告白を、そしてすべて女々しい感情の告白を禁じた。歌はさういふ風に統制されて行きつゝある。

（『読売新聞』一九三八年九月二十四日夕刊）

女性の心情や恋愛を歌詞に織りこむことを得意とする西條八十にとって、私的感情や女々しい感情の告白を禁止されるのは利き腕を封ぜられるようなものである。

この難題に西條八十が出した答えが〽花も嵐も踏み越えて　と言いながら〽男柳がなに泣くものか　と、人間ではなく柳に思いを仮託した〈旅の夜風〉（同年九月十日臨時発売）であった。小川は「柳が泣いているなら、まあいいでしょう」（西條八十『唄の自叙伝』）と苦笑したというのだが、内心はあっけにとられ、してやられたと舌を巻いたのではないだろうか。

西條八十は名歌〈蘇州夜曲〉（作曲　服部良一／唄　霧島昇・渡辺はま子／コロムビア／10063／一九四〇年八月新譜）で〽惜しむか　やなぎが　すすり泣く　と、ここでも柳に泣かせた上に、〽髪に飾ろか接吻《くちづけ》しよか　君が手折りし桃の花　と私的感情を巧みに織りこんでいる。しかし、あえて言うならば、西條八十のように官辺と互角に戦える実力を持った詩人でさえ検閲の前にはこのような「曲筆」をせざるをえなかったのである。

どこまでが本心か？

ただ、ここでレコード検閲の肩をもって言えば、西條八十が危機感をおぼえた小川近五郎の「私的感情の告白禁止」「女々しき感情の告白禁止」発言がはたしてどこまで小川の本心だったのかは疑問である。

小川近五郎にとって〈愛国行進曲〉やこれに続く〈太平洋行進曲〉（大阪毎日・東京日日新聞懸賞募集歌／一九三九年）などは、「公的歌謡」（小川近五郎「流行歌昨今の傾向と取締態度」／『出版警察資料』第三十六号／一九三九年四・五・六月）、「公的流行歌」（『流行歌と世相』）という新たなジャンルだった。従来の民謡が地方の郷土性から生まれたのにたいし、公的歌謡は国民感情を代弁する、国家的民族性のあらわれた歌である。

小川によれば公的歌謡の対極は私的歌謡である。私的歌謡とは個人の感情や生活を歌った、従来の流行歌のことである。小川は生活感情や恋愛を歌った私的歌謡を否定していない。そして公的歌謡と私的歌謡が並行して歌われていることを認めている。そもそも小川は流行歌が大衆の感情や生活に根づいたものであることを、レコード検閲が開始されてから五年間、機会あるごとに述べ、検閲にも手心を加えていることを主張してきた。

大衆的流行歌が、力強く存在して行くことは、何よりも事実が雄弁に物語つてゐる。例へば、昨年（十三年）より本年初期へかけて「愛国行進曲」や「愛馬進軍歌」などが旺んに歌唱せられたのであるが、この時期に於ても「別れのブルース」とか「雨のブルース」など、暗さを持つた断片的な生活感情を謳つた流行歌が、巷間で相当歌はれたのである。

（前出「流行歌昨今の傾向と取締態度」）

レコード検閲係として苦節五年、やっと自身が抱いている「善導」の本領を発揮しはじめた時期の発言である。「善導」の限界を悟ったのだろう。この報告のなかで述べた「大衆の生活感情を反映した謂ゆる流行歌の存続をも黙認しなければならない」というあたりに、検閲主任小川の本音がちらっと出ていよう。これは硬派で嘘がつけない小川らしい表現である。

歌謡の原初を生活から生まれた民謡に置くかぎり、小川が高く評価しない〈別れのブルース〉や〈雨のブルース〉の存在をも認めざるをえないのだ。〈裏町人生〉への処分をあとから取り下げたように、大衆が好んで歌う歌の禁止を小川はよしとしなかった。

品不足感ゆえに

一九三八年七月から三九年六月末の一年間に生産されたレコードは二千七百五十四万四千四百六十九枚に跳ね上がった（内務省調べ）。

この数字は、レコード生産高のピークであった一九三六年（二千九百六十八万二千五百九十枚）に次ぐ数字で、一年前と比較すると五百七十万枚ほど増加している。生産高だけでなく売り上げも好調で、二千二百八十二万七千二十六枚にのぼった。V字回復である。

生産高が復調した理由を「蓄音機レコード製作所並発行所明細」（内務省警保局図書課）は三点挙げている。

(1)軍需景気で経済的に余裕ができ、購買力が戻ってきた。
(2)洋楽などの高価なアルバム物が甚だしく売れた。
(3)品不足感からの購買欲増進。

品不足感は杞憂ではなかった。日中戦争がはじまってからレコードの主原料であるシェラック（ラックカイガラムシから得られる樹脂状の物質を精製したもの）とコーパルゴムは国策によって輸入が制限されており、一九三八年七月には輸入禁止品目となってしまった。シェラックは買い付けのため年額七百万円（『東京朝日新聞』一九三八年七月二十一日付）の枠が用意されていたが、現地で原価が高騰して思うように調達できないのである。しかも獲得したシェラックの多くは軍需に振り分けられ、レコード生産に割り当てられるのは業界が要求する量の三、四割であった。

物資不足は足元にまでしのびよっていた。その焦燥感が「今のうちに買わねば」とレコードの売り上げを後押しし、生産量にも影響していたのである。同盟通信社が発行していた『同盟旬報』もレコード産業の景気回復の要因を「殷賑産業（引用者註：時勢により好況にある産業）方面のインフレ景気と洋楽普及の結果として組物が売れること、品不足だからといふ買溜め」（一九四〇年一月）と報告した。

ちなみに『同盟旬報』にはこの期間の流行歌ベスト・テンも掲載されている（六位が二曲あり、実際はベスト・イレブン）。

〈愛馬進軍歌〉六十万枚
〈太平洋行進曲〉三十六万枚
〈愛染夜曲〉二十二万枚
〈満洲娘〉十七万枚
〈純情二重奏〉十四万枚
〈麦と兵隊〉十万枚
〈父よあなたは強かった〉四十万枚
〈旅の夜風〉二十五万枚
〈支那の夜〉十七万枚
〈大陸行進曲〉十五万枚
〈便りはないか〉十二万枚

検閲係の感想と解釈

自著『流行歌と世相』の終盤で小川近五郎は「変革期を歩む流行歌」と題し、一九三八年、三九年に五万枚以上売れたヒット曲を取り上げて逐一説明を加えた。当時のヒット曲にレコード検閲当事者が抱いた感想や解釈は忌憚なく、ときに近五郎節とでもいいたくなる辛口が飛び出して飽きさせない。たとえば「ぐらもくらぶ」賞を獲得したヒット曲〈俺は船乗り〉（作詞 大木惇夫／作・編曲 倉若晴生／唄 上原敏／ポリドール／2729／一九三九年二月新譜）については、

代表的ポリドール調流行歌の一つであつて、船員生活に事寄せて、人生裏街道の生活心理を謳つたものと言ひ得る。（中略）明朗性と真摯な力とを欠く点に於て、やくざ物と同巧《ママ》異曲の味である。併し、こうした感覚の歌は、一部大衆の生活心理にはピツタリするし、はやりもする。船乗り生活、竟《つま》りマドロス物を流行歌ではよく扱ふのであるが、海上生活の豪快な面は決して採り入れず、港でぐずぐずしてゐて、酒と女に浸るか、波止場でめそめそしてゐ

るものが多い。大衆心理には好まれるテーマではあるが、何としても不健全であるから、マドロス達を出港させて、海上生活の面目を発揮させてくれと頼んでゐるのであるが、ドラ丈はならすけれどもどうしても出港しないので困つてゐる。

と皮肉を利かせている（二〇二～二〇三頁）。

三十行近くも費やして

小川はこの自著で、日本歌謡史にずらっと並ぶヒット曲を、短いもので二、三行程度、長いもので十行から三十行にわたって分析説明しており、その文章からは小川自身が興味をもった流行歌にかける熱量が見てとれる。

公的歌謡に属する〈大陸行進曲〉や〈太平洋行進曲〉は褒めながらも数行にとどまっているのにたいし、〈父よあなたは強かった〉には三十行近くも費やしている。発売当時、歌詞で「父よ～」「良人よ～」と呼びかけるのは目下にたいする言いかただ、という議論が巻き起こったことについて、小川は「世の中といふよりは日本の有識者といふものも、可なりうるさいものだ」「偏狭な独善観」と切り捨て、次のように延々と憤る（二〇〇～二〇一頁）。

想ひつきで臆面もなく、づけづけと物を言ひ、他人を貶す習癖は、謂ゆる島国根性とも名づくべきものであらう。（中略）物事や他人を貶すとか、他人を信用せずに徒に容喙《ようかい》するとか、評価を誤つたり他の長所を看過するとかいふ習癖は、所詮は自己の有する規矩準縄《きくじゆんじよう》を最上のものと考へ、他を一律に制御せんとする心理から出発したもので、自己研鑽を忘却した不用意の心構へであらうと思ふ。自信ではなく、偏狭な自負と言はざるを得ない。

現代ではSNSを覗くとおなじみの光景だが、昭和十年代の日本人の生態もそんなに変わらないようだ。生真面目な小川近五郎が真剣に怒っているのがなんとなくおかしい。彼はその流行歌の歌詞の端々まで容喙する立場なのだから。

事変勃発後の小川に大きなインパクトを与えた私的歌謡は、松竹映画《愛染かつら》の主題歌である〈旅の夜風〉（作詞 西條八十／作・編曲 万城目正／唄 霧島昇・ミス・コロムビア／コロムビア／29920‐A／一九三八年九月十日臨時発売）であった。

これまた『流行歌と世相』で三十行あまりにわたって論じているうえに、小論「流行歌昨今の傾向と取締態度」では映画のストーリーをていねいに説明し、〈旅の夜風〉の歌詞も逐一取り上げて解説を加えている。もっとも西條八十が頓智を効かせた〽男柳がなに泣くものか というフレーズが出てくる三番歌詞だけは、思うところがあったのか省かれている。

この歌を小川がわざわざ取り上げているのは流行歌の質の向上をあらわす代表例としてなのだが、別の一面として、映画との巧みなタイアップによって大成功をおさめた点を評価している。映画とその主題歌の相乗効果は、小川にとって大きな関心事であった。

〈支那の夜〉

戦場が中国大陸ということで、事変後は大陸歌謡のヒット曲も時代の産物として数多くあらわれた。「レコード企画は時局から遊離しないように」という内務省の要請を受け容れると、流行歌のネタはどうしても日本軍の占領区域や上海の租界へと自然に流れてゆく。

とりわけ小川の心情に引っかかったのは〈支那の夜〉（作詞 西條八十／作曲 竹岡信幸／編曲 奥山貞吉／唄 渡辺はま子／コロムビア／30051-A／一九三八年十二月新譜）と〈満洲娘〉（作詞 石松秋二／作曲 鈴木哲夫／編曲 宮脇春夫／唄 服部富子／テイチク／N207-B／一九三八年十二月新譜）であった。

〈支那の夜〉の大ヒットについては、

詞が如何にも巧妙に甘美感を盛つたものであつて、曲が亦《また》在来からの流行歌メロディーの中で、大衆好みのする曲調のカクテルと謂つた感じのするものであつたからだと思ふ。その上、特有の声で歌ひ手が一層歌の味を強調したので、恰度、クリームのどつさりついたショートケーキみたいな歌になつて、大衆を欣ばせたのであつた。（略）こう謂つた感覚の歌は、エキゾテイツクなヱロテイシズムも感じられるものではあり、事変前の流行歌の官能的色彩が一応払拭されて、些か寂寥を感じてゐた折柄であつたから、特に興趣も多かつたのであらうと思ふ。

と私感を交えてヒットの原因を分析した（一九五頁）。

かつて〈忘れちゃいやョ〉でエロを厳しく取り締まった小川が〈支那の夜〉で同じ歌い手（渡辺はま子）の「エキゾテイツクなヱロテイシズム」をこうして褒めるのは奇しき縁だ。流行歌の官能的色彩＝エロが払拭されたことにたいして寂しささえ感じている。そのことが小川の流行歌にたいする見識を物語ってはいないだろうか。彼はレコード検閲係である前に根っからの流行歌ファンであって、「この非常時にエキゾティックなエロとはもってのほか！」とはならないのである。[*5]

「流行歌の本質と歌意の善意とを尊重して」

〈満洲娘〉（〽王《ワン》さん待つてて頂戴ネ）についても「文句をみた丈で節も思ひ出せる歌である」「詞や曲や歌ひ方から受ける全体の感覚に於て、兎も角甘い感じのある歌であることには相違ないが、事変前の、一種頽廃的ヱロ感のある歌とは、根本に於て選を異にする」と高く評価した。「ねェ小唄」の特徴である対話句調が歌詞にちりばめられているにもかかわらず、そうして私的感情が無邪気に発露しているにもかかわらず、この歌に有識者から非難の声があがったことにたいして「流行歌の本質と歌意の善意とを尊重して」（以上、『流行歌と世相』）、発売中止にはしなかった。気に入ってしまったのだ。

もっとも発売に際してこのレコードがヒットすることを見越していた小川は、積極的な宣伝やラジオ放送に用いないようテイチクに条件を出していた。一度、うっかりミスなのか佐世保海軍病院の慰問演芸で服部富子が歌う〈満洲娘〉が全国中継でラジオの電波に乗ってしまったことがあり（『満洲新聞』一九三九年五月二日夕刊）、内務省は日本放送協会に抗議を申しこむ事態となったが、レコードが処分されることはなかった。

戦争の長期化につれ……

戦争の長期化は流行歌の内容にも如実に反映し、小川にいわせれば卑俗性がなくなって質が向上した。一九三九年に検閲されたレコードのタイトルが七千九百四十四種と前年から下降線をたどっているのは、内閲と社内検閲によって「善導」の効果が上がってきたことを示す。

事変前にはノホホンという感じすら与えたレコード検閲も国策第一になり、小川近五郎の言動も堅苦しさを帯びるようになった。言葉をかえれば、いままで新聞雑誌を通じてホンネをチラチラのぞかせていたのが、「大東亜の建設」「伝統精神の真髄を生かした新生日本」「伝統の家族精神」といったタテマエが目立つようになった。おかしな言いかただが、ここへ来てやっと本来の官僚らしくなったのである。

レコードメーカーや業界人には硬軟使いわけてアメとムチで接する、食えない役人ではあったが、「私的感情の禁止」といった公の発言がレコード検閲の場で必ずしも徹底されなかったのが、小川近五郎個人のホンネの発露であったろう。

第八章
戦時体制下のレコード検閲

1　だってひどいわ、あんまりですわ

いよいよますます窮屈に

検閲の厳格化は、ときに理不尽な処分としてレコードに降りかかった。

テイチクの〈パパ・ママ・ソング〉（作詞 獅子《しし》文六《ぶんろく》／作・編曲 鈴木哲夫／唄 悦ちゃん／1355-A／一九三七年三月新譜）は、事変前に発売されて売れ行きがよかったところを、無情にも製作停止処分にされた。獅子文六が『報知新聞』に連載し、一九三七（昭和十二）年三月に大日本雄弁会講談社で単行本化された小説『悦ちゃん』は書籍化と同時に日活で映画化され、小説の主人公を芸名にした悦ちゃんの出演と主題歌レコードが話題となっていた。[*1]

これより三年前の一九三四（昭和九）年八月、着任したばかりの松田《まつだ》源治《げんじ》文部大臣が「日本古来の孝道が廃れる」とパパ・ママ排撃論をぶったことがある。松田文相は一九三六年二月に急逝してパパ・ママ論議は自然収束したが、国民精神総動員運動によって日本精神の賞揚が唱えられ、〈パパ・ママ・ソング〉も槍玉に挙がったのだ。

「我国固有ノ淳風美俗維持」が、小川検閲係が振るった刀である。テイチクは宮本旅人の作詞で歌詞をさしかえた改訂盤を九月新譜でリリースしたが、最初のレコードのインパクトが強かった

ためか、まったくと言ってよいほど売れなかった。

行き当たりばったりな傾向

レコードのタイトルに物言いがついたこともある。一九三七年に公開された二〇世紀フォックス映画《陽気な街》の主題歌、アーヴィング・バーリン作曲の〈今年のキッス *This Year's Kisses*〉は全米第二位のヒットを記録したナンバーで、さっそく日本でもプレスされた。

ビクターが同年十一月新譜で出したベニー・グッドマン・オーケストラのレコードは〈今年のキッス〉（JA973-A）で通ったが、ラッキーが十月新譜で出したアリス・フェイ（ボーカル／60300-B）のバージョンは〈今年の収穫〉というタイトルだった。「その筋のお役人から、レコード会社関係にオフレが廻って、キッスなどという言葉を公然と曲の名につけるのは、日本古来の醇風良俗に反する、以後ツツシメよ、という次第」（榛名静夫「暗い谷間のエノケンとジャズ」／『ジャズ批評』一九七〇年九月号）というのだが、ビクターとラッキーで待遇が異なるのはどうしたことだろう。ビクターはこのあと一九三八年三月新譜でもシェップ・フィールズ&ヒズ・リップリング・リズムの録音を〈今年のキッス〉（JA1048-A）でリリースしているのだ。

検閲係の横やりはこのようにしばしば行き当たりばったりな傾向があった。

軍人ニ寄スル感情トシテハ極メテ不真面目

戦時体制に迎合して作られたレコードにも検閲は甘くはなかった。テイチクで製作された〈大和撫子こゝにあり〉（唄 植田千代子）は刺戟的すぎるとして発禁、〈私の彼氏は軍人よ〉（作詞 松

村又一／作・編曲　緑島五郎／唄　水島早苗／タイヘイ／21338-A／一九三七年十二月新譜／十一月十二日禁止）は、

〽毎日ニュースを　聞くたびに
若しや彼氏の　事などと
流石にこの胸　ときめいて
浮ぶは雄々しの　鉄兜
私の彼氏は軍人よ

という歌詞が「戦場ニ在ル軍人ニ寄スル感情トシテハ極メテ不真面目ニテ、曲調又ハ歌唱ノ方法ガ如何ニ軽薄ニテ、男女間ノ恋愛ヲ遊戯的ニ取扱ヒタルガ如キ感アリ。戦争ニ対スル国民ノ覚悟又ハ軍人ニ寄スル至情ニ悖《もと》ル」（『出警報』第百十号）と不謹慎を咎められて発禁となった。戦時中にもラブソングを作って歌っていたアメリカとは大違いである。

作るほうも作るほうで、テイチク製作の時局小唄〈日満小唄〉（唄　南五郎／フクスケ／115／同年十二月八日禁止）は、時局とも満洲とも無関係な〽逢ひたさをジットこらへて末待つからは人の主ぢやと云はしやせぬ　ほんに貴方はよ罪な人よ　逢ふたのが私しの身の因果　という不義密通を思わせる歌詞で即刻禁止された。タイヘイの海軍漫才〈彼女の手紙で〉（菊野ノボル・長門英次／一九三七年八月三日録音）はタイトルが軽薄だと思われたのか家庭的な〈母の手紙〉に改題されたものの、結果的に発売中止となった。

内閲システムの定着

レコード検閲は戦争によって基準が格段に厳しくなった。盧溝橋事件以前は風俗8：安寧2くらいの割合であったのが、一九三八年には風俗3：安寧7くらいの割合に逆転している。安寧要件とは、「皇室の尊厳を冒瀆する事項」「現国家形態を否認する事項（制度の否認、革命の企画）」「安寧秩序を紊乱する事項」「軍事又は国交上の支障となるべき事項」（前出『警察研究』第六巻第十号／一九三五年十月）という内容のことである。

ところが発禁レコードや製作停止処分が増えてきたというのに、『出版警察報』に載っていたレコード取締状況のコーナーは一九三七年十一・十二月（第百十号）で終わり、その後は散発的にしか伝えられなくなった。これは取り締まるべきレコードのガイドラインがしっかり固まったためである。事前検閲である内閲システムやレコード会社での社内チェックもこのころにはすっかり定着しており、ほぼ検閲係の手を煩わせずに済んでいた。

とはいっても毎月大量に発行されるレコードから発禁や製作停止レコードが生まれるのは事変前と変わりない。事変後の際立った変化は、レコード発売後に下される措置である。これまで発売禁止は発売前のレコードに対する行政処分であったが、日中戦争がはじまってからは検閲を通過したレコードを発売後に禁止にするケースが増えた。また禁止にしないまでも、大ヒットしそうな流行歌レコードに対しては、レコード会社に要請して店頭でのスピーカーを使った大音量演奏や大判ポスターの貼り出しなど大規模な販売促進を取りやめさせた。いずれも国民総動員の社会情勢にふさわしくない流行歌の大ヒットを阻止するための措置である。レコード取り締まりの手法は時勢とともに大きく変わりつつあった。だが『出版警察報』のレコード取締状況欄が廃止されたあとの発禁レコード事情は、紙媒体の記事やメーカー側の記録、レコード現物から断片的にわかる程度である。

声そのものがエロだとして問題になった美ち奴は、この時期に禁止を連続してこうむっている。〈凱旋音頭〉（作詞 丘真澄／作・編曲 佐渡暁夫／唄 美ち奴／テイチク／1954-A／一九三七年十二月新譜）は「「これからが本当の戦争である。凱旋なぞと狂喜するのは、以っての外ぢや」と発禁」（前出「不況に喘ぐ最近レコード会社の動き」）と報道された。〈兵隊さん節〉（作詞 時雨音羽《しぐれおとわ》／作曲 古賀政男／唄 美ち奴／テイチク／N108-A／一九三八年一月新譜）も発売後に禁止、〈酒はホルモン〉（作詞 菊田一夫／作曲 古賀政男／唄 美ち奴・楠木繁夫／テイチク／N112-A／同月新譜）は内容軽薄なうえに男女かけあいで歌う手法が好ましくないという理由で、これまた製作停止となった。「ねェ小唄」のスタイルである「相手に呼びかけるような掛け合い歌唱」は戦時下ではご法度だったのである。[*2]

皇軍を賛美すればよいというものでもない

戦時色をおおいに発揚して皇軍を賛美すればよいかというとそうでもなく、中国の軍隊や民衆をいたずらに敵対視、蔑視したレコードも検閲の槍玉にあがった。

ビクターの流行歌〈トコ蔣さん〉（J-54316）は新譜月報に掲載されたものの発売中止になってレコード現物は市場に出まわらなかったし、漫才〈蔣介石行進曲〉（番号不明）もリリース告知前に発売中止が決まった。テイチクの〈スッカラカン節〉（作詞 野村俊夫／作曲 佐渡暁夫／唄 杉狂児／２２０４-Ａ／一九三八年六月新譜)、〈あのネ軍使〉(作詞 島田磬也／作曲 鈴木哲夫／編曲 杉原泰蔵／唄 美ち奴／Ａ１２５-Ａ／一九四〇年四月新譜)は発売後にクレームがついた。美ち奴が人気喜劇役者・高勢《たかせ》實乗《みのる》の受けゼリフを拝借して歌った〈あのネ軍使〉はこうだ。

〽あのネ　オッサン　これ支那さん
どうせ君達や　アカンのや
アカンというたら　アカンのや
蔣介石にも　言ひなはれ
降参するなら　今のうち
へらへらへつたら　へらへらへ

〽あのネ　オッサン　これ支那さん
空の上から　見ていると
あちらもこちらも　逃げ支度
ほんまやさかいに　支那兵が
こんなに弱いと　知らなんだ
へらへらへつたら　へらへらへ

(〈あのネ軍使〉二番・三番歌詞)

この曲は製作停止処分を受けたあと、各フレーズの冒頭の挑発的な歌詞〽あのネ　オッサン

これ支那さん をまるまる削除したバージョンが作られた。敵とはいえど礼節を以て接すべしという態度は、鬼畜米英と唱えた狂気の時代とちがってまだ精神的に余裕のある時代だったからこそだろう。

だが同じように敵兵の弱さを痛烈にあげつらったジャズソング〈支那の兵隊〉（作詞 山野八十郎／作曲 Herman Hupfeld／編曲 長津義司／唄 木下伊左男・村田清・二輪東六・橋本武夫／ポリドール／2557／一九三八年一月新譜）はお咎めなしで、処分には一貫性がなかった。[*3]

歌詞変更と幽霊レコード

レコード会社も厳しい検閲に唯々諾々と応じていただけではない。ときには理詰めの小川検閲係の裏をかいて、レコード検閲を茶化すような企画をしれっと新譜に紛れこませたりした。たとえば次のようなケースである。

〽ハハのんきだねー という〈のんき節〉を看板にしていた書生節の石田《いしだ》一松《いちまつ》が「非常時にのんきとは何事か」と当局から叱られたというニュースを聞いた阿部武雄（〈裏町人生〉の作曲者である）は、反骨精神を発揮して〈弾雨の中から〉（作詞 久保田宵二／唄 霧島昇／コロムビア／30050-A／一九三八年十二月新譜）の間奏に〽ハハのんきだねー を二回繰り返して挿入した。この痛烈な皮肉は歌詞検閲では気づかれず、検閲を無事に通過した。

一九三七年に発売中止となった「ねェ小唄」に〈知らないわョ〉（作詞 深草三郎／作曲 明本京静／編曲 奥山貞吉／唄 音丸／コロムビア／一九三七年四月録音）がある。〽こんな私にして置いて、何を今更切れるのなんて、だってひどいわ あんまりですわ 私もうもう知らないわョ という歌詞が検閲で問題となった。そこで歌詞を替えて同年十二月に吹きこみなおし、〈皇国の母〉（作詞　深草三郎／作曲　明本京静／編曲　奥山貞吉／唄　音丸／29666／一九三八年三月新譜）として発売したら大ヒットした。作詞者の深草三郎は明本京静の筆名である。明本は作詞、作曲、編曲に歌手もこなすという万能アーティストで、コロムビアの「ねェ小唄」の多くを手がけた人物でもあった。

大阪港から出征して行く兵士の為に、コロムビアは、大きなスピーカーのついた自動車を波止場に出動させ、船に向って軍歌などを演奏して見送ったのですが、或る日、この新しい音丸盤を鳴らしたら、聞いていた将兵が、身につまされて泣き出してしまったそうです。後から会社へ電話がかかり、「あのレコードは門出にふさわしくないから、演奏をしない様に」と軍司令部から注意があった由です。

（森一也〈SP時代　昭和の流行歌〉解説編／コロムビア）

歌詞を替えた結果、偶然にも新しい歌詞と旋律がマッチしすぎたのだ。世に出なかった「ねェ小唄」のメロディーに涙する将兵を、作曲者の明本京静はどんな気持ちで眺めたのだろう。戦死した兵士の未亡人が遺児を立派に育て上げる決意を歌ったこのレコードは皮肉なことに、日本文化協会の主催で一九三八年十一月二十二日に開催された「大衆歌レコード・コンクール」（二〇九頁参照）に入選したのであった。

コロムビアの〈女心は狭いのよ〉（作詞　松村又一／作・編曲　北村輝／唄　渡辺はま子／商品番号な

し／一九三八年五月二十三日録音）も内閲で不許可になった。「発禁、軍国ものに直す」と渡辺はま子の日記には記されている（中田整一『モンテンルパの夜はふけて』日本放送出版協会）。〈皇国の母〉で大成功して以来、発売中止曲の歌詞を軍国ものに衣替えして検閲を通過させる手法は常套手段となっていたようだ。たとえばポリドールでは〈戀慕三味線〉（作詞　藤田まさと／作曲　阿部武雄／唄　日本橋きみ榮）の歌詞が検閲に引っかかったので改作し、〈勇士の誓ひ〉（作詞　藤田まさと／作曲　阿部武雄／編曲　長津義司／唄　上原敏／一九三八年五月新譜）となった。

発禁レコードが毎月のようにあらわれるようになると、それまではなかった現象が起こるようになった。いわゆる「幽霊レコード」の出現である。

新譜月報はレコードが発行される半月から一ヵ月前に印刷する（レーベルによって異なる）のだが、月報を刷って発売予告を出したレコードが検閲によって発売禁止となったり自発的発売中止となったりする場合がある。「都合により発売中止致します」と記した紙片を挟みこむこともあるが、ほとんどの場合は発売中止のアナウンスがないので、「告知はされたが実際には発売されない」ということになってしまうのだ（巻末表③　検閲によって発売中止となったレコード）。それが新譜のイチオシ盤だと悲惨だ。『文藝春秋』誌のレコード欄は「近頃どうも流行歌レコードなどの検閲が喧しくなつて、その為に相当発売を禁止される物があるので、製造業者一同悲鳴を上げてゐると云ふ」（一九三八年十月号）と伝える。

古川緑波が一九三七年五月二十六日に吹きこんだ〈あんまりソング〉（作詞　上山《かみやま》雅輔《すけ》／作曲　細田義勝／ビクター／J54110-B）はロッパが「僕作詞になつてゐるが上山の詞で、中々面白いもの、当たれば上山の道も拓ける」（『古川ロッパ日記』五月二十六日）と作詞家・上山雅輔の将来に期待をかけたレコードで、十月新譜の月報に掲載されたものの、検閲係との懇談によって自発的に発行が撤回された。ついでながら上山は詩人金子みすゞの弟である。

ロッパのレコードは〈軍国お花見風景〉(唄 古川緑波・徳山璉・市丸・三益愛子/ビクター/J54274/一九三八年二月七日録音・同年四月新譜)も検閲係との懇談で発売中止になっている。流行歌〈トコ蔣さん〉(唄 市丸/ビクター/J54316-A/同年五月新譜)、〈ハリキリ奥さん〉(唄 三益愛子/ビクター/J54351/同年八月新譜)も、月報に載ったものの実際には発売されなかった例である。[*4]

コロムビア〈夢に見る支那〉(作詞 野村俊夫/編曲 仁木他喜雄/唄 松平晃/100079-A/一九四〇年五月十一日録音・同年九月新譜)の場合は、月報の新譜情報は削除したものの、デザイン変更が間に合わなかったのか裏表紙の見返しに歌詞が刷られたまま発行された。発禁歌謡として名高い〈曖・曖・曖〉も、月報の表紙にタイトルを麗々しく掲げておおいに宣伝につとめながらも発売中止となった。当時の流行歌ファンはさぞ混乱したことだろう。

曲のすげかえ

レコードの片面に問題が生じたときは、問題となった面を他曲にすげかえてリリースされることがよくおこなわれた。以下、列挙しよう。

〈軍国純情双六〉(作詞 松村又一/作・編曲 北村輝/唄 霧島昇・豆千代/コロムビア/30224-A/一九三九年二月二十四日録音、同年六月新譜)は月報に新譜情報が掲載されたものの、歌詞にクレームがついて五月二日に発売中止となった。このときお咎めなしだったカップリング曲〈輝く亜細亜〉（作詞 人見邦正／作曲 古関裕而／編曲 奥山貞吉／唄 伊藤久男）は、別の曲〈南支派遣軍軍歌〉（作詞 軍報道部／作曲 大沼哲／唄 伊藤久男）との組み合わせで発売された（３０３１０-Ｂ／同年九月新譜）。

キングの〈霧の舗道〉（作詞 内田つとむ／作曲 島田逸平／唄 林伊佐緒／３００８１-Ｂ／一九三九年七月新譜）も同様だ。新譜月報で発売が告知されたが発売中止となり、カップリング曲の〈黒き薔薇〉（作詞 熱田房夫／作・編曲 佐藤長助／唄 松島詩子）は別の曲〈上海の波止場〉（作詞 角田重勝／作曲 多紀英二／唄 林伊佐緒／同番号）と組み合わせて八月新譜で発売しなおされた。〈黒き薔薇〉は松島詩子の傑作和製タンゴとして世に残ることになる。

テイチク〈馬上の春風〉（作詞 正岡容《まさおかいるる》／作曲 大久保徳二郎／唄 藤山一郎／２００２-Ｂ／一九三八年一月新譜）は片面が〈勝鬨ぶし〉（作詞 正岡容／作曲 佐渡暁夫／唄 美ち奴）だったが、美ち奴の歌いぶりが問題となったのかカップリングを〈勝鬨ぶし〉から〈蒙古娘〉（作詞 大戸又郎／作曲 水原英明／唄 楠木繁夫）に変更して三月に再発売された。

ビクターの抒情的な流行歌〈すみれの丘〉（作詞 青山光男／作曲 若林季郎／編曲 鈴木静一／唄 中村淑子・豊島珠江・歌上艶子）と〈月の浜辺で〉（作詞 佐伯孝夫／作・編曲 鈴木静一／唄 平井英子／Ｊ-５４５８３／一九三九年八月新譜）の場合はややこしい。

このレコードは〝都合により〟発売が留保された。その後、〈月の浜辺で〉に〈あゝ曠原に陽は落ちて〉（作詞 佐伯孝夫／作・編曲 鈴木静一／唄 新田八郎／Ｊ-５４６１６／同年十月新譜）を組み合わせて発売された。この経緯から内閲で稟議にかけられたのが〈すみれの丘〉だったことがわかるが、けっきょく〈すみれの丘〉〈月の浜辺で〉という最初のカップリングも発売された。

検閲側の判断が長引いたことでレーベルが振りまわされることもあった一例である。

タイヘイは一九三八年五月新譜のうち〈嘆きの夜霧〉（作詞 最上洋／作曲 倉若晴生／編曲 平林静夫／唄 橋本一郎／10010－B）、〈人生道中〉（作詞 佐伯龍／作曲 近藤広／編曲 平春夫／唄 橋本一郎／10011－A）、〈面影みつめて〉（作詞 小林美津三／作曲 草笛道夫／編曲 立花かほる／唄 南はるみ／10011－B）、〈ほのかな夕月夜〉（作詞 塚本篤夫／作曲 飯田三郎／唄 青井八郎＝高橋文夫／10012－B）の四曲が一挙に発売禁止となった。

〈嘆きの夜霧〉は四月十三日に発禁処分となったのだが時すでに遅く出荷されたあとだったので、四月十五日の新譜発売日に市場に流れてしまった。けっきょく、プレスされた一千二百六十七枚のうち八月までに九百九十五枚が差し押さえられた。

〈ほのかな夕月夜〉の場合もややこしい。このテイクはそもそもお蔵入りとなった〈乙女の純情〉（作詞 松坂直美／作曲 鈴木政夫／唄 早乙女美子／10012－B）の差し替え曲だった。発禁になった〈ほのかな夕月夜〉のA面である〈希望の歓喜〉（唄 橋本一郎／10012－A）は検閲を通過していたので、B面に〈嘆きの夜霧〉のカップリング曲だった〈青春航路〉（唄 橋本一郎）をあてがって五月一日に特別臨時発売された。満身創痍の五月新譜から生き残ったテイクを寄せ集めてなんとか一枚にしたのである。〈お国のためなら〉（唄 橋本一郎・南はるみ／1002３－B／四月十四日録音）はレコード番号が振られていながら発売前にストップがかかり、当該面を〈男度胸で〉（唄 橋本一郎）に差し替えて発売された。

歌手が差し替えられるケースもある。タイヘイでは流行歌〈大陸ぐらし〉（唄 秩父晴夫／一九三八年五月二十一日録音）の歌手が青井八郎（＝高橋文夫／同年六月十五日録音）に変更されたうえにタイトル・歌手名も変えられ、〈故郷じゃ今宵も〉（唄 藤村一昇／ニットー／20038-B）として発売された。

月報に載せる前にアウト!

月報に載せる前に発売禁止・発売中止となったレコードも数多《あまた》ある。各社の事情を見てみよう。

まずビクターでは、加美可那子と灰田勝彦が歌った〈新婚なのさ〉（作者未詳／ビクター／J-54331／一九三八年七月新譜か）はカップリング曲が検閲に引っかかったためか、いわばもらい事故で発売されず、この面のみ金属原盤が残された。〈可愛い女房〉（作者未詳／唄 古川緑波・能勢妙子／一九三八年二月二十二日録音）もお蔵入りとなった。〈股旅がらす〉（作者未詳／唄 灰田勝彦／一九三八年）は非常時に義理人情のやくざモノはまかりならぬとこれも差し止められた。

ポリドールの〈木遣りくづし〉（作者・歌手とも未詳／一九三八年）は〽可愛いあいつに首ったけ という歌詞やべらんめえ調が時局柄ふさわしくない、という理由で不許可となり、歌詞を改訂して〈新春木遣りくづし〉（作詞 佐藤惣之助／作曲 陸奥明／編曲 山田栄一／唄 高田浩吉／2711-A／一九三九年正月新譜）になった。

コロムビアの〈地震・雷・火事・女房〉（作詞 松村又一／作・編曲 杉山長谷雄／唄 佐々木章／29814-A／一九三八年五月二十三日録音・同年八月新譜予定）も歌詞が甘すぎるため発売禁止になったことが新聞記事で伝えられた（『読売新聞』一九三八年八月二十五日夕刊）。この発禁の道連れにカップリング曲〈あの日のわたし〉（作詞 野村俊夫／作曲 江口夜詩／編曲 奥山貞吉／唄 渡辺はま子／29814-B／同月二十五日録音）もお蔵入りとなった。内閲によって不許可になったレコードの情報が内務省からいちいち発表されることはなかったから、この記事はおそらくコロムビア側のリークであろうが、検閲の基準は目に見えて厳しくなっている。

〈星の時計台〉(作詞　奥野椰子夫／作曲　山川武／編曲　仁木他喜雄／唄　二葉あき子／100081-A／一九四〇年三月二十六日録音)と〈銀の雨〉(作詞　高橋掬太郎／作曲　白磯巌／唄　瀬川伸／100081-B／同年六月四日録音)は、一九四〇年九月新譜(八月二十日発売)が予定されていたが、いずれも歌詞が検閲に引っかかって七月二十三日に発売中止が決まったことがコロムビアの社内資料に記録されている。早々に中止が決まったためか、月報には掲載されていない。

タイヘイが一九三八年五月新譜で四曲も発売禁止になるという大打撃をこうむったことは前述したが、流行歌〈水郷の雨〉(作詞　宮本旅人／作曲　飯田三郎／唄　南はるみ／一九三八年四月二十日録音)、〈ほまれの戦友〉(作詞　最上洋／作曲　近藤弘／唄　青井八郎／同年四月二十二日録音)、〈杭州の月影〉(作詞　三井唱介／作曲　阪東政一／唄　南はるみ／同年五月十六日録音)、〈月にたよりを〉(作詞　野村俊夫／作曲　大村能章／唄　坊城道子／同年六月十六日録音)、〈あゝ漢口陥落〉(作詞作曲者未詳／唄　筑波高／同年十月六日録音)、〈夢見るマドロス〉(作詞作曲者未詳／唄　高橋文夫／同年十二月二十一日録音)なども録音したものの未発売となった。時期的にみて、これらはレコード係による内閲で難点が示されたのだろう。他社と同様、タイヘイでも録音原盤の不良や演奏の不具合によって吹きこみなおしがおこなわれることはしばしばあったが、一九三八年、三九年にはそれが顕著になり、お蔵入りもこのように頻発した。社内の自主審査と内閲がきめ細やかにおこなわれていたようすが、同社の原盤管理台帳にはまざまざとあらわれている。

国際問題から発禁に

レコードの発売中止は、微妙な国際問題も映し出した。

一九三九年二月二十六日、任地のアメリカで病に斃れた斎藤博《さいとうひろし》駐米大使（一八八六〜一九三九）の遺骨がアメリカ海軍の巡洋艦アストリア号によって日本まで送り届けられた国際儀礼は、美談として大きく伝えられた。コロムビアは「米国の情誼に対しての感謝」「売れる売れないは別として国際親善の使徒として」（コロムビア社内資料）という企図から記念レコードを製作した。[*5]

一連の追悼レコードは七月新譜として同年六月二十日に発売の予定だったが、四月二十二日に〈よくぞ送つて下さつた―斎藤大使遺骨礼送に対し米国へ寄せる感謝の歌―〉（作詞 西條八十／作曲 古関裕而／編曲 奥山貞吉／唄 瀬川伸、コロムビア合唱団／３０２４８－Ａ）を収録した盤の発売中止が決定した。中国大陸での戦争をめぐって対立していたアメリカを〝よくぞ送つて下さつた、大米国よ、ありがたう〟と、くりかえし褒め称えたのが内閲に引っかかったのだろう。結果として三枚組の豪華特製アルバムに収められる予定が、一枚欠いた二枚組で発売された。

やはり国際問題から発禁になったレコードに、ひときわ存在感を放つ一枚がある。

英国ＥＭＩが中国大陸で経営していた百代唱片公司による〈義勇軍行進曲〉（作詞 田漢／作曲 聶耳／唱 袁牧之・顧夢鶴／３４８４８－Ｂ）は、電通映画《風雲児女》（一九三五年）の主題歌であるが、映画も歌も抗日運動がテーマとなっている。中国で製作されたから日本のレコード市場には出まわるべくもないのだが、日本国内の抗日分子への普及を怖れてか出版法第二十条を適用して一九三七年十一月八日に日本国内での発売頒布が禁止された。この歌は現在、中華人民共和国の国歌として歌われている。[*6]

2　お蔵入りさまざま

あきれたぼういず

発売中止エピソードはまだまだある。

ビクター文芸部で映画や演劇のレコードを手がけていた上山敬三は、浅草歌劇劇場に出演して人気上昇中だった吉本興業のグループ「あきれたぼういず」に惚れこみ、自社で売り出そうと考えた。一九三八（昭和十三）年八月新譜でデビュー盤〈アキレタ・ダイナ〉（J54343-A・B）をリリースすることになり、新譜月報にも掲載された。

しかし、レコード検閲係との懇談でビクターが自発的に発行を撤回した。新聞報道によれば「現時を嘲弄する態度もイケないとあつてお蔵になつた」「舞台とレコードを弁へず、ごつちやにしてやった誤算」（「時局下の検閲眼【3】」／『読売新聞』一九三八年八月二十五日夕刊）だという。

原盤が破棄されたため、記念すべきあきれたぼういずの初録音を聴くことはかなわないのだが、『出版警察報』に〈アキレタ・ダイナ〉の概要が書き留められている。

台詞及声色入ジャズ漫語で「アキレタ・ボーイズ」と称する四人の男声を以て、合唱と独唱を交へて面白く可笑く「ジャズ・ソング」を唄ひ囃すものである。併して上面の曲は原曲「ダイナ」を用ひ卑俗なる替歌を当嵌《あては》め、下面は浪花節もどきに「ダイナ」の替歌を唄つて居る。歌詞も低調であるが、巫山戯《ふざけ》た気分を出すために溜息の如き唄ひ方や東北弁の訛などを興味本位に入れて巧妙に唄つてゐるため卑猥さが一入効果的に表現せられ（中略）参考迄に歌唱法最も奇異なる部分を掲載すると次の通りである。

(1)「アーダイナ、何時でも綺麗な、誰よりトテシヤンな」

(2)「私はこの頃変なのよ、ねえほんとにかなへてちやうだいな」

(3)「可愛いあの娘が願かける、ダイナ〳〵」

(4)「オーダイナ、ダイナ、ウーッダイナ、ダイナ、ゥくたびれた、アーッ代つてくれッ！ダイナ〳〵、ダイナ〳〵、ダイナ〳〵」

(5)異様なる掛声を前提に「夜毎君をいだく、夜毎いだく、しつかりと胸に、おゝハッチチ、バッチチ〳〵」

（「内地出版物取締状況」／『出警報』第百十三号／一九三八年八月）

川田《かわだ》義雄《よしお》の自己流浪花節も坊屋《ぼうや》三郎《さぶろう》の方言ネタも益田《ますだ》喜頓《きいとん》のヨーデル芸もスキャットも、硬派の小川近五郎にかかったら〝卑猥〟のひと言で片付けられる。小川には残念ながらボーイズ物のおもしろ味はまったく理解できなかったようだ。それを裏づけるように担当ディレクターの上山敬三は「検閲官にいくら説明しても聞き入れてくれなかった。こんなフザケタものとは知らなかった、という。それは無理もない。誰も知らない新しいジャンルの芸なのだから。更に、戦時下の今日このように不真面目なレコードは国民士気高揚に毒だ、ともいった」（ＬＰ〈地球の上に朝がくる〉解説／ビクター／JV−135）という証言を残している。

あきれたぼういずは軍事色を採り入れた二作目〈四人の突撃兵〉（J54430−A・B／一九三八年十二月新譜）でようやく検閲をパスしてレコードデビューした。これも突撃兵とは名ばかり、ポパイネタが混入したり喜頓が裏声で〽僕は軍人大好きよ と歌ったり、聴きようによっては皇軍をふざけた態度でネタにしているように解釈されそうなものだが、レコード検閲のタテマエ上、好き嫌いは別としてレコードを作りなおしたことで面目が立ったのだろう。[*7]

健全な笑いでないといけない

あきれたぼういずに限らず、お笑い一般のレコードにも検閲のメスは容赦なく入った。

小川近五郎の考える娯楽とは「邪心を起させないで快適な心地に浸らせる」というもので、健康な笑いや純真な涙がそこに盛られていたら、反省や思索の材料になるという。

「日本には、独特の家族制度によつて鍛錬されて来た伝統の民族精神といふものがあつて、感激の涙を流したり反省の結果後悔の臍《ほぞ》を嚙んだりすることは、愉しみでさへある。涙を流したり後悔したりすることは心理上の負担となるようなことはなくて、寧ろ落着いたゆとりを感得するものでもある」（『流行歌と世相』一七六頁）と、小川の物言いはおそろしく説教くさい。あるいは彼の念頭にあったのは曽我廼家《そがのや》喜劇のような笑いだったのかもしれない。

笑いも健全な笑いでないといけない。健全な笑いというのは諧謔からくるものであり、その諧謔とは「実は非常に健康なもので、そうして建設的」「理智と情操とから成り立つてゐる」（同前）ものである。猥談めいていても諧謔の要諦を踏まえていれば問題ない。

生真面目な小川が嫌いなのは「思想を混乱させたり猥褻感を仄かしたりするもの」「擽《くすぐ》り」（同前）で、つまり不条理な笑いはダメ、下ネタはダメ、漫才の基礎である緊張と緩和もダメ、ということになる。

小川のいう「擽り」は馬鹿ふざけとか駄洒落が多い笑いのことで、まったく笑えないとされる。笑ったとしても「にが笑ひである」「そんなものでは決してリクリエート（再創造）されない」とさんざんな評価である。この観点からすると今日のテレビなどのバラエティ番組や漫才、コントは小川検閲係主任の手にかかればすべてアウトに判定されるだろう。

小川がくすぐりの芸だと名指しするのが漫才、漫談、ジャズ漫芸（ボーイズ物）で、喜劇にもその要素が多いと指摘している。現今の大衆娯楽には諧謔がほとんどなく、おもしろいなとちょっと感じるものでもどことなく不健康であったり、ユーモアともカリカチュアともいえない不純なものが多い、と嘆じるのである。

時代に早すぎた

笑いに意味を求めた結果、漫才レコードのちょっとした下ネタはもちろん、ボーイズ物が軒並み検閲禍に見舞われた。

あきれたぼういずは吉本興業の稼ぎ頭であった。しかし一九三九（昭和十四）年、リーダーの川田義雄を除く三名が松竹系の新興演芸部に引き抜かれるという事件が起きる。吉本興業では残った川田をリーダーに実弟の岡村龍雄らからなるミルク・ブラザースを組織し、さらに別にザツオン・ブラザース[*8]を結成させた。

ザッオン・ブラザースは二代目江戸家猫八を名乗っていた木下華声（三味線、声帯模写）をリーダーに、銀光児（ベース）、兄茶兵《あんちゃべい》（トランペット）、ジェリー来栖（ギター、ボーカル）からなる四人組でバラエティ・ショウに出るようになった。さいわいこれが人気を博したのでコロムビアでレコードを作りはじめた。

〈いろいろソング〉（30358-A・B／一九三九年九月新譜）、〈ミイちゃんの初恋〉（30401-A・B／同年十一月新譜）で好調なスタートを切り、続いて〈歌問答〉（作　須田久也／30502-A・B／同年十月二十八日録音・一九四〇年二月新譜）を製作した。ところが発売四日前の一月十六日に発売中止に。このレコードはコロムビアに現存する歌詞カードで見ると、終盤の、

銀　おゝ、待合の天地には何があるか
木下合唱　ウワー　コリヤ〳〵
木下　黙れ！　この非常時にさわぐではない
（愛国行進曲）
銀　我々は働くんだ
チェリー　元気で働け！
銀　朝は朝星をいたゞいて
兄　夜は夜星をいたゞいて
木下　お昼は梅干を頂戴しませうか
チェリー　ハリキリ四人働き好きで、元気で銃後を守りませう

ギターを弾いて　ラッパ鳴らして　タラ、ラ、、、、、、
ホーリホーリホー　ホーリホーリホ　チリル　デ、デレダダラー
コラエツサノサー　アラエツサノサ　コラドツコイショ　コラドツコイショ
皆　皆　ハリキレヨ！
（ラッパ）
木下　オヤカマシユー

と時局をダシにしてジャズアップするシークエンスが不謹慎として問題となったようだ。その次の〈くすぐりソング〉（作　須田久也／30538／一九三九年十月二十八日録音・一九四〇年五月新譜）も月報に載る前に発売中止となってしまった。それにしても、くすぐりの嫌いな小川近五郎に〈くすぐりソング〉をぶつけたのは偶然だろうが冗談では済まなかった。

ハット・ボンボンズ

あきれたぼういずを吉本興業から引き抜いた新興演芸部には、「ハット・ボンボンズ」という人気ボーイズがあった。

こちらは一九三九年五月、ジャズメン六名が結成したグループである。浅間丸に乗って渡米した福井幸吉が海外で見聞したショーをヒントに旧知の仲間を集めて横浜フロリダ・ダンスホールでコミックバンド「ハトポッポ」として活動していたところを新興演芸部が電撃引き抜きした。*9

新興に移ったメンバーは豊島園彦（福井幸吉／トランペット）、日比谷公（小峰淳一／テナーサッ

クス)、丸の内街男(砂山美光/ピアノ)、浜美奈登(志津恒応/ベース)、銀武羅夫(渡辺章/ヴァイオリン)、御里夢中(中村佐平次/ドラムス)と東京名所を芸名に名乗り、グルーヴの渦巻く音楽ギャグを繰り出した。

元々がジャズメン揃いなので演奏技術が卓越しており、当初はあきれたぼういずの伴奏楽団として引き抜かれたのが、あれよあれよという間に人気が伯仲した。このボーイズは椿名静男(ジャズ評論家)の証言によれば、ドイツのコミックバンド、ワイントラウブス・シンコペータース(一九三六年、三七年来日)や、ワーナー映画《夜は巴里で *Gold Diggers in Paris 1938*》に出演したことで日本でも知られたフレディ・フィッシャーのシュニケル・フリッツ・バンドに影響を受けた芸風だったようだ。その系譜は戦後、「フランキー堺とシティ・スリッカーズ」や「ハナ肇とクレイジー・キャッツ」などのコミックバンドへと引き継がれた。

瀬川昌久(ジャズ評論家)はこのハット・ボンボンズのステージを当時実際に観ている。「ハットボンボンズは非常におもしろかったですよ。あきれたぼういずはしゃべったり歌ったりだけど、ハットボンボンズは絶対にしゃべらない、楽器だけ。歌は少し入ってましたけどね」(二〇一九年三月十四日)とインタビューで語っていた。

レコードはコロムビアから音楽万才〈すばらしき音楽〉(30432-A・B/一九三九年十二月新譜)が発売されたが、すぐに製作停止となったらしく一九四〇年度、四一年度の総目録にも掲載されていない。レコードはもう一枚〈裏町の勧進帳〉が製作されたが発売中止にされた。

音楽万才〈すばらしき音楽〉はグループのテーマ音楽である幼稚園唱歌の〈鳩ぽっぽ〉(ピッコロとブラス、ドラム)ではじまり、国定忠治のシーン(BGMが〈ジプシーの月〉)、でたらめ歌詞の〈ハノ・ハノ・ハナレイ〉、ジーン・クルーパばりのドラミングでジャズアップされた祭り囃子、天理教のおつとめに合わせた〈インディアン・ラメント〉（ドヴォルザーク）、テナーサックスによる浪花節（これが看板芸だった）から展開するジャムセッション、と息つく間もない音楽ギャグの連続である。セリフは乏しくほぼインストゥルメンタルのみによる進行である。

検閲を意識した抵抗運動ならば勇気ある録音を敢行したことになる。が、残念ながらそうではなく、このハット・ボンボンズ、瀬川氏の言葉にもあるようにもともとの芸風がセリフなしで楽器演奏によって進行するパントマイム・コメディーだった。歌詞がほぼないので検閲しようがないように思えるが、言語化しえない「思惑を混乱させる」音楽ギャグだからこそ小川近五郎の機嫌を損ねて早々に製作停止処分となったのだろう。

菊池章子、奈良光枝、森光子それぞれの場合

この時期にデビューした歌手たちは、軒なみレコード検閲の洗礼を受けた。

菊池《きくち》章子《あきこ》（一九二四～二〇〇二）の場合はデビュー時から検閲禍に見舞われた。

菊池は日本歌謡学院で作曲家の大村能章《おおむらのうしょう》からみっちりしこまれ、能章の名から一字を芸名にもらうという期待の新人だった。歌謡学院に入ってわずか三ヵ月でコロムビアとの契約がまとまったことで、デビュー前から天才少女あらわると話題となっていたのである。

一九三九（昭和十四）年七月新譜（六月二十日発売）で大型新人として大きく売り出される予定だったデビュー盤が〈曖・曖・曖〉（作詞 門田ゆたか／作・編曲 阿部武雄／コロムビア／30261-A／同年四月十九日録音）。なんとこれが「時局にそぐわない内容」ということで検閲に引っ

かかり、リリース前の六月五日に発売中止が決定したのである。このあおりを食ってカップリングの淡谷のり子〈雨と姑娘《クーニャン》〉（作詞　サトウ・ハチロー／作曲　黎錦暉／編曲　服部良一）もお蔵入りとなった。特約店に配布する試聴用レコードがすでに作られていたので、〈曖・曖・曖〉の面は試聴できないよう焼きコテを当てて音溝が焼き切られた。[*10]

続く第二作目のレコード〈南京花言葉〉も、警保局から発売自粛を要請する懇談がコロムビアに入り、発売中止となってしまったことが『ミュージック・ライン』誌で報じられている（一九三九年八月号）。当時の流行歌ファンの待望の的であった彼女の初レコードは、〈曖・曖・曖〉と同じ製作陣による〈蘭花の夢〉（３０３６８／同年十月新譜）まで待たなければならなかった。

奈良《なら》光枝《みつえ》（一九二三〜一九七七）も一九四〇年九月新譜で発売予定だったデビュー盤〈胡弓哀歌〉（作詞　久保田宵二／作曲　明本京静／編曲　仁木他喜雄／コロムビア／１０００７９‐Ｂ／六月十二日録音）が、歌詞に難ありとレコード検閲係からクレームが入り、七月二十三日に発売中止となった。彼女のレコードデビューは〈南京花《なんきんはな》轎子《カゴ》〉（作詞　久保田宵二／作曲　山本芳樹／編曲　仁木他喜雄／１００１１６‐Ｂ／同年十一月新譜）にずれこむ。

女優の森光子《もりみつこ》（一九二〇〜二〇一二）もレコードデビューが順風満帆とはいかなかった一人である。

一九四一年、新興キネマの女優だった彼女はタイヘイで〈妹よ〉（作詞　植村謙一／作曲　松平晃／編曲　多孝／唄　松平晃／台詞　森光子／四月二十二日録音）、〈広東甘栗屋〉（唄　伴淳三郎／台詞　森光子／六月十日録音）を吹きこんだが未発売に終わっている。松平晃のタイヘイ専属第一作〈妹よ〉（３００４７‐Ａ／一九四一年五月新譜）は松平の独唱で二回、森光子のセリフ入りで四回、と計六回も吹きこみなおしがおこなわれたものの、けっきょく森のセリフ入りテイクはお蔵入りとなった。

森光子が生前に語ったところでは、タイヘイで歌手デビューをするべく〈白衣の勇士を送る歌〉を吹きこんだが、検閲で「歌詞がセンチメンタルすぎる」（森光子ほか『我ら大正っ子　第一』／徳間書店／一九六一年）として不許可、発売禁止となったという。この歌は録音記録が残っておらず、作者も歌詞も未詳である。

その後彼女は歌手を目指して上京し、戦時中は朝鮮、満洲、シンガポール、ボルネオ、バリと外地慰問に明け暮れた。タイヘイのテスト盤を彼女は長らく大切にもっていたが破損してしまったという。外地慰問中に体をこわして帰国し終戦を迎えることになるが、彼女がタイヘイで無事に歌手デビューを果たしていたら、大女優への道はどうなっていただろうか。

〈湖畔の宿〉は発禁にはなっていない！

このように幾多の発売禁止や発売中止がレコード会社を見舞ったなかで奇跡のように生き残るレコードもあった。〈湖畔の宿〉（作詞　佐藤惣之助／作・編曲　服部良一／唄　高峰三枝子／コロムビア／100022-A／一九四〇年六月新譜）がそれである。

一九四〇（昭和十五）年二月二十二日、レコーディング前にオーケストラの音合わせをしていて間奏がインストだけなのに物足りなさを感じた服部良一は、録音に立ち会っていた佐藤惣之助に頼んで追加のセリフを書いてもらい、高峰三枝子自身の朗読で間奏に挿入したという（森一也「せぶんえいと千夜一夜譚 52」）。

一方、この録音のディレクターを務めた川崎清は、高峰三枝子が女優であることから佐藤惣之助に懇望してセリフを付け足してもらったのだという（川崎『レコード盤と共に』）いずれにせよ、

〽あゝ　あの山の姿も湖水の水も
静かに〳〵　たそがれて行くこの静けさ
この寂しさを抱きしめて　わたしはひとり旅をゆく
誰も恨まず　みんな昨日の夢とあきらめて
幼児のような　清らかなこゝろを持ちたい
そして〳〵　静かにこの美しい自然を眺めてゐると
只ほろ〳〵と　涙がこぼれてくる

という私的感情の告白が効果的に映えて、このレコードは大ヒットした。

さて、しばしば「戦時下にふさわしくない頽廃の歌ということで発禁になってしまいました」（あるレコード解説）というふうに「発売禁止」の代表曲として挙げられるこの歌だが、じつは発売禁止となった事実はない。作曲者の服部良一が明言している。

「湖畔の宿」が発売禁止になったなどと、なつメロの放送でアナウンサーが言っているけれど、あの歌は発禁処分は受けていませんよ。若し処分を受けたら、すぐ作詞者と作曲家のところへ連絡がある筈なのに、僕の所へはその通知はなかった。それにチャンと戦争中も印税

を貰っていた。だから内務省の検閲係も時局下に相応しくない軟弱な歌だと思ってはいたでしょうが、基準スレスレで見逃して呉れたんでしょう。

（森一也「せぶんえいと千夜一夜譚52　三枝子の人生双六　下」／『季刊78』80号／一九九〇年）

事実、このレコードは一九四一年度、四二年度の『コロムビア邦楽総目録』にも掲載されている。事前検閲を通していない感傷的なセリフにけだるいブルース調という、およそ戦時体制にそぐわないレコードなのだが、その抒情が小川近五郎の琴線に触れたのだろうか。恣意的な発売禁止の線引きはたくさんの録音をお蔵入りにする一方で、時代を飾る大ヒット曲を救うこともあったのだ。

3　ジャズをどうする？

アメリカ文化の退潮

一九四〇年になると、アメリカにおける対日世論の悪化や「日米通商航海条約」の米側からの破棄、加えて石油などの貿易制限によって日米間の関係は張り詰めていた。やがてアメリカ文化は徐々に潮が引くように日常から姿を消していった。

ジャズの主要なステージであった全国のダンスホールは一九四〇年の十月末日で閉鎖されていたし、ハリウッド映画も一九四一年十月に日本公開されたフランク・キャプラ監督の《スミス都へ行く *Mr.Smith goes to Washington*》（一九三九年）を最後に映画館のプログラムから消えた。ディズニーの《白雪姫》（一九三七年）やジュディ・ガーランド主演の《オズの魔法使》（一九三九年）など前評判の高かった作品は、欧米でヒットしていた主題曲が楽譜やレコードのかたちで輸入されたのみで、日本封切りは中止された。これらの映画が日本の映画ファンの前で上映されるのは戦後を待たなければならない。

官能を刺戟するジャズも無傷ではいられなかった。

新聞紙面に「レコード界では全面的にジャズを追放、粛正をはかることゝなつた」（『読売新聞』一九四〇年八月六日付）という記事が出て、その影響力は大きかった。これはどうも内務省の注意勧告をジャーナリストが拡大解釈したものらしいが、記事がきっかけとなってジャズをめぐる論議が巻き起こったのである。

音楽雑誌の時評にさえ「今秋を期してダンスホールも閉鎖されるさうだから、それと併行して、この種の音楽も段々と、その必要がなくなつて来るであらう。ダンス音楽の中でも、ホット・ジャズ、スウィング等の騒々しいものだの、ふざけた感じのもの、乃至は軽佻浮薄な、モダンボーイ型の音楽が、みんないけないのである」（『レコード音楽』一九四〇年九月号）などという文章が載る始末であった。

「時局にふさはしからぬ音楽はつゝしむやうに」と監察当局からの注意があつたのである

が、これこそ新体制の意をもつた指令とし、業者はこの注意を勝手に解釈して了つて、流行歌は排撃され、ジャズは全面的に否定されたものとして周章狼狽したのは事実である。新体制便乗の輩はこの時ぞとばかり曲解せる新体制をふりまはし、勝手に憶測的な文章を発表して騒ぎ立てたのであるから、文字通り軽音楽界は全滅するであらうとさへ云はれたものである。

（野川香文「新体制と軽音楽レコード―日本的軽音楽―」／『レコード』一九四一年一月号）

時局にふさわしくない音楽＝ジャズと短絡的に決めつける世論の前にジャズは無力であった。『レコード音楽』誌は一九四〇年八月号を最後に野川香文のスウィング・レコード批評を終了する。平和な時代にスウィング・ブームを牽引してきたラッキー、ポリドールの両レーベルも、その年のうちにジャズのリリースを終了してしまった。[*11]

こうしたことから、この時期に「ジャズが禁止された」と言われることもあるのだが、しかしそれは誤りである。コロムビアとビクターは新体制の世論に挑戦するかのごとくアメリカ原盤によるジャズの新譜を発売しつづけた。ジャズはまだ死んではいない。

一方で日本のジャズメンの演奏技術とフィーリングは十年そこそこのあいだに飛躍的な進歩を遂げていた。日米開戦前はジャズを用いたショウが健在だったし、映画にもレコードにもジャズは根深く浸透していた。

ダンスホールの閉鎖によってあぶれたジャズプレイヤーたちの受け皿となったのはレコード会社や映画会社、ラジオ、劇場の楽団だった。また実力派のプレイヤーはアトラクション・バンドを組んで、映画館でアトラクションや軽音楽大会をおこなって回った。ダンスホール閉鎖は皮肉なことにジャズをホールから一般社会に解放して、アトラクション全盛時代を招来したのであった。

情報局発足にともなって

まだ自由主義が息をしていた時代にレコード検閲の顔としてマスコミに頻々と顔を出し検閲の苦労をアピールしていた小川近五郎であるが、一九四〇（昭和十五）年にはもはや「崇高な大東亜建設を実行しつつある民族精神」をレコード業界に号令する、全体主義のなかの歯車にならざるをえなかった。

一九三九年十月から執筆しはじめていた『流行歌と世相』の最後に置かれた附記は「我が国伝統の美風たる家族制度」「発揚すべきは精神力」「伝統精神の真髄を生かした新生日本」という国粋主義的な標語のオンパレードである。この附記は、小川がレコード流行歌を通して研究対象としていた「『やくざ気質』に対する見解（昭和十三年記述）」で締めくくられる。そこに、大きな時代のうねりと体制のなかで駒として働かざるをえない小川検閲係の個人としての精一杯の抵抗がこめられていたのかもしれない。

一九四〇年は皇紀二千六百年に当たる。十一月十日、宮城前広場で内閣主催の「紀元二千六百年式典」が挙行された。小川近五郎も係員の一人として立ち働いた。

同年十二月六日、内閣情報部と内閣情報委員会が統合し、情報局に再編された。プロパガンダや思想検閲を強化し戦時体制を構築するためである。図書や映画、レコードの検閲を手がけていた内務省警保局図書課も検閲課と名称を変え、各省部局との調整を強化するため情報局第四部第一課を兼務するかたちとなった。
この再編にともなって小川近五郎は内務省でレコード検閲主任をつとめながら情報局の属官も兼任することになった。また、それまで「検閲係」と呼ばれていたのが「検閲官」に改められた。この変革を小川検閲官は病床で迎えた。レコード検閲による積年の疲れが出たのか紀元二千六百年式典のてんてこ舞いで風邪を拾ったか。あるいはその両方だろう。
大正期、洋楽とともに青春を過ごした小川近五郎は、洋楽がいかに日本人の生活に浸透しているかを知悉していた。同年十二月におこなわれた講演会「レコード検閲の新体制」（丸の内・蚕糸会館）で、彼は例によって家族主義の伝統や日本文化に及ぼすレコードの使命といったファナティックなタテマエを述べたのち、熱っぽくこう続けた。

音楽を今日の日本からなくしてしまふと、どの位寂しいものか知れないのであります。余りに気が付かずに過してをりますが……。又音楽を聴いた場合に余り感激を致さないと致しましても、明治以後何十年間親しまされて来た音楽鑑賞といふものは一日の生活の裡に知らず識らず滲透して居るのであります。音楽を抜き去つた生活が如何に暗いものであるかといふことは、これは想像に難くないのであります。

（「レコード検閲の新体制⑵」／『ビクター』一九四一年新年号）

小川にとってはジャズもまた音楽だった。

軽音楽座談会では

太平洋戦争がはじまる数ヵ月前、小川は音楽雑誌の「軽音楽座談会」に出席した（『月刊楽譜』一九四一年七月号）。他の出席者は野川香文（ジャズ評論）、石塚寛（ビクター洋楽部）、田辺尚雄（日本アジア音楽研究）、堀内敬三（音楽評論）である。

堀内敬三を座主として小川近五郎を囲むようなかたちでおこなわれた座談会は、軽音楽をジャズと規定して、日本のジャズの現状について話し合われた。座談会の雰囲気はいたって悠長なものである。

田辺　中にはマニアがゐてね。
野川　軽音楽のマニアといふのは相当居るかね。
石塚　矢張り居りますよ。

マニアという言葉が太平洋戦争前にすでに定着していたのだなあ、と感慨深いこの座談会では、ジャズのマニアがいることはとくに問題になっていない。さらにおもしろいことにこの座談会、一九四〇年の最新傾向であったブギウギやグレン・ミラー楽団を歓迎し、高く評価している。ジャズを排撃しよう、という趣旨の座談会ではないのだ。

小川の論調も、ひと昔前のような俗悪なジャズは別として、

「余りやかましく云ふ必要はないと思ひますがね。放送局でシンコペイションみたいなものはよくないといふ話があつたやうですが、しかし、さういふことを云つたら、民謡なんか音が外れた

り何んかして居ります」

と、『流行歌と世相』の附記にみられる愛国的言辞とは打って変わって物わかりがいい。

小川はレコード検閲のためにジャズレコードを辛抱して聴きまくり、勉強しながらジャンジャン聴いていると「これも音楽には違いないといふことが分ることは分つてきた」という素直な人物だから、この座談会でも終始ジャズを音楽として扱っている。ただ、これまでのジャズには狂躁、淫靡、頽廃なものがあったので、そういう要素が感じられないものならば容認できる、と見解を示した。

昭和初期にＪＯＡＫのラジオ放送でジャズを啓蒙した堀内敬三は、

「昔のジャズの一つの悪い特徴であつた狂躁的なもの、非常に官能を刺戟するもの、あゝいふ種類のものでなくて、朗かな大衆的なものがいゝといふことになるでせうね」

と突っこんだ発言をした。

堀内敬三はどうも本場のニューオリンズ・ジャズを嫌ったようだ。丁寧にアレンジされた品のいいフォックストロットのダンス音楽が堀内にとっての「いゝジャズ」で、アドリブ演奏やグルーヴといったジャズの重要な要素を排除して日本的なジャズを築き上げたいと考えていたふしがある。

二人に共通するのはホット・ジャズにたいする嫌悪感で、これは刺戟の強いものを享楽的＝悪と捉えた世代の人の考えなのだろう。それを受けてか座談の場には「最近のジャズは問題ないがひと昔前のジャズは俗悪」という共通認識が流れている。当時もっとも最尖端のジャズに通じていた野川香文も「（一九三〇年頃の）ジャズは不健康そのもので、一般に演奏なども全然なつてゐない」と言ってはいたが、これは座談会の雰囲気に合わせた発言だろう。たしかに禁酒法時代にナイトクラブやスピークイージー（地下酒場）ではジャズがギャングと不可分の関係にあって道徳的に不健康だった。しかしその歴史とジャズ演奏の質は無関係のはずだ。

日本のジャズもこれからは

この座談会では日本のジャズについては、「ダンスホールのジャズは低級だった」とか「現在おこなわれているアトラクションはインチキが多い」と総じて低評価である。

野川などジャズ評論家の多くは戦前からアメリカのジャズレコードを論ずる一方、いわゆる和ジャズは評価に値せずという傾向があった。日本人のジャズはアメリカの真似ばかりしているのが問題で、そういう時代はもう過ぎたのだという点において小川近五郎とジャズの代弁者・野川香文は意気投合した。

野川　日本では今まであらゆる軽音楽が輸入品で我慢しなければならなかつたが、これからは輸出しなければならないと思ひます。

小川　それは距離があるやうな気がしますが、それを早くしなければいけませんね。

野川　総ての問題で日本が世界をリードするといふ意気込みですね。軽音楽は世界の大衆に話かけるものですからね。

小川　アメリカのジャズが世界を風靡したと同じやうに日本が立派なもので世界を風靡しなければいけません。

この場にはジャズ・ポピュラー音楽系の作曲家や演奏者など軽音楽の当事者がいないため、曖昧なイメージから脱せられないまま二人で納得している。

内務省の役人としての小川は、大衆に聴かせて差し支えないジャズ・軽音楽をレコードにして示してほしいと要望し、検閲のガイドラインについて、「限度を訊かれても私の方で云へるものぢやない」と述べた。先に紹介した狂躁、淫靡、頽廃なものが感じられないものならばいい、というのは、この文脈で出た言葉である。

この態度は厳しい枠を設けているように見えるが、じつは座談会出席者のだれよりも柔軟な見解で、小川はジャズの喧騒をある程度まで許容している。音楽と喧騒の境界線は聴く人によって異なるため、座談ではその個人差が露わとなったかたちだ。検閲のためジャズを聴いていた小川にはジャズにたいする耐性がついていたのだろう。

なにが排除され、なにが奨励されるべきか

座談会のおしまいまで小川は積極的に発言しており、結論に入るところでは内務省代表という立場からヒートアップした。

小川　先づ国家自身を本格的に音楽行政にのり出させるやうに、日本の音楽人自身が努力して貰らはなければだめだと思ひます。日本の役人にしても実業家にしても、日本人ほど新興音楽といふものに対する理解のない国民はありません。だから音楽といふもの

は後塵を拝するやうな立場にいつも置かれて居るのです。音楽人が旧套を脱ぎ捨てゝ統合された新しい力を盛りあげて努力して貰はなければならないと思ふのです。品物を作ることはそれから後でもいゝと思ひます。

堀内　さうですね。音楽家が国家に対する職分を理解すること、これはいくら強調しても強調し足りない位と思ひます。

小川　私はいつも考へてゐるのですが、政治と遊離して居るのがをかしい、生活に食ひ込ませなければ、音楽の発達がない。

野川　それはさうですね。ドイツあたりはさうです。楽しむ時の音楽、緊張する時の音楽、はつきり分れて居ります。

小川　音楽人がレスペクティヴ（引用者註：それぞれ）の働きしかしないのぢや意味をなさない。

とまくしたてたところで座談会は終わる。

理想を語るいつもの小川節で、音楽への理解が足りていない行政にたいする歯がゆさをにじませながら、音楽人の覚醒を求めている。音楽界を挙げて「世界をリードする軽音楽」のかたちを提示してこそ行政もそれを後押しできる、という論旨である。これはレコード検閲をおこなううえで小川が固持した「上からの押しつけでは民間は言うことをきかない」という鉄則とも共通する。

ジャズの取り締まりは難しい、取り締まりの基準が難しい、ということを訴える小川にとってジャズ、日本音楽、クラシック音楽の専門家が集ったこの座談会は有益だったようだ。座談会を踏まえて書かれた小論「ジャズ音楽取締上の見解」(『出警報』第百三十八号/一九四一年七月)では、各氏の意見を取り入れて取り締まるべきジャズと許容されるべきジャズが定義されている。「如何なる種類のジャズ音楽は排除せられるべきか」についてのガイドラインとして、

一、旋律の美しさを失つた騒擾的なるリズム音楽
二、余りに煽情的淫蕩的感情を抱かしめる音楽
三、怠惰感を抱かしめる様な廃頽的或は亡国的なる音楽

が示された。そして「如何なる種類のジャズ音楽は容認されて然るべきか」のガイドラインとして、

一、各国の特色ある民族性を強調した旋律を有する音楽
二、軽快にして陽気なる音楽(騒擾的に過ぎざるもの)
三、諧謔的軽音楽
四、抒情調音楽
五、勇壮感を有する音楽

が奨励された。小川はこうした取締基準を挙げた上で、ジャズについて「良い意味のジャズ音

楽の類は現時局下簡易なる慰楽の一つとして容認されて然るべきものと思考される」と結論づけている。

ベニー・グッドマンやグレン・ミラーはどうか

「小川基準」が遵守されたのか否か、その後にリリースされたレコードから検討できないだろうか。

「軽音楽座談会」や「ジャズ音楽取締上の見解」とちょうど同じころ、ベニー・グッドマン・セクテットの新録音〈*Boys Meets Goy*〉（コロムビア／JX1128-B／一九四〇年二月十三日録音／一九四一年七月新譜）が発売された。ベニー・グッドマンのスウィングが日米開戦前夜であっても好ましい音楽として発禁にならなかった実例である。

戦後〈逢びき〉として知られたこのナンバーは原タイトルの発音に引っかけて〈合意〉という題名がつけられていた。小川検閲官にはジャズの邦題に難色を示した前例（前出〈今年のキッス〉事件）があるから、コロムビアの洋楽部が知恵を絞ったのだろう。

一九四一年には他にレイモンド・スコット・クインテットの〈バードシード・スペシアル〉（コロムビア／JX1117-B／五月新譜）、グレン・ミラー楽団の〈ムーンライト・セレナーデ〉（ビクター／VA10086-B／七月新譜）と〈タキシード・ジャンクション〉（ビクター／VA10094-A／八月新譜）、ラリー・クリントン楽団によるクラシック名曲のスウィング〈クリントン・アルバム〉（VA10101~3／ビクター／十月新譜）などのレコードが発売されている。いずれもアメリカのジャズの新しい潮流を示すレコードで、小川がどこまでアメリカの最新流行を意識していたかはわからないが、ともかくこれらのジャズは検閲を通った。

ちなみにグレン・ミラー楽団の〈タキシード・ジャンクション〉は先の座談会で野川香文が激賞したレコードで、「昭和十六年度軽音楽レコードベスト・テン」（『レコード文化』一九四一年十二月号）では第一位を獲得している。第二位は同じくグレン・ミラーの〈月光《ムーンライト》のセレナーデ〉である。こうしたアメリカの新傾向のジャズが軽音楽レコードの最前線に躍り出た陰で、ルイ・アームストロングやニューオリンズ系のディキシーランド・バンドはほとんどが廃盤となった。

笠置シヅ子

レコード雑誌が「来月あたりから不健全なレコードは総て姿を消すでせう」（『レコード音楽』一九四〇年九月号の編集後記）と予想したにもかかわらず、スウィング・ジャズやジャズソングのレコードは発売されつづけ、流行歌のバックバンドや軽音楽レコードからもジャズの要素が消え去る気配はなかった。ジャズは、かんたんには死なない。

レコード検閲から目の敵にされたテイチクは贅沢にたいして制約を加える「七七禁令」を歌った流行歌〈お洒落禁物〉（作詞　門田ゆたか／作・編曲　大久保徳二郎／唄　三根耕一／T3094-A／一九四〇年十二月新譜）のバックバンドを贅沢な4サックスでお洒落に彩った。〈戦線人気男〉（作詞　穂積久／作曲　鈴木哲夫／編曲　伊藤恒久／唄　塩まさる／T3198-B／一九四一年九月臨時発売）では、地方出身の若い兵士という役まわりが似合う塩まさるの歌唱とは裏腹に、間奏で飯山茂夫のワイルドなドラミングが活躍するフルバンドの〈かっぽれ〉〈佐渡おけさ〉〈野崎村〉がはじける。

戦時下にしばしば批判され、ついには警視庁によって日比谷の劇場への出演禁止が報じられる（「アトラク杜絶以後（五）」／『都新聞』一九四二年六月五日付）ことになる笠置シヅ子も、レコードでは批判も検閲もなんのその。ホットに歌いまくった。

〈ラッパと娘〉（作詞・作編曲 服部良一／コロムビア／30476-A／一九四〇年一月新譜）、〈センチメンタル・ダイナ〉（作詞 野川香文／作・編曲 服部良一／コロムビア／100006-A／同年四月新譜）、〈セントルイス・ブルース〉（作詞 大町龍夫／編曲 服部良一／コロムビア／10001 5-A／同年五月新譜）、〈ペニイ・セレナーデ〉（作詞 藤浦洸／編曲 服部良一／コロムビア／100 047-A／同年七月新譜）、〈美はしのアルヘンティナ〉（作詞 原六朗／編曲 服部良一／コロムビア／100303-B／一九四一年八月新譜）が、全盛期の彼女のボーカルを後世に伝えることとなった。そのバックバンドこそは服部良一が率いた伝説の松竹楽劇団の楽団「SGDスヰング・バンド」である。

レコード検閲が〝日本のビリー・ホリデイ〟と称された笠置シヅ子のバイタリティあふれるレコードを問題視することはなかった。日本ジャズ史の一ページは、むしろレコード検閲によって後世に遺されたのである。

スウィングしまくり

「軽音楽座談会」でインチキだと指弾された邦人ジャズバンドのレコーディングも目覚ましい。

当時、軽音楽大会の実演で絶大な人気を誇ったタイゾー・スヰング・オーケストラは、レイモンド・スコットの〈十八世紀の画室 *In an 18th Century Drawing Room*〉（T3033／一九四〇年七月新譜）をはじめカウント・ベイシーの〈私は憂鬱なのよ *Blue and Sentimental*〉（T３０４４／一九四〇年八月新譜）やデューク・エリントンの〈♯C短調の前奏曲 *Prelude in c sharp minor*〉（T３０８１‐B／一九四〇年十月新譜）などアメリカのブームに追随した「退廃的で不健康」なナンバーをずらっとリリースした。

ほかのレーベルはもうすこし利口で、もっぱら流行歌や古い唱歌、民謡をジャズ化した。容認されてしかるべきジャズの項目に挙げられた「各国の特色ある民族性を強調した旋律を有する音楽」というわけだ。

増尾博（ピアノ）がイントロでブギウギを弾く〈旅愁〉（編曲・指揮 杉井幸一／キング・ノベルティ・オーケストラ／キング／５７００７‐A／一九四一年一月新譜）や、４サックス編成の豪華なサウンドでフレッチャー・ヘンダーソンばりのアレンジを力いっぱいプレイする〈崑崙越えて〉（作曲 古賀政男／編曲 仁木他喜雄／コロムビア・オーケストラ／コロムビア／１００３２７‐B／一九四一年九月新譜）などはまだ「軽快にして陽気なる音楽」だったり「勇壮感を有する音楽」でごまかしが利いたのだろう。いずれも若き日の瀬川昌久を浅草の劇場でわくわくさせたジャズである。

第九章

夢去りぬ

1　ジャズはしぶとく

昇進直後に日米開戦

一九四一（昭和十六）年九月五日、内務省と情報局を兼務していた小川近五郎に内務理事官の辞令が下った。高等官七等。出世である。

内務理事官となって間もない十一月二十二日、小川にこんどは「情報局第四部第一課勤務ヲ命ス」という辞令が下った（『官報』昭和十六年十一月二十四日付）。第四部第一課は情報局において検閲を司る部署である。この人事によって情報局で属官だった小川は情報官にランクアップした。その肩書は情報局情報官兼内務理事官という長ったらしいものとなった。この時期、小川近五郎は音楽雑誌の統廃合に関わった。当時発行されていた『月刊楽譜』『音楽新潮』など十四誌が紙不足で数誌に編成統合されることになったのである。レコード雑誌も『ディスク』『レコード音楽』『レコード』が一九四一年十月号で終刊となった。小川は「せめてレコード雑誌を一冊でも」（堀内敬三「音楽之友社二十五年の歩み」／『音楽の友』一九六七年七月号）と蔭でレコード界のために内務省と情報局のあいだを奔走し、『レコード文化』（一九四一年十一月創刊）としてなんとか残すことができた。

そして十二月八日、太平洋戦争が勃発した。レコード界にとってもっとも厳しい時代の到来である。

レコード会社にとっては正月新譜の組みなおしが急務だった。いち早くビクター一九四二年正月新譜の〈村の横綱〉（作詞 上山雅輔／作曲 三宅幹夫／唄 岸井明・平井英子／A4266-A）、〈かはつたオペラ集〉（作詞 東辰三／編曲 平茂夫／唄 川田義雄・岡村龍雄・日本ビクター男声合唱団／A4267-A・B）などが発売自粛された。日米開戦を受けて、時局にとって不要不急のレコードはどんどん発売中止となる。資材不足のため、発行するレコードにも優先順位がつけられたのだ。

ぬか喜び

レコードの主原料はシェラック、コーパルゴム、カーボンブラック、クレー、松脂などである。とりわけシェラックとコーパルゴムはレコード製造上、必要不可欠な材料であった。だが日中戦争以降、一九三八年にインド、ビルマ（ミャンマー）、タイで生産されるシェラックの輸入が禁止されており、レコード業界は危機感を覚えていた。レコード会社は各社でシェラックやコーパルゴム等に替わる代用資材の開発研究をおこなった。

それと同時に、たとえばビクターは月報に「不要なレコードをお譲りください」という告知文を毎号掲載した。レコード小売店も一九三九年夏ごろから店頭でレコードの回収を本格化させた。レコード資材としてリサイクルするためである。

太平洋戦争の開戦によってタイ、ビルマなど南方へ日本軍が展開したことで、これらの国を原産地とするシェラックやコーパルゴムの資材確保が期待され、資材不足の問題は解決するかに思えた。

だが現地から日本への輸送手段が限られており、実際の輸入量はレコード資材の枯渇を満たすほどではなかった。しかもこれらの原材料はいずれも軍需品として重要視されており、レコード製造への割り当てが格段に少なくなった。シェラックは砲弾や船の絶縁材、防水保護材など軍事物資として必要不可欠だったのである。

開戦の数ヵ月前、一九四一年七月二十八日におこなわれた時局講演会「高度国防国家建設と音楽の効用（戦争と音楽）」（日本コロムビア主催）の壇上で大本営海軍報道部のスポークスマン平出《ひらいで》英夫《ひでお》海軍大佐は「音楽は軍需品なり」と断じた。音楽の軍需品とはすなわち軍歌であり、軍歌を商品とするレコードである。ともすれば軟弱な文化として批判されやすい音楽やレコードが軍需品と位置づけられたことでレコード産業は資材の割り当てに期待をもったが、莫大な物量を要する本物の軍需品生産の前にはぬか喜びに終わったのであった。

理想の実現へ

一九四一年度のレコード生産高は一千九百七十一万四千六十六枚にとどまった。生産高のピークを記録した一九三六年（二千九百六十八万二千五百九十枚）と比較すると、六六パーセントまで生産枚数が落ちこんでいる。

この時期に小川近五郎が発表した「レコード音楽の新構想」（『音楽の友』一九四二年二月号）は、まず大東亜戦争の意義、大和民族の伝統、西欧文化を脱した民族音楽文化建設運動、といった概論で一千五百字あまりを費やす。仰々しい紋切り型の文章に続いて本論のレコードに入る。

レコード音楽の使命を遂行せしめるためには、どうしても製作企業を統制しなければ目的を達することはむづかしい。そこで官庁側で統制機関の設置案なるものが考へられ昨年以来着々その準備を急いでゐるわけである。官庁案の狙ひ所は、製作業の整理と販売組織の整理に重点があるのであつて、この製作と販売の両面を整理することによつて、最も的確に且つ最も容易にレコードの社会性を合理化せしめ得ると信じたのである。この統制機関の設置によつて、レコード音楽今後の方向を如何様にも振り向け得るのであつて、営利第一主義を放棄せしめて音楽政策に充分協力せしめ得るのである。

これが小川の考える新構想である。彼がレコード検閲にたずさわった当初からのレコード業界一元化の理想が現実のものとなりつつあった。

内務理事官となった小川は「レコード音楽の新構想」で提起したように統制機関の設立にかかわり、文部省、内務省、内閣情報局の二省一局が共同管理する「日本蓄音機レコード文化協会」の参与となった。新しい協会で小川は政府の窓口としてレコード業界と折衝することになった。

業界再編のオモテとウラ

一九四二（昭和十七）年四月三十日に設立された「社団法人日本蓄音機レコード文化協会」は従来の全国蓄音器レコード製造協会の業務を引き継ぎつつ、戦時体制に適応した改革を次々に押し進める団体である。発表された趣意は「虎狼米英を撃滅して共栄圏新秩序建設の偉業を完遂せんとする大東亜決戦下にあつて文化陣営の一翼たる蓄音機レコードの担ふ使命は誠に重大である。（以下略）」といかめしい文言がずらずらと続く。その使命は、

(1)業界の改新整備
(2)レコード用資材の確保と配給
(3)優良健全なレコードの製作と普及
(4)大東亜共栄圏へレコードの配布

というものであった（倉田喜弘『日本レコード文化史』／東京書籍／一九七九年）。

業界の改新整備で真っ先に手がつけられたのはレコード会社の統合整理であった。当時、日本蓄音機レコード文化協会に加盟するレコード会社はコロムビア、ビクター、テイチク、ポリドール、キングの五社に減っていたが、それをさらに統合することでレコード業界の統制が取りやすくなる。また、不要不急のレコード工場を整理すれば軍需工場に転換することができるというのである。[*1] 加盟レーベルのうち、ポリドールとテイチクが整理の対象として官庁から指定された。

テイチクは南口重太郎社長が奈良から上京して猛烈な反対運動を展開して協会と対峙したため、交渉が難航した。協会の参与たち（省庁から出向していた）が奈良の本社・工場を視察に訪れた際、南口社長は「若《も》しこの整理をどうしても強行されるなら私は秘蔵の日本刀で自決します」という鬼気迫る決意を示したので、気圧《けお》された参与たちはテイチクを候補からはずしてし

まった。工場が関西圏にあるのはレコード業界にとってもリスク分散となって有益だ、という南口の説得も功を奏したようである。[*2]

もう一方のポリドールは、東京・大森にあった工場をコロムビアに売却する意向をすんなり示した。鈴木幾三郎社長はまず交渉を協会ベースではなく、ポリドール対コロムビアのレベルに落としこんだ。そうして表向きは企業整備に協力する態度で、焦点を工場売却の金額にまで絞りこんだ。企業整備の旗振り役は省庁だが、実際におこなうのはレコード会社だ。話が買収価格にまで進んだら、参与の差し挟める口はもうなかった。

ポリドールとコロムビアは頻繁に交渉をおこない、百五十万円プラスアルファで両社の合意に至った。そうして契約を結ぼうという最後の最後になって、ポリドールからプラスアルファとして五十万円が要求された。コロムビアはこれを拒否して買収計画は白紙に戻った。

この企業同士の茶番を関係省庁はポカンと口を開けて眺めることしかできなかった。あるいは業界の出来レースだと勘づいた者もいたかもしれないが、「企業整備に邁進する」という省庁のメンツさえ立てば、それが成功しようが不調に終わろうが責任を追及する者はいなかった。

レコードの販売機構も大きな改革がおこなわれた。流通の一本化を図るため従来のジョバー制（大売捌元を介した卸売り）を廃止し、新たに日本音盤配給株式会社が作られたのである。

もっとも業界最大手のコロムビアは販売店と個別契約を結ぶ直売形式で、ジョバーは通さなかった。ビクターも戦前は販売店との個別契約とジョバー制を併用していたのを、一九四一年から直売一本に切り替えていた。一九四二年の時点でテイチクとポリドールは直売とジョバー制を併用し、キングはジョバー制のみであった。つまりレコードの流通ではすでに過去のものとなりつつあったジョバー制をこのさい一気に廃止しようという改革であった。

言葉の上では簡単だが、全国二十軒あまりのレコード卸業者（大売捌元）に同じレコード業界の人間が因果を含めながら廃業させるので、これもまた難事業だった。なかには「あなたはこの店を私の代に潰そうというのですか」と亡夫の位牌を抱きながら泣き崩れる女性店主もいたという。レコードの大売捌元も明治からこのかた、父祖伝来の家業となっていたのである。

境目なんてわかりゃしない

戦争がはじまったらとたんにジャズが禁止になったという説が根強くある。定説といってよいくらいである。

たしかにラジオはジャズにたいして厳しい姿勢で臨んでいた。日本放送協会は開戦前の一九四〇（昭和十五）年八月に番組編成を再検討し、ジャズ放送を大幅に制限した。「軽音楽」の名のもとに日本軽音楽団、興亜軽音楽団、ニュー・オーダー・リズム・オーケストラ、美響サロンオーケストラといった放送用の楽団が穏やかなジャズを演奏することもあったが、その回数は取り締まり前の比ではない。

だが、レコード業界からジャズの影響を排除するのは至難の業であった。小川近五郎の基準で言う「軽快にして陽気なる音楽（騒擾的に過ぎざるもの）」と「旋律の美しさを失つた騒擾的なるリズム音楽」の違いや、「抒情調音楽」と「余りに煽情的淫蕩的感情を抱かしめる音楽」「怠惰感を抱かしめる様な廃頽的或は亡国的なる音楽」の境目を見出すのがむつかしいレコードが、戦時下には頻出した。

たとえば緒戦の戦果を称える時局歌〈陥したぞシンガポール〉（作詞　西條八十／作曲　古賀政男／編曲　仁木他喜雄／唄　霧島昇・コロムビア合唱団／コロムビア／100455／一九四二年三月臨時発売）は、ストリングスを増強した5サックス4ブラス3リズムのジャズバンド編成を使った豪華なサウンドが祟ったのか「この歌は又えらくチャカチャカと浮かれ過ぎて居る」「前奏は全くジャズ調である」（丸山鐵雄「歌謡曲」／『レコード文化』三月号）と指摘された。

日本民謡でスウィング

戦争が始まってからリリースされた日本ビクター軽音楽団の〈軽音楽による日本民謡集〉（A4831〜33／一九四二年二月新譜）もそうである。六曲の民謡アレンジから成るこのアルバムは、日本民謡の編曲に名を借りた豪華なスウィング・ディスクにほかならない。ルンバにアレンジされた〈八木節〉やブギウギを応用した〈三階節〉、ブルースの〈佐渡おけさ〉などバラエティに富んだアレンジが各民謡に施されており、今日聴いても聴きごたえのあるジャズだ。『レコード文化』同年二月号に掲載された新譜評は次のとおりである。

「松前追分」（編曲　佐野鋤）
六つの中では一番出色である。単純な楽器の使ひ方に魅力がある。
「三階節」（編曲　平茂夫）
アメリカ風のジャズの趣味を脱却し切れない編曲で、浮薄だ。
「佐渡おけさ」（編曲　佐野鋤）

これもジャズ風、平凡。
「串本節」（編曲　三宅幹夫）
同じく平凡。
「八木節」（編曲　佐野鋤）
素材が面白いから効果的である。編曲もよい。
「会津磐梯山」（編曲　三宅幹夫）
これも素材が良い。太鼓の効果も面白く、良く出来ている。
（演奏）みんな大へん巧い

このようにジャズ的な要素を見つけると「平凡」「浮薄」と貶すのが対米開戦後のスタンダードだった。評者がポピュラー音楽をよく知らない有坂愛彦《ありさかよしひこ》（音楽評論家）なので、グレン・ミラー楽団のスタイルでアレンジされた〈松前追分〉や連合国サイドに含まれる南米キューバのルンバでアレンジされた〈八木節〉を褒めているのがおかしい。〈松前追分〉のミュート・トランペットが纏綿と口説くソロ、耳に囁きかけるようなサックスのアンサンブルは抒情と淫蕩が紙一重な表現なのだが、有坂の耳には「これぞ日本の軽音楽」と聴こえたのだろう。アメリカ憎しでジャズを目の敵にする言説は開戦後、音楽雑誌のみならずジャーナリズムにあふれていた。だが一皮剝けば高度なスウィング技法を見抜けない評論家によって、日本民謡の隠れ蓑をまとったスウィング・ディスクがまかり通っていたのである。

黙殺の意味

佐野鋤のアレンジした日本民謡をキング軽音楽団が演奏した〈サロン・ミュジック〉（670 48〜49／一九四二年七月新譜）は、ビクターよりもさらにホットなアルバムだった。〈山中節〉はテナーサックスやミュート・トランペットが馬子唄形式の旋律をのどかに歌うが、そのリズムはブギである。終盤はドラムの乱打を合図にウォーキングベースで激しく燃焼する。〈磯節〉や〈会津磐梯山〉の4サックスのアンサンブルは完全にアメリカナイズされた響きで「亡国的」の誹りを免れえない。〈草津節〉に至っては、疑いなく「旋律の美しさを失つた騒擾的なるリズム音楽」に該当する激しいプレイである。

このあまりにもスウィングしすぎているアルバムは『音楽之友』誌でも『レコード文化』誌でもなぜか黙殺された。

当時『レコード文化』で軽音楽の新譜評を受け持っていたのはジャズ評論家の野川香文である。野川はアメリカと戦端が開かれてからは戦争協力に転向しジャズにたいして厳しい態度をとっていたが、夏シーズンの看板商品である「サロン・ミュジック」を見逃しているのは不自然に思われる。このレコードに触れれば相当厳しく非難しなければならず、それは本来ジャズ愛好家たる野川にとって忍びないことだったのかもしれない。

歌謡曲〈南へ南へ〉（作詞 佐藤惣之助／作曲 竹岡信幸／編曲 仁木他喜雄／唄 渡辺はま子・コロムビア女声合唱団／コロムビア／100532-A／一九四二年八月新譜）は、内容こそフィリピン、マレー半島への南進政策を歌っているが、耳にやさしいメロディーはなんと八割がたウィリアム・ヘンリー・ミドルトンが作曲した〈アメリカン・スケッチ *American Sketch*〉のなかの〈ダウン・サウス *Down South*〉の流用だった。伴奏もギター、ミュート・トランペットにヴィブラフォンとジャズバンド色が濃い。一九一三年発表のこの古いナンバーは昭和初期に〈南へ南へ〉のタイトルで日本でも流行したので、その連想から用いたのだろう。

同月新譜の〈蘇州の夜〉(作・編曲　仁木他喜雄/コロムビア軽音楽団/コロムビア/100517-A)も演奏の後半部が紛うかたなきスウィングでありながら問題なく発売されている。しかもこのレコードは一九四一年十二月四日に録音されたものの、日米開戦の影響でお蔵入りになっていたものだった。

基準はほぼザル

すでにミッドウェー海戦で大敗を喫していたが、緒戦が怒濤の勝ち戦で国内がまだ浮かれムードだったこの時期、開戦時には不要不急だとしてお蔵入りになったレコードが陸続とリリースされていた。キングの「サロン・ミュジック」アルバムもこの機に乗じて発売された。

ジャズ排撃の声かまびすしい世論と真逆の判断を下してこれらのジャズレコードに許可を出したのは、レコード検閲を司っていた小川検閲官にほかならない。じつのところ小川が掲げたジャズ取り締まり基準はほぼザルで、排除すべきジャズに当てはまる特徴も、容認されて然るべきジャズも、その線引きは検閲する人間の感覚に委ねられたのである。

洋楽ファンの小川のことだから、ことによるとビクターとキングの二組の軽音楽こそ「世界をリードする新しい日本の軽音楽」くらいに考えていたかもしれない。その結果として戦争初期に和製ホット・ジャズが輩出したのだから、「戦争がはじまったことによってジャズが一掃された」というのは、明らかに戦後になってから生じた俗説、思いこみなのである。

企画検閲と〈森の水車〉

この当時、レコード検閲はレコード企画にたいする事前検閲（企画審査）が主だった。歌詞などの原稿や社内テスト盤にたいする内閲よりもさらに前の、企画段階での検閲である。

各レコード会社はレコード製作企画書を日本蓄音機レコード文化協会の企画審査員（内務省から人を出していた）に提出する。企画書にはタイトル、作詞者、作曲者、編曲者、演奏者、歌手を明記し、これが大事なのだが「製作意図」の欄に企画の趣旨を書きこむ。その内容は時局に適合するような内容、たとえば「銃後国民の戦意を昂揚する」「靖国の母を讃える」といった短文である。

検閲課はこの企画書を一瞥してOKを出す。製作意図にわざわざ当局の気に入らないことを書くディレクターなどおらず、ほとんどすべての企画がパスしたという。つまり、レコード会社の側で事前に発禁になるような危険な企画はスポイルされていたということでもある。

それでも思いがけない「事故」は起こる。

高峰秀子が歌った愛らしい〈森の水車〉（作詞 清水みのる／作・編曲 米山正夫／大東亜／P5292／一九四二年九月新譜）は、子役から女優へと成長しつつあった高峰秀子の清純な歌唱でヒットが見こまれたが、発売後四日で内務省から禁止処分が下されたという。

作曲者米山正夫はいう。

軍歌しか認められない時代で『森の水車』のメロディが米英調だという理由です。当時の作曲家たちはいろいろ隠れて工夫して、いわゆる『米英調』の歌を作っていたんです。この歌は実はドイツの作曲家アイレンベルクのメロディを拝借しているんです。内務省の最初の検閲では枢軸同盟を結んでいるドイツの曲ならよい、ということだったんですが――。

(毎日新聞文芸部「森の水車」/『歌をたずねて』/音楽之友社/一九八三年)

作曲者の言葉にある「アイレンベルクのメロディ」というのはドイツの作曲家リヒャルト・アイレンベルク(一八四八〜一九二七)の描写音楽〈森の水車 *The Mill in the Black Forest*〉のことである。日本では明治後期から大正、昭和期に主として海外録音の輸入レコードで聴かれ、その親しみやすい旋律から初歩的な洋楽としてよく知られていた。

米山の言葉は、高峰秀子の〈森の水車〉のイントロ部分にそっくりそのまま描写音楽〈森の水車〉の主部が用いられていることを踏まえている。

この禁止のケースは、レコードが発売されてから海外曲を使用していることや歌詞に〽ファミレドシレドミファー とイタリア式音階がカタカナで挿入されていることに気づいた当局がストップをかけたといわれている。おそらくそれに加えて、分厚いストリングスとヴィブラフォンからなるバックバンドによって醸し出される洗練された柔らかい響きがスウィングを想起させたのではないだろうか。ミディアム・フォックストロットという楽曲形式もアメリカを感じさせるのには充分だった。それでも先述のレコード群ほど刺激的なジャズっぽさはなく、発売禁止に値するとは思えない。

小川検閲官が見ていれば……

小川近五郎はこのころ配下の助手が一名増員されてレコード検閲がラクになった代わりに情報官としての仕事が増え、雑誌の検閲も一日に十冊ほど見なければならなくなっていた。慣れない職務は荷が重かったのか、座談会で「この頃はレコードは忘れかゝつてゐるのですがね。流行歌は分からなくなつちやつて……」（前出「流行歌論　座談会」／『音楽公論』一九四二年十二月号）とこぼしている。

さらにレコード企画審査を日本蓄音機レコード文化協会でおこなっていた関係から、内務省とは別に内閣情報局も企画審査に口を出したりとレコード検閲の現場は混乱していた。レコード文化協会は文部省、内務省、内閣情報局が司る業界統制団体であったが、このなかでも内閣情報局がもっとも強い発言力を持っていた。軍人が幅をきかせる情報局にたいして小川はいろいろ思うところがあったようで、座談会で「今日世間でいろいろ云はれるが、取締権を持つた内務省が陣容を整へて指導に乗り出すことがほんたうではないかと思ふ。さうすることが統一と徹底を期する上に於て妥当だと私はさう考へる」（同前）と不満めいたことも述べた。業界の内情に疎い情報局の軍人が思いつきでレコードに口を出し、現場がそれに振りまわされるという悪循環が常態となっていたのである。

高峰秀子の〈森の水車〉もその犠牲となったのであろう。小川がかつてのようにレコード検閲を専任で司っていれば防げたはずの発売禁止であった。

2 「音盤」の時代に

カタカナ語の排斥と芸名粛清

ジャズ排撃の世論と作られるレコードの中身がチグハグだった一九四二（昭和十七）年、カタカナ語の排斥が着々と進んでいた。

そもそもカタカナ語規制は一九四〇（昭和十五）年三月二十八日、映画・レコード業界関係者を内務省警保局に招致し、芸名粛清を厳達したことからはじまった。四月一日から芸名を登録制とし、それにともなって「風紀上面白からぬ芸名を使用してゐる者や不敬に亘るもの、偉人の尊厳を傷つけるやうなもの、或は外国人に紛はしいもの」（『東京朝日新聞』一九四〇年三月二十九日付）を改名させるのが目的である。

外国人風の芸名として尼リリス（女優／日活）、エデ・カンタ（芸人）、エミ石河（女優／松竹）、サワ・サッカ（歌手／コロムビア）、ディック・ミネ（歌手／テイチク）、南里コンパル（俳優／松竹）、平和ラッパ（漫才師／新興演芸部）、星ヘルタ（女優／東宝）、ミス・コロムビア（歌手／コロムビア）、ミス・ワカナ（漫才師）などが目をつけられた。

また、不敬にわたったり偉人の尊厳を傷つける名として熱田みや子（女優／日活）、園御幸（宝塚）、稚乃宮匂子（宝塚）、藤原釜足《ふじわらかまたり》（俳優）、御劒敬子（宝塚）、吉野みゆき（女優／新興キネマ）などが槍玉にあがった。

四月に入ってすぐ熱田みや子→浅野美代子、尼リリス→大泉愛子、エミ石河→石川恵美子、徳川光子→相羽弘子（日活）、豊臣秀子→園部道子（日活）、南里コンパル→南里金春といった改名がなされる。

東京音楽学校出身のミス・コロムビアは前々から歌曲や団体歌などでは本名の松原操を用いていたのですんなりと移行できたが、大物タレントの多くは改名がイメージに響くのを恐れたのか慎重だった。芸名粛清が動きはじめたのは同年夏以降のことである。

ディック・ミネ（一九〇八～一九九一）は本名の三根徳一をちらっと混ぜた（テイチク一九四〇年八月臨時発売と十月新譜）のち、同年十一月新譜から「三根耕一」表記に変わった。本人は満洲へ巡演に行っていて連絡が取れなかったので、会社で勝手に名前を変えたのである。ミス・ワカナ（一九一〇～一九四六）も同年テイチク八月臨時発売から玉松ワカナに変わった。

三枚目役で実績を積んだ俳優の藤原釜足（一九〇五～一九八五）は、歴史上の忠臣藤原鎌足を茶化すのはけしからんというクレームで改名する羽目になった。そこで藤原は「鶏太」「啓介」と二つの名を考え、周囲の意見も聞いて藤原鶏太に改名した。「名を変えた《け》」という洒落だったとのエピソードも伝わっている。

改名すったもんだ

改名するにもすったもんだがあった。

たとえばハット・ボンボンズは三月に「楽団ハトポッポ」に改称したが、元のバンド名に似通っているのが問題になったのか同月公演中に再度「愉快な楽人」に改めた。ジャズピアニストの杉原泰蔵が編曲・指揮・ピアノをつとめるタイゾウ・スキング・オーケストラは一九四一年から「杉原泰蔵と其の楽団」の名でアトラクションに活躍していたが一九四二年十月にバンドが分裂してしまったので、新たに「杉原泰蔵と楽団新太陽」になった。

あきれたぼういずは一九四一年二月に一度「新興快速舞隊」と名乗ったが、いつのまにかしれっと元のあきれたぼういずに戻していた。それが露見して叱られたのだろう、一九四二年八月にふたたび新興快速舞隊に改称した。[*3]

明日待子《あしたまつこ》をスターに抱える新宿ムーランルージュは元の名前で戦時下も健闘し、一九四四（昭和十九）年一月になってようやく「作文館」と名を変えた。改称披露の新聞広告には「作文館《ムーランルージュ》」とルビが振ってあり、未練たらたらな変更だったことが見て取れる。

そんな芸名粛清の渦中にあってボードビリアンの永田キングとコンビを組んでいたミス・エロ子はそのままの名前で戦時下を通したというから肝が据わっている。

社名や商標まで

敵性語である英語は日常会話や社会のあらゆる分野の用語、軍隊用語にまで浸透していたのでその排斥は現実的ではなかったのだが、状況を変えたのは役人の努力ではなく、新聞投稿などにあらわれた一般市民の「敵性語を商標や芸名に使うのはけしからん」という声であった。

国民の同調圧力は官庁による要請などよりはるかに効き目があり、わざわざ敵性語排除の法律など作らなくとも検閲として機能した。レコード会社の社名や商標もこの社会の流れに押し流されて、ついに日本語化された。

ポリドール……一九四二年二月、商号を日本ポリドール蓄音器株式会社から大東亜蓄音器株式会社に変更。商標も大東亜と改称した。一九四三年十二月には商号を大東亜航空工業株式会社に変更する。

コロムビア……一九四二年八月、商号を株式会社日本蓄音器商会から日蓄工業株式会社に変更。一九四三年四月新譜（三月二十日発売）から商標をニッチクに変更。

ビクター……一九四三年四月、商号を日本ビクター蓄音器株式会社から日本音響株式会社に変更。軍管理工場に指定される。日本ビクター管絃楽団が日本音響管絃楽団に、日本ビクター合唱団がかちどき合唱団という表記になったりしたが、商標のビクターVICTORはそのまま使い続けられた。

テイチク……一九四四年五月、商号を帝国蓄音器株式会社から帝蓄工業株式会社に変更。なおテイチクは商標の英字表記TEICHIKUを一九三八年秋から訓令式の表記TEITIKUに変更している。

キング……一九四三年四月、大日本雄弁会講談社レコード部が音盤部となる。五月新譜より商標を富士音盤に変更。一九四四年十月、レコード事業が大日本録音工業社と合併する。

各社とも社名からわかるように軍需産業への転換を迫られ、電波兵器や軍用の音響機器、航空機部品の生産を担うようになった。
「レコード」という語は一九四〇年ごろから教育機関で「音盤」と言い習わしていたのを受けて、文部省の推薦レコード委員会が一九四二年四月から「音盤」に統一した。しかしこの変更はただちに上意下達とはいかず、民間会社では一九四四年まで「レコード」が使いつづけられた。社団法人日本蓄音機レコード文化協会が名称を社団法人日本音盤協会に変えたのは一九四四年三月のこと。このようにレコード業界をあげて大きくゆるやかに敵性語が追放されていった。

敵性演奏者

敵性語の追放と同時に、ビクターやコロムビアが発売していたクラシック音楽レコードの敵性演奏者も俎上に上った。いくら敵性語を排除してもレコードの中身は変わってないではないかというのである。

もちろん洋楽レコードにたいしても流行歌と同じくレコード検閲はおこなわれ、内閲の結果、発売中止となるレコードも多々あった。

三枚組の軽音楽選アルバム第二十七集〈映画主題歌傑作集〉（コロムビア／JX288〜90／一九四二年二月新譜）は、内容にアメリカ映画の主題歌を含んでいたため発売中止になり、当該の第二十七集にはいかめしい〈独逸行進曲集〉があてられた。

一九四三年正月新譜として華々しく月報の広告を飾ったレオポルド・ストコフスキー指揮・交響楽団の〈新世界交響曲〉（コロムビア／JS161〜66）は前月から月報で「待望の名盤!!」「世界最高の名指揮者　世界随一の立体的録音」と煽っていたものの、「情報局の御意嚮を汲み」

（洋楽月報・三月新譜）自発的に発売が中止された。そもそもアメリカのスター指揮者がアメリカを強く意識させるシンフォニーを指揮しているのだから当局の不興を買いそうなことくらいわかりそうなものだが、レコード会社がうっかりしてもしかたないほど、アメリカ録音が日本のレコード産業に浸透していたことのあらわれでもある（なお、このレコードは一九四六年四月に発売された。X1〜6）。

当時のカタログ、いや目録を見てみよう（ちなみに提琴とはヴァイオリンのことである）。

ヨハン・シュトラウス〈シュトラウスのワルツ集〉（指揮 アーサー・フィードラー／演奏 管弦団／ビクター／VK3016〜18／一九四二年十月新譜）

バッハ〈提琴協奏曲 ニ短調〉（提琴 ヨーゼフ・シゲティー／指揮 フリッツ・スティードリー／演奏 管絃楽団／ニッチク／JW711〜73／一九四三年七月新譜）

ディ・カプア〈マリア・マリ〉（スチール・ギター二重奏／ニッチク／JX317-A／一九四三年八月新譜）

チャイコフスキー〈ヴァイオリン協奏曲 ニ長調〉（提琴 ハイフェッツ／指揮 ジョン・バルビロリ／演奏 交響管絃団／ビクター／JD1067〜70／一九四三年十一月新譜）

ベートーヴェン〈序曲 コリオラン〉（指揮 ブルーノ・ワルター／演奏 交響楽団／ニッチク／JS160／一九四三年十一月新譜）

このように交戦国のオーケストラの名前を隠しているだけで、実際には敵国の演奏家のレコードはあいかわらず堂々と販売されていた。演奏団体を「交響管絃団」「交響楽団」と匿名にしたのはせめてもの妥協の産物だろう。

前出のストコフスキー指揮〈新世界交響曲〉での「交響楽団」は、全米青年交響楽団である。アーサー・フィードラーは手兵のボストン・ポップス管弦楽団を指揮しているし、シゲティの伴奏をつとめているのはアメリカのニュー・フレンズ・オブ・ミュージック・オーケストラ。

スチール・ギター二重奏の正体は、ハワイの人気プレイヤー、フランク・フェレーラとジョン・K・パアルヒだった。ハイフェッツの伴奏としてジョン・バルビロリが指揮しているのはロンドン・フィルハーモニック管弦楽団で、ワルター指揮の〈序曲　コリオラン〉もロンドン交響楽団が演奏しているのだ。

ここに挙げたほか、三枚組の軽音楽アルバム「タンゴ名曲篇」にヘラルドス・ガウチョ・タンゴ管絃楽団の〈ラ・クムパルシータ〉（ニッチク／JX1210-A）、〈ポエマ〉（同／JX1211-A）、〈夢のタンゴ〉（同／JX1212-A）を収録するという、故意からうっかりミスか判断しがたいケースもあった。名前こそ当時中立的な立場にあったスペインの楽団のように見えるが、じつは敵国である英国のジェラルド・ブライトが率いるタンゴバンドなのである。こうした隠れ米英音源に洋楽ファンは欣喜雀躍して、沙漠で見つけたオアシスのようにこっそり甘い響きを享受した。

暴論が臆面もなくレコード雑誌の誌面を飾る

一九四四年に至っても交戦国の録音原盤は使われつづけた。このころになるともはや海外からの新しいレコード原盤は日本に入ってこず、過去にリリースしたレコードの再発売と国内録音に頼るほかなかった。

その状況下で発売されたベートーヴェンの〈交響曲第七番イ長調〉（ビクター／JD819〜23／一九四四年一月新譜）はファシズムを厳しく糾弾したことで知られるアメリカのアルトゥール・トスカニーニが指揮するニューヨーク交響管絃楽団（もちろんオーケストラ名は伏せられた）であったし、名曲名盤を集めたアンソロジー〈愛好家協会特選集・第四集〉（ビクター／RL119〜24／同年三月より頒布）に顔を並べるアーティストも軒並みアメリカに在住する音楽家であった。さすがに独墺系作曲家や不可侵条約を結んでいるロシアの作曲家から選曲するだけの配慮はしているものの、トスカニーニやワルター、クライスラー、メニューインといった在米音楽家抜きでは、洋楽レコードは成り立たなかったのだ。

こうした珍現象にたいして、主だったレコード評論家は座談会「レコード叢談」（『レコード文化』一九四三年二月号）でさまざまな理由づけをした。あらえびす（野村胡堂）や青木謙幸《あおきけんこう》、埒和《はが》昌夫《まさお》の言うところを聞こう。

あらえびす　音楽といふ芸術は、演奏丈のものではない。より多く作曲家のものでもある。勿論演奏も芸術だが、しかし作曲家の方が重要だ。（略）ベートーヴエンをストコフスキーがやらうがオルマンデー（引用者註：指揮者のユージン・オーマンディ）がやらうが、ベートーヴエンに変りはない。ベートーヴエンはオルマンデーにもストコフスキーにもなるのではない。ベートーヴエンの音楽を我々は聴くのですよ。

青木謙幸　近頃のレコードを見ますと、指揮者の名はあるが、演奏団体の名前を取つてあります。一層のこと指揮者の名も取つてしまつたらよい。

あらえびす　それがい丶。演奏団体を無視して一向かまはない。私は極論をして日本名にしてしまへといふのだが、これは敵国の特許権を利用するのと同じことで一向かまはない。敵産を没収して役立てることですよ。ベートーヴエンの芸術を表現したストコフスキーの演奏を没収するわけだ。

垪和昌夫　演奏家といふものは音楽の労働者ですから、捕虜を使つて労働させるのと同じで、レコードといふ形で捕獲した音楽上の労役を我々が使用するといふ立場にあるのだと思へば良いでせう。

なんと演奏家をないがしろにしたり日本名にしてしまえと主張したり、という暴論が臆面もなくレコード雑誌の誌面を飾ったのである。しかし事実として日本の音楽愛好家が米英の録音を愛聴しつづけたことに違いはない。この問題をめぐっては評論家の間でも態度に温度差があり（野村光一などは敵性演奏家でもおかまいなしに激賞していた）、深く追及されることなく立ち消えた。

「米英音楽作品蓄音機レコード一覧表」

米英排撃がレコード界で矛盾した様相を呈するさなか、当局からはさらにレコードの演奏禁止が通達された。情報局が『週報』第三二八号（一九四三年一月二十七日号）で米英音楽追放についての趣旨と「米英音楽作品蓄音機レコード一覧表」を発表したのである。

『写真週報』第二百五十七号（二月三日号）、『レコード文化』二月号などにも禁止レコード一千百二十六枚のリストが掲載されたほか、印刷物がレコード小売店に置かれた。細かい活字でレコード番号と曲名がぎっちりと列記されている。これはカフェー、バーなどの飲食店での敵性音楽レコードの演奏を禁じる措置で、内務省が各地方の警察を通じて取り締まることとなっていた。日本蓄音機レコード文化協会はこれに協力して楽器店などの販売店から該当レコードを引き上げ、一覧表を配布して市民への周知につとめたのである。禁止された音楽のメインとなっているのはジャズと民謡調の歌曲（ポピュラーソング）であった。この音盤一覧表がジャズ排撃の象徴とされる所以である。

米英系音楽としてわが国に輸入され、また最も多く一般に馴染まれたものは、何と言ってもいはゆるジャズ音楽と民謡調の歌曲とであります。

しかし、米国系音楽の代表とみられるジャズや、これに類する軽音楽の大部分は、卑俗低調で、頽廃的、煽情的、喧噪的なものであつて、文化的にも少しの価値もないものでありますから、この機会にこれを一掃することは極めて適切であり、また絶対に必要なことであります。

ジヤズと、これに類する軽音楽が、こゝ十数年間に驚くべき勢ひで各方面に多大の悪影響を与へたことは、これまでもたび〳〵論ぜられて来たのでありますが、これらが聴けなくなつても、大衆音楽がなくなる心配はありません。むしろ浄化されるものと見るべきであります。

（「米英音楽の追放」／『週報』第三二八号）

小川検閲官は「良い意味のジャズ音楽の類は現時局下簡易なる慰楽の一つとして容認されて然るべきものと思考される」（前出「ジャズ音楽取締上の見解」）と結論を出していたのではなかったか。しかし音楽的にジャズを論じ容認した小川の取り締まり方針は米英文化排撃の号令にかき消されてしまったのである。

なんたるご都合主義

ここでもレコードの演奏団体名を隠すのと同じような現象が起こった。

一覧表には「庭の千草」、「埴生の宿」のやうな題名がありますが、これはレコード会社の営業政策上、日本語名を使用したものであつて、「ラスト・ローズ・オブ・サンマー」と「ホーム・スヰート・ホーム」のことであり、あちらの歌曲として内容も外国語で歌はれてゐる輸入盤でありますので、こゝに掲載されたのでありまして、この標題のものが日本語で歌はれてゐる場合は、これらの歌は学校でも歌はれ、長い間に日本的に消化され、国民生活の中に融け入つてゐるものでありますし、日本吹込の日本盤となりますので、今回の措置の範囲には入らないことは申すまでもありません。

（「米英音楽の追放」）

米英音楽であっても、日本に根づいていて日本語で歌われる歌は例外だというのである。贔屓目にみればケースバイケースで対処しているとも言えようが、これをご都合主義と言わずしてな

ん と言おう。

〈庭の千草〉も〈埴生の宿〉も〈蛍の光〉（オールド・ラング・サイン）も学校ではお馴染みの歌であり、教育目的や卒業式などの式歌として使用することから配慮したのであろうが、現場での混乱は免れえない。このような場当たり的な対応はけっして過去のものではない。

音楽学者の田辺尚雄は禁止音盤一覧表にたいして「恥づべき禁止令」と題した文章を発表している（『東京朝日新聞』一九四三年一月十六日付）。

こんな一覧表をこしらえるのは恥ずかしいという見識ある主張かと思えば「国民に確りした決戦の覚悟があれば、敵愾心の上からでも、国民自身から率先してその廃棄がなさるべきであった。今更上よりその禁止の命が出るなどは聊《いささ》か恥かしい次第である」という論難だった。芸術を身上とする楽壇人、音楽学者をも国粋に向けてファナティックに変えるのが戦争なのである。

3　崩壊過程

レコード供出の呼びかけ

戦争の遂行には莫大な軍事費がかかり、その影響は不要不急の奢侈品であるレコードに物品税として容赦なく襲いかかった。

一九四三年三月一日、改正物品税法の施行によってレコードには八〇パーセントの物品税が課税され、標準的な十インチ盤は一枚二円四十三銭となった。ビクターの十二吋《インチ》赤盤などは一枚五円十二銭というおそろしい価格になる。

レコードの資材不足もいよいよ深刻になった。『レコード文化』誌は一九四三年二月号から日本蓄音機レコード文化協会と日本音楽文化協会の後援を得て、「レコード愛好家の国策協力」「レコード材料の不足を補う」という名目で米英レコード供出を音楽愛好家に呼びかけた。一月に発表された「米英音楽作品蓄音機レコード一覧表」に掲載されたものをはじめとする敵性音楽のレコードを回収し、レコード資材として再生するのである。集まったレコードは規定の材料価格で換金し、『レコード文化』愛読者名義で陸海軍恤兵部《じゅつぺい》に献金するという運びである。リサイクルできればよいので、不要になったレコードや破損したレコードも対象だった。

全国のレコード小売店や中古レコード店、各市町村の自治会から組織的に回収したレコードは大量にのぼり、レコード会社の工場に山をなした。ビクターは巨大な臼状の粉砕機を工場に備えつけており、その粉砕機でジャズも浪花節もヒット盤も珍盤も分け隔てなくゴリゴリと粉々にしてレコード資材にリサイクルしたのだった。

『レコード文化』誌も「ジャズの如きは我々の健全なる思想を害し、社会良風を害し、あらゆる点からして百害あつて一益もないのである。かう云ふ音楽こそは人類の為にも永久に抹殺しなければならぬ」(一九四三年三月号)と読者を煽ったが、同誌六月号で発表された供出レコードはわずか百五十枚だった。なにしろレコード供出を呼びかける同じ雑誌には中古レコード店の「洋楽レコード最高価ニ買ヒマス」(大阪市浪速区、リズム社)、「レコード蓄音器高ク買ヒマス」(神保町、レコード社）といった広告も掲載されているのである。

多くのレコードファンはコレクションをレコード資材にリサイクルする道ではなく中古レコード店で売買する道を選んだ。また、レコードを回収してレコード文化協会に供出するはずの業者が回収したものを横流しするケースも続出した。

ジャズ評論家の瀬川昌久は証言する。

或る日知り合いの早稲田の古レコード屋に行ってみると、仲良くしているオヤジが座っている机の横に、裸のＳＰレコードがうず高く積まれている。きくと、供出されたジャズレコードで、これから協会に持っていくのだという。私はこれはしめた、と早速オヤジに話して、一括して買い上げるから安く譲ってくれ、と交渉して、遂にＯＫをとった。（中略）この店は、それからも私が軍に入るまで商売をつづけ、ジャズレコードも堂々と並べておいてくれたので、ずい分世話になった。

（瀬川昌久『舶来音楽芸能史　ジャズで踊って』／清流出版／二〇〇五年）

ジャズ全廃の急先鋒たる野村あらえびすは「此時局下に於ても、ジヤズのレコードを買ひ漁る馬鹿野郎があり、それをまた高価に売つて歩く国賊的小商人があるといふ話を聴いた」（「戦時下のレコード」／『レコード文化』一九四三年五月号）と罵倒したが、現実にはどうせ潰してしまうくらいならほしい人に売ってしまおうと考える中古レコード店が多かったようで、戦時下にはセコハンレコードがブームとなった。

供出が奨励されたジャズレコードだけではない。値上がりに続く値上がりでクラシック音楽の新譜レコードは売れなくなっていた。レコード会社のストック原盤が底をついて再発売レコードが増えたこともあるが、資材不足で盤質が目に見えて粗悪になっていた。戦前にプレスされた良質なレコードなら中古レコード店でお安く手に入ったのである。

小川の転任

一九四三年四月、内務省は企画審査業務を日本蓄音機レコード文化協会に移譲した。もはやレコード業界はコントロール下にある。検閲は内務省検閲課にとってただ煩瑣なだけだった。レコード会社の企画をレコード協会が内閲するのだから、事務は内務省の場合よりスムーズに運ぶだろう。協会は一も二もなく、内閲の移譲を承諾した。このとき内務省は「それについては協会も不馴れだろうから」と、属官をひとり押しつけてきた。その内閲事務担当者をレコード文化協会は体よく祭りあげて、終戦まで実質的な内閲業務を協会事務局がおこなった。

内務省は「疑問のある企画については、即刻、検閲課に伺いを立てよ」と、条件をつけていたが、協会が検閲課にまで持ち込んだ企画は一件もなかった。多少、問題になりそうだとおもわれる企画がないわけではなかったが、それは協会と会社が相談して、レコード界として自主的に解決した。

(「内閲実施と謀略レコード」/『社団法人日本レコード協会五〇年史　ある文化産業の歩いた道』/社団法人日本レコード協会/一九九三年)

この証言をみる限りでは戦時下とはいえ牧歌的な運営がなされていたようだ。小川近五郎が理想としていた「半官半民の統制機関を作って内務省とレコード業界の間に不可分の関係を築き、健全で楽しいレコード界を構築したい」（第四章参照）というレコード界の善導は、こうして完遂されたのであった。

しかしながら、この時点で小川近五郎は検閲官の仕事から離れていた。

一九四三年三月二十九日、小川に地方事務官への転任が命ぜられる。同月三十一日には奈良県勤務が発令された。諸官庁の職員を記録した『職員録』（一九四三年七月一日現在）によれば小川は奈良の警察部で勤労課長（七等）に就いている。『日本レコード協会五〇年史』に「この内閲制度への移行後、戦争前から内務省にあって、検閲事務の主のような存在だった小川理事官が、奈良の勤労課長に転出している」と、わざわざその名を記されたほどだから、政府の窓口としてその存在は業界内で恐れられもし、慕われてもいたのだろう。音楽雑誌の統廃合をくぐりぬけて唯一のこっていた『レコード文化』誌も、「せめてレコード雑誌を一冊でも残したい」と奔走した小川の転任を見届けて同年十月号で終刊した。後続誌として『音楽知識』が発刊したが、レコードの専門誌はこれで潰えた。

まったく個人的な推測であるが、流行歌やジャズなど大衆音楽の本質を尊重する小川のやりかたは、旧知の業界人が多いレコード協会とはウマが合っただろうが、レコード統制にしゃしゃり出てきた情報局にとっては目の上のたんこぶだったのではないだろうか。

戦時下の雑誌統制ではレコード雑誌をなんとか残そうと奔走する。ジャズの肩身が狭くなると、これを「日本ならではのジャズの発展は必要」などといって擁護する。省庁からしたら、いったいどちらの味方なのかと突っ込みが入りそうなことばかりしている。そのうえ座談会で「検閲を内務省がリードすべき」（前出「流行歌論 座談会」）と身内批判まで繰り広げた。レコード検閲の顔だった硬派で一本筋を通す情報局情報官兼内務理事官は、内閣情報局と内務省の狭間でたやすく足元をすくわれたのではないかと、筆者はこの転任から勘ぐってしまうのである。

内々のうちに

戦時下の製作停止処分や禁止処分の情報は乏しい。小川検閲官のようにマスコミに顔を出して、検閲に関して気さくにしゃべるような人材が他になかったからである。問題のあるレコードは、引用した証言にもあるようにレコード業界で解決され、外部に漏れるようなことはなかった。

戦時下の禁止案件として有名なのは〈燦めく星座〉（作詞 佐伯孝夫／作曲 佐々木俊一／唄 灰田勝彦／ビクター／J-54714-B／一九四〇年三月新譜）だ。発売から三年も経った一九四三年になって軍部から言いがかりがついたことを、このレコードの製作にかかわったディレクターの上山敬三が記している。

「男純情の、愛の星の色」という歌詞の星は陸軍の象徴であるから流行歌などに軽々しく使ってはいかん、というのがそのひとつ。「思いこんだら命がけ、男の心」というのは女を思っての命がけだろうが、戦争下の今日、男子の命は上御一人に捧げまつるべきであって、ひとりの女を慕ってメソメソしている場合ではない、こういうわけであった。

（上山敬三「ヒット・ソング物語」／『音に生きる　ビクターの栄光』／ダイヤモンド社／一九六三年）

レコード検閲を移譲されていた日本蓄音機レコード文化協会は文部省と内務省、内閣情報局が共同管理していた。なかでも現役軍人が要職にいる情報局の発言力が強く、このようなレコード業界への軍部の容喙を許していたのである。クレームを受けた〈燦めく星座〉は問題の個所を〽男純情の清い星の色 にするなど時局に迎合する内容に変更した改訂盤（A4378‐A／一九四三年三月新譜）が作られた。このレコードのカップリングは盧溝橋事件前の流行歌〈想い出の瞳〉（作詞 佐伯孝夫／作・編曲 佐々木俊一／唄 灰田勝彦／ビクター／53877‐B／一九三七年一月新譜）をおなじスタッフが南進政策にふさわしい内容に改作した〈ジャワの夕月〉（A4378‐B）であった。

このように歌詞やタイトルを時局に合わせて改訂したレコードは、ほかに石川啄木の名詩による歌曲〈初恋〉（作曲 越谷達之助）を「優柔不断である」という理由で改作した〈おもひで〉（作詞 藤浦洸／作曲 越谷達之助／編曲 奥山貞吉／唄 浅野千鶴子／コロムビア／100647‐B／一九四三年二月新譜）などがある。小川近五郎の時代から考えると、レコード検閲は粗暴で理不尽に変貌していた。

ハワイ音楽は日本の南進政策に便乗するかたちで、なんとなく余命を保っていた。大戦中もカルア・カマアイナスや楽団南十字星などのハワイアンバンドやスティール・ギターの独奏が細々とレコード化されていたが、それもバッキー白片改め白片力《しらかたつとむ》（スティール・ギター）、平八郎（ギター）らによる〈歌謡軽音楽選第八集　ギター・スチールギター篇〉（ニッチク／100669～71／一九四三年四月新譜）、長内端のアコーディオンにスティール・ギターをあしらった〈ドリゴの小夜曲〉（ビクター／A4899-B／同年六月新譜）で打ち止めとなった。豪勢なサックス四本のジャズっぽいアンサンブルがレコーディングされたのも〈夕の鐘〉（作曲　万城目正／編曲　淺井擧曄／日蓄管絃楽団／ニッチク／100699-B／同年六月新譜）あたりが最後となった。

翌日にもう一度のぞいてみると

一方、こうしたジャズ楽器、ジャズ編成は興行場など実演の場ではまだまだ生きのびたようだ。実質的にジャズ禁止令といえる「軽音楽改革」が日本音楽文化協会によっておこなわれたのは一九四四（昭和十九）年四月のことである。[*4] しかしこの布令はさほど効果を挙げなかったようで、六月に再度、編成上の注意が厳しく申し渡された。

一　ジャズバンド型編成及びハワイアン型編成を廃止す。
二　タンゴバンド型編成及び類似の編成よりボールルーム用舞踏音楽の演奏にのみ必要なるリズム楽器を除去す（行進曲の演奏に必要なるリズム楽器はこれを存置す）。
三　特殊な弱音器は絶対に使用せぬこと。
四　収容人員二五〇〇人以下の興行場ではマイクロフオンの使用を厳禁す。

（「音楽記録」／『音楽文化』一九四四年六月号）

一九四四年秋に学徒出陣で海軍経理学校に入隊した瀬川昌久は、この軽音楽改革の効果を現場でまざまざと感じた一人である。

私はこの布令の出た頃は、軍への入隊直前で、名残りに浅草の劇場を連日ききあさっていたが、トランペットの後藤博が、昨日まで、サックス三人のアンサンブルをバックにして、朗々と吹いていたのに、翌日にもう一度のぞいてみると、バンドのサックスが一人だけになって、代わりにヴァイオリンを入れていたのを発見して、何とも悲しい思いにかられた。

（前出『舶来音楽芸能史　ジャズで踊って』）

この証言は、六月におこなわれた二度めの軽音楽改革が音楽の現場を一変させたことを物語っている。

一枚分を超える税金

一九四四年二月十六日の改正物品税法でレコードにはなんと一二〇パーセントの物品税が課税された。レコードを一枚買うと一枚分を超える税金がかかるのである。

スタンダードな十インチ盤が一枚二円八十二銭にまで値上がっていた。このとき朝日新聞の購読料は一ヵ月一円三十銭、週刊誌（『週刊朝日』）二十銭、銭湯の入浴料金が十二銭、理髪料金は八十銭。並べてみるとレコードはぜいたく品の感が強い。

一九四四年には敵性音楽のみならず、国産流行歌の演奏にも禁止令がかかった。警視庁は東京

都下の興行場で演奏する楽曲から、

〈或る雨の午后〉〈港シャンソン〉〈湖畔の宿〉〈名月赤城山〉〈別れ船〉〈印度の薔薇〉〈南国の夜〉〈大将となるにも〉〈島の娘〉〈懐かしい歌声〉〈燦めく星座〉〈愛の小窓〉〈夜のタンゴ〉〈大利根月夜〉〈長崎物語〉〈東京ラプソディ〉〈柳の雨〉〈浪花小唄〉〈丘を越えて〉〈緑の地平線〉〈サーカスの唄〉〈人生の並木路〉

以上、二十二曲の演奏禁止を命じたのである（『音楽文化』一九四四年十一月号）。

この二十二曲からは、当時どのような楽曲が劇場をはじめとする興行場の実演アトラクションで重宝されていたかが浮き彫りとなる。戦前のレコード流行歌がまだまだ人気だった上に、宝塚歌劇レヴュー《花詩集》の主題歌〈大将となるにも〉（一九三三年）や、大正期に客船の乗組バンドやダンスホールで演奏された〈印度の薔薇　*My little Indian Rose*〉（一九二三年）など息の長い人気曲も混じっている。

禁止曲目に挙がっている〈別れ船〉。じつは陸軍省の委嘱でポリドールから発売された流行歌であった（作詞　清水みのる／作曲　倉若晴生／唄　田端義夫／P5018-A／一九四〇年六月新譜）。演奏禁止を報じる同じ『音楽文化』十一月号には「音楽記録　この一年の音盤」と題して一九四三年八月〜四四年八月のレコード販売枚数が掲げられている。〈別れ船〉はこの一年間に四万三千枚を売り上げたレコードなのだが、陸軍省への忖度もなく演奏禁止となってしまった。戦時体制にそぐわないとして慰安のための音楽も規制されたのである。実際には製作停止にすらなっていない〈湖畔の宿〉が発禁になったという風説も、この演奏禁止楽曲に選ばれたことが発端だったのかもしれない。

生産ままならず

一九四三年と四四年のレコード生産高に関する記録はほとんど残されていない。コロムビア一社の生産状況をみると、一九四二年に六百十九万枚だった生産枚数は一九四四年には三百万枚にまで落ちこんだ。生産されるレコードの多くは慰問用の恤兵レコードだった。数字の違いこそあれ、他社も事情は同じだったろう。

軍需品生産の優先、レコード資材や工員の不足、燃料・電力の制限によって、一九四四年からは毎月の定期的な新譜発売すらままならなくなった。ニッチクは一九四四年の正月新譜を休止せざるをえなかった。翌二月新譜はニッチクだけが発売し、他のレコード会社は発売を休止した。新譜数もレコード産業の全盛期より大きく目減りしている。大東亜（ポリドール）は一九四四年正月新譜を出したあと若干の特殊なレコードを散発的に発行した。日本音響（ビクター）は一九四四年秋〜冬のリリースが最後となった。

一九四五（昭和二十）年に入ると事態はさらに悪化し、レコード産業そのものが存亡の機にさらされていた。一九四五年三月十日の東京大空襲で築地のビクター吹込所が焼け落ち、さらに同年四月四日の空襲では横浜・新子安の工場が被災した。同年四月十三日の空襲では赤坂区青山北町の大東亜の吹込所が焼失。大東亜は続いて四月十五日の空襲で大森区の本社・工場も失った。空襲によるものではないが不慮の火災で奈良にあったテイチクの本社・工場が全焼し、金属原盤のすべてを失った。ニッチク（コロムビア）、富士（キング）、テイチクは一九四五年正月新譜を最後に、それ以降のレコードは確認されていない。敗戦の年、一九四五年のレコード総生産高はわずか五十四万四千十二枚（うちニッチクは十万枚）だった。レコード会社は多かれ少なかれ、なにかしらの戦災をこうむりながら戦後を迎えた。

そして敗戦後

とはいえ残されたものもあった。

コロムビアは川崎工場、内幸町・東洋拓殖ビル内の東京本社がほぼ戦災をのがれ金属原盤も無事だった。キングの本社・工場および合併した大日本蓄（タイヘイ）の録音を含む金属原盤も無傷で残った。ビクターとポリドールは空襲によって被害を受けたものの、金属原盤はさいわいにして残った。失火で大打撃を受けたテイチクも困難な状況下で本社・工場を再建している。

なんとか戦争を生き延びたレーベル各社は焼け残った資産を総動員して、戦後処理と復興に向けて動き出した。ビクターやコロムビアは戦時下に製造販売した海外原盤の使用料について海外の原盤権保有社と話し合う必要があったのだ。

終戦の年の十一月、レコード製造設備がまるごと残っていたコロムビアが早くも戦後の第一回新譜を発売した。空襲をくぐり抜けて奇跡的に戦災を受けなかったキングは一九四六（昭和二十一）年一月から新譜発売を再開した。復興成ったテイチクも一九四六年には生産を再開し、同年三月に新曲の録音をはじめた。

本社スタジオと工場を失ったビクターは会社の復興が遅れ、一九四六年八月になってコロムビアにプレスを依頼するかたちで新譜発売を復活させた。戦後の新録音もはじめはコロムビアのスタジオを借りておこなった。おなじく戦災甚だしかったポリドールは疎開先の福島県伊達郡桑折《こおり》町の工場で旧譜のレコード生産を再開し、一九四七年三月に戦後第一回の新譜を発売した。ポリドールもビクターと同様、コロムビアのスタジオを借りて新録音に乗り出した。

各レーベルは戦時中に名乗っていたブランド名や商号を順次、元に戻したり変更していった。

大東亜（大東亜航空工業株式会社）↓ポリドール（日本ポリドール蓄音器株式会社）
ニッチク（日蓄工業株式会社）↓コロムビア（日本コロムビア株式会社）
ビクター（日本音響株式会社）↓ビクター（日本ビクター株式会社）
テイチク（帝蓄工業株式会社）↓テイチク（テイチク株式会社）
富士音盤（大日本録音工業社）↓キング（大日本録音工業株式会社↓日本録音工業株式会社↓キング音響株式会社）

新しい時代の到来とともに歌謡も時代を映して変わる。一九四六年十二月十四日に録音され、日本歌謡史のみならず昭和史のマイルストーンとなったのが、かの有名な〈リンゴの唄〉（作詞 サトウ・ハチロー／作曲 万城目正／編曲 仁木他喜雄／唄 霧島昇・並木路子／コロムビア／A-59-B／一九四六年一月新譜）である。

一九三四（昭和九）年八月からおこなわれていたレコード検閲は終戦とともに終わりを告げ、その所轄官庁であった内務省そのものも一九四七（昭和二十二）年十二月三十一日に解体した。

小川はどこへ

小川近五郎は戦後どのような道のりを歩んだろう？

『官報』でその足取りを追うと、彼は内務省の解体にともない一九四六年三月を以て地方事務官兼商工局事務官を依願免官していた。

免官してからも奈良にとどまったらしく、一九四九（昭和二十四）年五月二十五日、奈良美術工藝社の解散公告で、その清算人を小川が務めたことが短く記されている（『官報』第６７２９号）。これが公的文書に残る小川の最後の消息である。調査を続けているが、現段階でそれ以上のことは筆者にはわからない。

昭和が遠くなり平成さえ過去となった二〇二〇年代、レコードという有形のメディアはストリーミングサービスに取って代わられつつも、モノとしての価値を愛でられながらコレクターズアイテムとして生きつづけている。ＳＰレコードという一般社会においてはかなりニッチな分野でも、国立国会図書館の「歴史的音源（れきおん）」や国際日本文化研究センターの「浪曲ＳＰレコード・デジタルアーカイブ」に代表される音源配信型のデータベース、蓄音機・中古レコードの専門店、ネットオークションなどのインターネットサービスによって、情報も品物も容易に手に入る時代となった。

検閲卓の上を通り過ぎていったレコードがいまも愛されていることを小川近五郎が知ったら、きっと目を細めて喜ぶことだろう。

〈タリナイ・ソング〉

最後に、ある〝けしからんレコード〟のエピソードでこの歴史の旅を締めくくろう。

戦前に取り締まりを受けたレコードのなかでも処分がとりわけ厳しかったことで有名なのは、服部良一のジャズソング〈タリナイ・ソング〉（作詞　コロムビア・リズム・ボーイズ／作・編曲　服部良一／唄　コロムビア・リズム・ボーイズ／コロムビア／100104－A／一九四〇年七月六日録音、九月二十日発売・十月新譜予定）だ。江戸時代の大道芸で大正、昭和期には万歳など寄席に取りこまれた阿呆陀羅経の〈ないない尽くし〉を現代的にリファインしたジャズコーラスである。

コロムビア・リズム・ボーイズは武蔵野音楽学校出身の木下伊佐男（テナー）、松本欣三郎（テナー）、村田清（バリトン）、早川一郎（バス）という顔ぶれで、同校出身の歌手・中野忠晴の指導の下でジャズコーラスとして成長した。

四人が一九三五（昭和十）年にポリドールに移籍したのち、コロムビアであらためて結成されたコロムビア・ナカノ・リズム・ボーイズは秋山日出夫（テナー）と彼が合唱団で指導していた原田礼輔（テナー）、手塚愼一（バリトン）、山上松蔵（バス）という編成であった。一九三九年二月には秋山をリードボーカルに据えた三樹良夫（テナー）、百瀬大了（バリトン）、萩原栄一（バス）というメンバーでコロムビア・リズム・ボーイズとなり、メンバーチェンジを加えながら一九四二年までレコード録音をおこなった。

〈タリナイ・ソング〉は笈川潔（テナー）、秋山日出夫（テナー）、百瀬大了（バリトン）、萩原栄一（バス）という顔ぶれで歌われている。歌詞はこの時期のリズムボーイズを牽引した秋山日出夫（一九〇五～一九七六）が作詞した。

秋山はコロムビア・リズム・ボーイズのリードボーカルにとどまらず、戦前戦後を通じてアマチュア合唱団の指導をおこなった人物である。彼は音楽の専門教育こそ受けていないが音楽を心から愛し、またユーモアの精神を備えていた。彼が作ったジャズコーラス〈幽霊は踊る〉（作詞・作曲 秋山日出夫／編曲 仁木他喜雄／唄 コロムビア・リズム・ボーイズ／一九三九年八月新譜）や〈タリナイ・ソング〉にはそのユーモアがあふれている。

洒落で済まされぬ歌詞

コロムビア月報の紹介によれば「コロムビアの人気者リズムボーイズが、ナンカシランやむにやまれぬ気持から自分たちで作つて了《しま》つた」という〈タリナイ・ソング〉は、一九四〇年六月から六大都市（東京・大阪・名古屋・横浜・神戸・京都）で試験的にはじまった砂糖やマッチの切符配給制度を歌詞に取り扱ったため、洒落で済まされないくらいに風刺が利きすぎてしまった。

〽一人来な　二人来な
三人来たなら　よつて来な
ワン　トウー　スリー　フオアー
四人寄つたら　リズムに乗つて
サーサ　皆さん
聞いて下さい　タリナイ・ソングだ
タリナイ・ソングだ　エー

〽足りない　足りない　お米が足りない
なんて云ふ奴　元気が足りない
雨降り足らなきや　飲水足りない
水が足らなきや　お酒も足りない
産めよふやせよ　人間足りない
人間足らんのに　貸家が足りないネ
おかしな話だタリナイ　タリナイ
タリナイ　タリナイ　アー

〽木炭《すみ》だ　マッチだ　砂糖が足りない
なんて云ふ奴　覚悟が足りない
何から何まで　足りない非常時
買溜するなんて　認識足りない
銃後はまだまだ　緊張が足りない
倹約足りなきや　貯金が足りないネ
困つた話だ　タリナイ　タリナイ
タリナイ　タリナイ　アー

〽これ程足りない　世の中に
まるきり足りない　ものがある
皆さんよくよく　聞いても頂戴な
ワン　トゥー　スリー　フオアー
四人合せて　やつと一人前
足りないはずだよ　脳味噌足りない
まつたく足りない　タリナイ　タリナイ
タリナイ　タリナイ　ヨー

〽タリナイ　タリナイ　月給が足りない
なんて云ふ奴　働き足りない
おいらの財布にや　お金が足りない
八銭足らずで　バットも買えない
煙草屋の娘は　愛嬌が足りない
なんて振られた　四人が足りないネ
馬鹿気た話だ　タリナイ　タリナイ
タリナイ　タリナイ　アー

（楽譜『タリナイ・ソング』／全音楽譜出版社／一九四〇年十月十日発行）

もともと阿呆陀羅経そのものが時事風刺や体制批判という性格を有する芸なので、〽四人合せて　やっと一人前　〽足りないはずだよ　脳味噌足りない　などと自虐のくすぐりを挟んだところで、配給制度を揶揄する歌であることはごまかしようがない。堅忍持久をスローガンにする政府にとって、人員不足、物資不足をタリナイタリナイと連呼されるのは痛いところを突かれる行為だった。

徹底した処分

しかも服部良一がこの歌詞につけた音楽ときたら、危険を知らせるような尖ったブラス（小畑益男のトランペット）ではじまり、服部にとっても新しい挑戦だったサンバのリズムに焦燥感を煽るようなマラカスとスネアが厚いサックスセクションの上で躍る。ときならぬ胸騒ぎを覚える曲調が歌詞をさらにエッジの効いた武器に変える。

この歌の風刺は、二〇二〇年代の現代でもそのまま通用する。新型コロナウイルス感染症騒動のあおりで集団パニック的に買い溜めが起こり、店頭からトイレットペーパーやティッシュペーパーや食料品がなくなるのを目の当たりにした私たちは、〽何から何まで　足りない非常時　買溜するなんて　認識足りない……困つた話だ　タリナイ　タリナイ　タリナイ　タリナイアー　という歌詞をはたして無心で聴けるだろうか。

このコミックソングの本質がフルパワーで充填された不満の爆発力であり、体制への破壊力であったからこそ、検閲当局は全力で潰しにかかった。それはもはやコミックソングの枠を超えてしまっていたのである。一九四〇年の小川近五郎もこのレコードを聴いて慄然としたにちがいない。

コロムビアは九月二十日の発売日に向けて新譜月報にリズムボーイズの写真と歌詞の一部を掲載し大々的に売りこむ姿勢だったが、「我国現下ノ人的物的両資源ノ欠乏状況ヲ徒ラニ誇張シテ描写スルノミニシテ警告的叙述低調ナル為戦時下ノ国内体制強化並国民精神指導上影響ヲ及ボス虞レアル」（『出警報』第百三十三号／一九四〇年十月）と厳しく指弾されて九月六日付で発売中止となった。発売禁止という行政処分は取られず、小川検閲係お得意の懇談によって内務省の意向をコロムビアに伝えたのである。だが、「自発的発売中止」はタテマエで、これが強権による事実上の発売禁止であったことはいうまでもない。

コロムビアの文芸部企画課は同日中に〈タリナイ・ソング〉のディレクターに「都合により発売中止致します故、宜敷御手配の程願上ます」と社内文書で通達を出した。このあおりを食ってカップリングの〈ホット・チャイナ〉（作詞 服部龍太郎／作・編曲 服部良一／唄 笠置シヅ子／同年六月八日録音）もお蔵入りとなった。

九月十四日指令で出荷レコードを回収することとなり、レコードプレス枚数一千四百六十五枚のうち社内に残存したストック三十三枚を破棄、出荷済み一千四百三十二枚も返品回収してすべて破棄した。さらにレコード製作時のマスター原盤、マザー原盤、スタンパーもすべて破棄するという徹底ぶりで、このコミックソングがレコード検閲当局の逆鱗に触れたことがよくわかる。[*5]

レコードの発売中止にともなって全音楽譜出版社が発行した楽譜も十月十六日付で発売禁止となり、刻版と印本が差し押さえられた。新譜月報も十月九日指令で歌詞の載ったページが削除処分された。もっともこの処分はやや遅きに失し、月報がすでに全国の店頭に行き渡ったあとだった。

甦る音

さて、プレスされたレコードはここまでして一枚残らず処分されたはずなのだが、戦後になってそれが忽然と幽霊のように出現した。兵役時代をはさんで戦前からレコードを集めていたコレクター、斎藤晁司（大川晴夫）はかねてから小川近五郎と親しくしていて、なんと小川が保存していた〈タリナイ・ソング〉を譲り受けたのである（瀬川昌久談[*6]）。歌詞カードのほうは図書検閲に委ねられたので現存しないが、この発掘により、〈タリナイ・ソング〉とカップリングの笠置シヅ子の名唱〈ホット・チャイナ〉の二曲はＬＰやＣＤに復刻され、音として甦った。[*7]

小川は、あきれたぼういずのデビュー盤を不許可にしたとき、ディレクターの上山敬三に「このテスト盤、いらなくなったらくださいね」（ＬＰ〈珍カルメン　オリジナルあきれたぼういず〉／ビクター／ＳＪＶ－１１８１－Ｍ／座談会）と懇望したという。レコード検閲官・小川近五郎にはなんとレコードコレクターという裏の顔もあったのだ。

斎藤の没後、レコードは市井の中古レコード店に放たれ、いまはあるコレクターの許に愛蔵されている。

こうして一枚たりともこの世に存在しないはずの発禁レコードは残った。〈タリナイ・ソング〉に危険を感じ、激昂して発売中止にさせた検閲官が、その手で闇に葬ったレコードを大切に保管していた。事実は小説よりも奇なりなのだ。

むすびに――内なる発禁

プレスコード――GHQの「効率的」検閲

一九四五（昭和二十）年八月十五日の敗戦によって日本の言論は大きく変わった。同年十月、出版法と新聞紙法が事実上廃止され、明治から長きにわたっておこなわれてきた内務省による検閲が廃止された。一方、日本に進駐した連合国軍は早くも九月十九日に連合国軍最高司令官総司令部（GHQ）の名で新聞・出版や放送など報道の準則を定める通称「プレスコード」を発令した。検閲をおこなう者が日本国から占領軍に変わったのである。連合国軍にとって不利な情報や旧大日本帝国を美化する内容の報道・出版・放送は厳しく取り締まられ、それに背く媒体は情け容赦なく処分を受けた。苦労人で情に厚い小川近五郎がいたらたちまちクビになっただろう。

GHQ下で日本のメディア検閲をおこなったのは軍人系と文官系の二つの系統の部署だった。軍人系は連合国軍最高司令官ダグラス・マッカーサーとつながりの深い者たちが中心となっていた。すなわち参謀第二部（G2）の民間検閲支隊（CCD：Civil Censorship Detachment）である。

CCDは最盛時に八千七百名もの職員を擁し、雇われた日本人検閲者は一万四千名にものぼる。その規模は戦前の検閲の比ではない。しかも内務省の検閲でおこなったような伏せ字や黒塗りをおこなわず、『出版警察報』のような報告書も発行しない。検閲の痕跡すらとどめないという徹底ぶりである。CCDは新聞雑誌・出版などあらゆるマスメディアから個人の電報・電話・郵便までを検閲したが、とりわけ新聞・出版・映画・演劇・放送などメディア検閲を専門におこなったのはPPB（Press, Pictorial & Broadcasting）部門だった。レコード業界との窓口となったのも彼らPPBで、つまり小川近五郎の役割を集団で果たしたわけである。

文官系は民間情報教育局（CIE：Civil Information and Education Section）である。CIEは民主主義への改革を推し進めるために占領初期において映画、ラジオ放送、レコード、演劇・口演などのあらゆるコンテンツの可否を裁可した。ただ、彼らの検閲は放送や映画・演劇の台本には細かく介入したのにたいして、音楽については比較的ゆるやかだった。洋の東西を問わず音楽やレコードにまで行政の目は行き届かないものらしい。

レコード検閲については「軍事的」という理由で軍歌が禁止され、渡世の義理人情や仇討ちが封建的であるとしてやくざを主題とした股旅物の歌謡や浪曲レコードの製作が禁止された。戦前に青少年に悪い影響を与える、社会風教上よろしくない、とされた股旅歌謡は戦後も肩身の狭い思いをしたのだ。

文化の違いから禁止となったケースもある。たとえば初代桂春團治の落語〈いかけや〉は、子どもの「おっさん、しょんべんひっかけて、火消したろか」というセリフが非衛生的だという理由で製作禁止となった。[*1] こうした厳しい検閲基準はやがてCIEが日本文化の機微を理解するにつれ緩和されていった。

戦争をなんとか生き延びたコロムビア、ビクター、キング、テイチク、ポリドールの迎えた戦後は当座、戦前の旧譜を再発売することではじまった。

流行歌の再発売・新譜発行に当たっては歌詞の内容を英訳して内容説明を添え、事前検閲がおこなわれた。内務省の歌詞検閲とまったく同じで、ただ戦前戦中とは真逆に歌詞の内容にナショナリズムの正当化、皇室を崇敬する文言などがあったら検閲を通らない。

日本コロムビアのアーカイブにはGHQによる検閲の記録が残されている。たとえばレコードのタイトル、録音日や発売日、作者、実演者などを記載したレーベルコピー（レーベルの印刷指示書）には「検閲済」の印が捺されている。これは戦前のレコード検閲ではおこなわれなかったことだ。戦前は歌詞が内閲を受ける場合以外は商品化されたレコードにたいして検閲がおこなわれる事後検閲であり、問題があった場合にレーベルコピーに「検閲により発売中止」「発売・製造中止」などの書きこみが加えられた。それと同時に文芸部が発する連絡書で発売中止の旨が社内に通知された。「検閲済」印は戦後のGHQ検閲ではすべての企画で歌詞・セリフが事前検閲を受け、レコード製作のゴーサインが出ていたことを示す資料である。GHQのほうが効率のよい検閲をしていたという見かたもできよう。

敗戦の年の十二月十四日に録音された〈リンゴの唄〉のレーベルコピーにもしっかりこの検閲済印が捺されている。

かつての戦時色と進駐軍への揶揄はNG

当然のことながら戦後の基準で検閲を通らないケースも出てくる。

たとえば戦前の原盤による舞踊小唄三枚アルバムの企画では、歌詞の問題から〈まつり〉（作

詞 高橋掬太郎／作・編曲 佐々紅華／唄 藤本二三吉・分山田和香／29020-B／一九三六年九月新譜）、〈飛梅の賦〉（作詞 赤染歌惠／作曲 佐々紅華／唄 山里せつこ／29441-A／一九三七年八月新譜）、〈霊峰富士〉（作詞 西條八十／作曲 佐々紅華／唄 藤本二三吉／29867-A／一九三八年八月新譜）が引っかかった。その結果、この三曲をさしかえて一九四六年八月新譜で発売された。[*2]

有名なのが童謡〈お山の杉の子〉（作詞 吉田テフ子／作曲 佐々木すぐる／唄 安西愛子・加賀美一郎・壽永恵美子／ニッチク／100916-A／一九四五年三月新譜）の事例だ。

〽さあさあ負けるな杉の木に　勇士の遺児ならなほ強い　体を鍛へて頑張つて　頑張つて　今に立派な兵隊さん　忠義孝行ひとすじに　お日様出る国神の国　この日本を守りませう　守りませう（六番）という戦時色を反映した歌詞にクレームがつき、一九四六年にサトウ・ハチローが補作した。この歌詞はいったんは検閲を通過したのだが、その直後に検閲官が替わってふたたび不許可となり、レコード番号が振り当てられていながら（A222）発売が見送られた。戦後版の〈お山の杉の子〉が日の目をみるのは一九五一年のことである。[*3]

コロムビアのアーカイブに残る資料で明確に「検閲による発売中止」と記されているのは、以上の二点のみだという。市販レコードにはこうした検閲の痕跡はとどめられず、また外部リークによる報道もなかったため、戦後レコード検閲の実態はまったく国民の目から遮られていた。

GHQの検閲は自分たちへの批判や揶揄にも向けられた。

コロムビア文芸部から「敗戦で虚脱状態になっている日本人に、気付け薬となるようなユーモラスな歌を書いてほしい」（LP〈秘蔵盤　昭和の流行歌〉解説編／コロムビア）という依頼を受けて西條八十が作詞した歌謡曲〈ワカラン　ソング〉（作詞 西條八十／作・編曲 古賀政男／唄 高倉敏・渡辺一惠・近江俊郎／Ａ６０／一九四六年一月新譜）は、歌詞中の〽銀座ウョウョＧＩガール が検閲に引っかかった。ＧＩはアメリカ兵を意味する俗語である。

ＧＨＱはＧＩガールをＲＡＡ（特殊慰安施設協会）の女性、いわゆるパンパン・ガールと解釈して占領軍の揶揄的表現と受け取ったのだろう。そこで西條八十は〽銀座ウョウョ唐人お吉 に書き換えたが、幕末、駐日アメリカ領事タウンゼント・ハリスに仕えた唐人お吉の悲話をＣＣＤも知悉しており、これも検閲を通らなかった。そこで最終的に〽銀座ウョウョ有閑娘 という無難な歌詞となった。[*4] コロムビアに残る〈ワカラン ソング〉のレーベルコピーには英訳歌詞は添付されておらず、日本語歌詞の「有閑娘」の箇所にLeisure girlと英訳が手書きされている。おそらくこの箇所が問題となって二転三転していたため、最終的な「有閑娘」だけが検閲の痕跡として残ったのだろう。

ようやく検閲のない時代になったが

占領下の一九四七（昭和二十二）年五月三日、日本国憲法が施行された。新憲法第二十一条によって「言論、出版その他一切の表現の自由は、これを保障する」「検閲は、これをしてはならない」と言論の自由が規定された。しかしＧＨＱによる検閲はその範囲外で、個人の通信に至るまで検閲はおこなわれつづけた。レコード業界も例外ではない。ＣＩＥによるレコード検閲は一九四九（昭和二十四）年七月まで、ＣＣＤによる検閲も同年十月三十一日まで続いた。以後はレコード業界の自主規制に任される。

一九五二（昭和二十七）年四月二十八日、サンフランシスコ平和条約が発効し日本が主権を回復したことによって、ようやく戦後日本は検閲制度のない時代を迎えた。

とくに政治思想上の言論の自由は守られることとなるのだが、エロに関しては刑法一七五条「わいせつ物頒布等の罪」によって規制され、行き過ぎた（と警察が判断する）エロ表現は刑罰の対象となった。最高裁まで争った「チャタレイ事件」「悪徳の栄え事件」「四畳半襖の下張事件」は、戦後のエロ文書の摘発事件として有名である。

司法によって裁かれた『チャタレイ夫人の恋人』、『悪徳の栄え』、「四畳半襖の下張」は戦前のような発売禁止処分こそ受けなかったが、刑法上の犯罪容疑の証拠物とみなされて押収されたため、事実上の発禁本といえる。最高裁でもわいせつ文書として有罪判決を受けた。とはいえ今日では市販され読むことができる。エロの定義は戦後も曖昧で、これらの裁判では刑法一七五条の保護法益、つまりなにを守るための裁判だったのか？　について現在でも疑義を呈されている。

民間放送の開始と「要注意歌謡曲」

戦後、日本放送協会（ＮＨＫ）は進駐軍に接収され、放送設備の大部分が進駐軍放送に割り当てられた。政府は万が一ＮＨＫが解体の対象となった場合を想定し、民間放送の構想を進めた。ＧＨＱもまた「民間放送局解禁の方針」を示し、民間放送の機運が高まった。

こうして一九五一（昭和二十六）年から中部日本放送（現・ＣＢＣラジオ）、新日本放送（現・ＭＢＳラジオ）、朝日放送（朝日放送ラジオ）などが続々と開局した。

一九五二年三月三十一日に開局した財団法人日本文化放送協会（現・文化放送）は、「真・善・美の理想」と「自然法の理想」を放送内容の根幹と定めていた。この方針から放送内容は他社に先んじて低俗卑猥と悪趣味を排除する方向へと流れた。

当時は朝鮮戦争の特需景気にあおられて〽上もゆく〳〵　下もゆく　上も泣く〳〵　下でも泣くよ　という世俗的な歌詞の入った〈トンコ節〉（作詞　西條八十／作曲　古賀政男／唄　久保幸江・加藤雅夫／コロムビア／A1079／一九五一年四月新譜）や〽みだれる裾も　恥ずかしうれしという〈ゲイシャ・ワルツ〉（作詞　西條八十／作曲　古賀政男／唄　神楽坂はん子／コロムビア／A1470-A／一九五一年九月新譜）のようなお座敷唄が大流行していた。また歌謡曲に限らず、戦前・戦後を通じて検閲下にあったラジオ放送への反動から表現にもしばしば暴力的であったり過度の誇張が見られたりした。

こうした通俗的な歌謡曲や寄席番組などへの対策に苦慮した文化放送は一九五二（昭和二十七）年十月、「娯楽番組取り扱い細目」を設けて放送に不適当な歌謡曲を例示し、番組編成の規定とした。二年後の一九五四（昭和二十九）年六月にはさらに内容を充実させた「放送禁止歌謡曲一覧表」を作成してスポンサーや代理店に配布した。このリストはレコード業界団体や作詞作曲家の関連団体に「内務省のレコード検閲と同じようなものではないか」（「民放の要注意歌謡曲」／『時事通信　時事解説版』一九六〇年八月六日付）と強い拒否感を引き起こしたが、なにより世論の強い支持を得て、放送のためのガイドライン作成が民間放送全体の問題として共有されることとなった。たとえばラジオ東京では、社内に考査部を設けて番組やコマーシャルの内容を吟味した。一九五二年に〈二人の天国〉（作詞　佐伯孝夫／作曲　佐々木俊一／編曲　佐野鋤／唄　草葉ひかる／ビクター／V40827-A／一九五二年四月新譜）を放送保留にしたのを皮切りに歌謡曲の審査もおこないはじめ、独自の「ラジオ東京歌謡曲内規」を作成して編成・制作の現場に配布して放送事故を防いだ。

かくして日本民間放送連盟（民放連）の中の在京民間放送三社が中心となって一九五五（昭和三十）年七月、「要注意歌謡曲一覧」が作られた。これはあくまでガイドラインで放送の可否は各放送局の判断に委ねられたのだが、いつしか「放送禁止歌」を生み出すシステムとみなされるようになる。ちなみに文化放送の「放送禁止歌謡曲一覧表」がマスコミにすっぱ抜かれてひと悶着あったため民放連は放送禁止という言葉をタブー視し、一貫して「要注意歌謡曲」を用いた。

十項目の審査基準

明仁皇太子（現在の上皇）と正田美智子さんのご成婚パレードがテレビ中継され、テレビ受信機の普及が全国的に進んだ一九五九（昭和三十四）年、民放連は「放送音楽などの取り扱い内規」を取りまとめた。その審査基準は以下の十項目であった。

1　人種・民族・国民・国家について、その誇りを傷つけるもの。国際親善に悪い影響を及ぼすおそれのあるもの。

2　個人・団体・職業などをそしるとか、軽蔑するとか、その名誉を傷つける表現をしているもの。

3　心身いずれかに欠陥のある人々の感情を傷つけるおそれのあるもの。

4　違法・犯罪・暴力などの反社会的な言動を扱い、共感をおぼえさせ、もしくは好奇心をいだかせるおそれのあるもの。

5　情事を露骨に、あるいは煽情的に表現しているもの。肉体関係を連想させるおそれのあるもの。
6　不純な享楽や不倫な関係などを扱い、社会の秩序をそこなうおそれのあるもの。
7　男女の性的特徴を扱い、品位に欠けるもの。
8　頽廃的・虚無的・厭世的あるいは自暴自棄的で、著しく暗い印象を与えるもの。
9　卑猥・不潔・下品・愚劣など、不快な印象を与えるもの。
10　表現が暗示的、あるいはあいまいであっても、その意図するところが連盟放送基準に触れるもの。

これらの項目に抵触した楽曲には、次の三つの措置が適用された。

A　放送しない。
B　旋律は使用してもよい。
C　不適当な箇所を削除または改訂すればよい。その取り扱いに当たってはあらかじめ著作者の了解を得るものとする。

審査基準からは時代の変遷が見てとれるが、その措置は見たところ、戦前の内務省検閲によく似ている。そうして、楽曲の審査方法や「要注意歌謡曲」決定の経緯が極秘のブラックボックスであったところもまた内務省検閲を彷彿とさせる。

民放連レコード専門部会長の山崎省吾の言葉「新譜の歌詞は発売一ヵ月前に届けて来るので、読めば判断できますが、油断のならないのは、ためいきとか鼻声などで変なふんいきを出したものです。これは聞かないとわからない。また歌い方一つで、暗い、あとあじの悪いものがありますから」(「人」/『朝日新聞』一九六七年九月十五日付)などは「ねェ小唄」の検閲に悩まされた小川近五郎の発言かと思ってしまうほどである。

線引きは時代とともに変化する

放送禁止の線引きは時代とともに変化する。古い基準で「要注意」に指定された楽曲が時を経て指定解除となるケースも多々あった。一九七三(昭和四十八)年までは、指定後十年経つと再審査の対象になり、指定解除か継続かが決められていた。その後は年期が五年に短縮された。「要注意歌謡曲一覧」は新譜が追加されながら一九八三(昭和五十八)年十二月十日まで更新されつづけた。最後の要注意指定期間も一九八七(昭和六十二)年に満了して、「要注意歌謡曲一覧」の効力は失効した。だが、そのことが周知徹底されないまま、なんとなく要注意歌謡曲として生きつづける、という運用が放送現場で長らく残ることとなる。そもそもガイドラインにすぎない「要注意歌謡曲一覧」が独り歩きして自主検閲の装置になっていったありさまは森達也の『放送禁止歌』(解放出版社/二〇〇〇年)で詳らかにされている。

二〇一二(平成二十四)年大みそかのNHK「紅白歌合戦」で時代の流れを感じさせるできごとがあった。歌詞中の「土方」という言葉のために長らく放送の表舞台から姿を消していた〈ヨイトマケの唄〉を美輪《みわ》明宏《あきひろ》が朗々と歌いあげたのだ。

差別語をめぐる対応も時代の変化とともに変わってゆく。古いテレビドラマの再放送にみられる「これからご覧頂きます作品は一部不適切な表現も含まれますが作品のオリジナリティを尊重してそのまま放送させて頂きます」というテロップも、単なる「くさい物に蓋」的な処置から脱却しようとする動きであろう。ＳＰレコード復刻では、たとえば童話唱歌〈茶目子の一日〉（作詞・作曲　佐々紅華／唄　平井英子・高井ルビー・二村定一／ビクター／５０６８１‐Ａ・Ｂ／一九二九年四月新譜）で以前は差別語と目される歌詞の箇所をカットしていたが、現在では同様の断り書きを添えてオリジナルのまま復刻している。

レコ倫

放送禁止歌というパワーワードと対になっているのが発売禁止レコードである。

たとえば巷間では、山平和彦《やまひらかずひこ》のデビューアルバム〈放送禁止歌〉（ベルウッド／ＯＦＬ‐３／一九七二年四月二十五日発売）、〈タモリ３　戦後日本歌謡史〉（アルファ／ＴＡＭＯＲＩ‐３／一九八一年九月十日発売）、ＲＣサクセションのアルバム〈カバーズ〉（キティ・レコード／２８ＭＳ／０１８５／一九八八年八月六日発売予定）などが有名である。

戦前はレコード検閲を内務省警保局がおこなったが、現在では新譜の「審査」を日本レコード協会の「レコード倫理審査会」（レコ倫）がおこなっている。レコ倫に寄せられた新譜の歌詞から問題となる楽曲を審査にかけ、審査結果によってはレーベルに注意・勧告をおこなうという段取りは内務省のレコード検閲によく似ている。

だが検閲と異なるのはレコ倫が民主的な「表現の自由」とレコード製作者の「倫理的責任」の

双方に重きを置いておこなわれ、審査にかけられた楽曲の発売の可否もメーカーの自主的な判断に委ねられる点である。したがって発売禁止レコードは存在しない。発売中止レコードがあるだけなのだ。

ここに掲げたアルバムもリリースされたあとに発売中止・回収されたり（〈放送禁止歌〉〈タモリ3〉）、いったん発売が中止されたり（〈カバーズ〉）したもので正確には発売禁止ではない。皮肉にもかつてレコード検閲係の内閲によって発売自粛を余儀なくされたレコードも同じように「発売中止」と呼ばれたのだが。

じつは戦前と同じ図式？——検閲する主体とは

検閲制度こそ現行法には存在しないものの、エロにたいする規制は現在でも続いている。その対象は紙媒体の書籍から時代に即応して、「わいせつな文書、図画、電磁的記録に係る記録媒体その他の物」（刑法一七五条／二〇一一年改正後条文）すなわちネット上のサイバーエロ、はたまた3Dプリンタデータへと規制の範囲を広げている。

前者は小児ポルノの会員制掲示板のURLを誰にでも見られる状態で拡散した事例や、SNSツールとして定着しているツイッター（現・X）にわいせつな画像を掲載した事例が挙げられる。後者は二〇一三（平成二十五）年に漫画家のろくでなし子が3Dデータで提供したアート作品がわいせつ物頒布等の罪に当たるとして二〇一四年に逮捕・再逮捕、東京地裁、東京高裁と二審まで争って無罪となった事例があり、[*5] 旧来のわいせつの定義は時代に沿っていないとする「わいせつかアートか」論争が巻き起こった。これもまた「チャタレイ事件」の時と同じく刑法

第一七五条の保護権益という曖昧な規定に疑義を呈するものである。

二〇一八（平成三十）年七月には、日本書籍出版協会など出版業界の四団体が、二〇一九（令和元）年十月施行の消費増税をにらんで政府に書籍・雑誌に軽減税率を適用してもらうため、有害図書排除の方針を打ち出した。これは二〇一五年に菅義偉《すがよしひで》官房長官（当時）が「出版業界が有害図書の線引を自主的に決めたうえで軽減税率に加えるべき」と述べたのを受け、二〇一六年度税制改革大綱で明白に示された。有害図書を排除し、一般の書籍・雑誌に軽減税率を適用しようという提案である。

「あくまでも民間団体が自主的に基準を作成しており、行政が線引きをするわけではありません」（日本書籍出版協会）というが、「なにが有害図書でなにが有害図書でないか」の選別を出版業界がおこない、エロ・グロ・暴力などの描写を自主規制するシステムは、じつは戦前のレコード検閲と同じ図式である。レコード検閲に当たった内務省はレコード内容の自主検閲と規制をレコード業界に求め、レコード業界は行政の意向を忖度して自主規制の道を歩んだのであった。書籍出版協会の担当者の言葉は、そっくりその歴史の轍を踏んでいるように見える。けっきょくのところ、法律によって課せられる税金にたいして図書の有害無害を選別する行為は検閲に当たるとして、書籍・雑誌への軽減税率適応は見送られた。

さらに二〇一九年八月、「あいちトリエンナーレ2019」の企画展として開催された「表現の不自由展・その後」は抗議が殺到し、わずか三日で中止に追いこまれた。この複雑な一件は外交問題にまで発展し、「表現」そのものの定義が問われることとなった。会期後、文化庁の補助金交付が全額不交付となったことに、政治権力による検閲に当たるという批判も渦巻いた。

なんども書くように現代に制度としての検閲は存在しない。その代わりあらたにメディアを見張る存在が台頭している。消費者である国民の目だ。

もっとも、あらたにというのは当たらないかもしれない。戦前のラジオ放送もレコードも一般大衆からの投書が検閲に影響していた。現代ではその対象がテレビやインターネットの番組、報道、さらには政治や行政のありかたに遷移しているというだけのことである。その影響力も戦前の比ではない。

誰もが自分の意思を発表できるSNSは、さしずめ死角のない検閲システムとでもいえよう。検閲されるのはいまや政治、報道、企業である。SNS上の無数の声はかつての隣組を思わせる同調圧力となって、反対する発言を封じる。昔の検閲は書物やレコードを世に出る前に葬ったが、ツイッターに代表される現代の検閲は対象が灰になってもなお炎上しつづける。それは、人知れず闇から闇へ記録や作品が消されるよりは健全なありかたなのかもしれないが、ほんとうにそれでいいのだろうか。

一方でツイッターにおいては恣意的な情報操作もおこなわれている。二〇二二年一月二十六日の『ジャパンタイムズ』は、二〇二一年一月から六月の間に各国政府から投稿削除を依頼されたなかで日本政府からの依頼がもっとも多かったと報じた。[*6] 各国政府のソーシャルメディアへの介入はツイッターに限らない。これもまた現代における検閲のかたちといえよう。

表現の自由と検閲をめぐる戦いは、検閲する主体を官から民に移して、昭和はおろか平成の世を越えて令和の時代もいたちごっこを続けている。

註

■はじめに

＊1　〈忘れちゃいやョ〉は発売禁止ではなく製作停止処分を受けた。本文に示すようにこの二つの処分は似て非なるものである。〈裏町人生〉はよく発売禁止になったといわれるが行政処分の痕跡はない。〈別れ船〉も興行場での演奏禁止にはなったが発売禁止にはなっていない。〈ふんなのないわ〉は早期廃盤を余儀なくされたが発禁ではない。ここで紹介された逸話は〈だまつてゝね〉のもので丘灯至夫の記憶違いと思われる。

＊2　レコード検閲に関する先行研究として以下のものがある。細川周平「戦前のレコード検閲　『出版警察報』から探る」(Sakae Murakami-Giroux, Christiane Séguy et Sandra Schaal(eds.), Censure, Autocensure et Tabous: Actes du quatrié me colloque d'études japonaises de l'Université de Strasbourg, Eds. Philippe Piquier, 2011). Hiromu Nagahara（永原宣）, The censor as critic: Ogawa Chikagorō and popular music censorship in imperial Japan, edited by Rachael Hutchinson, *Negotiating Censorship in Modern Japan*, London, Routledge, 2013. 金子龍司「「民意」による検閲―『あゝそれなのに』から見る流行歌統制の実態」(『日本歴史』第七九四号／吉川弘文館、二〇一四年七月。のち『昭和戦時期の娯楽と検閲』吉川弘文館、二〇二一年に収録)。

■第一章

＊1　三光堂は一八九九年、浅草に開業した蓄音機専門店で、当初は横浜ホーン商会を介してシリンダー式の蓄音機とレコードを輸入販売していた。ディスク式レコードの登場にともなって次に記すように米コロムビアの出張録音の斡旋をおこなう。米コロムビアに次いで、横浜のファン・ニーロップ日本貿易商会を介して独ライロホンの出張録音を招聘した。ニーロップ日本貿易商会はヨーロッパ映画の輸入配給元としても知られている。独ライロホンに桃中軒雲右衛門が録音したのは〈大石生立　其一・其二（御薬献上）〉（７０９０８～０９）、〈大石生立　其三・其四（養子）〉（７０９１２～１３）、〈赤垣源蔵徳利の別れ〉（７０９３３～３６）、〈南部坂後室雪の別れ〉（７０９３７～４０）、〈正宗孝子伝〉（７０９２５～２８）、〈村上喜剣〉（７０９０４・７０９

０１）。第二回発売は〈神崎與五郎〉（７０９０２〜０３）、〈大石東下り〉（７０９０５・７０９２４）、〈横川勘平〉（７０９０６〜０７）、〈大石山鹿護送〉（７０９１０〜１１）、〈中山安兵衛生立（印籠取り）〉（７０９１４〜１５）、〈安兵衛高田馬場／安兵衛婿入り〉（７０９１８〜１９）、〈前原伊助（俵星玄蕃の義心）〉（７０９２２〜２３）、〈岡野金右衛門絵図面取り〉（７０９３１〜３２）の三十四面で、第一回発売（一九一二年五月十八日）、第二回発売（一九一二年十一月十八日）、第三回発売（一九一三年六月二十七日頃）と分割して発売された。なお、三光堂はこれをきっかけとして国産レコードの製造に進出、のちスタークトン（メノホン）を興した。

＊２　ライロホン前後の出張録音を時系列に並べると次のようになる。一九〇三年一月から三月にかけて英グラモフォンのフレッド・W・ガイスバーグ一行が出張録音をおこない、これを端緒に天賞堂が招聘した米コロムビア（一九〇三／一九〇五／一九〇六）、三光堂が招聘した米コロムビア（一九〇五）、独ベカ（一九〇六）、米ビクター（一九〇七／一九〇九／一九一一／一九一六）、仏パテ（一九一〇）、独ライロホン（一九〇九／一九一〇／一九一二）が陸続と来日して日本で出張録音をおこなった。

＊３　リヒャルト・ヴェルダーマンは複写盤にかかわる裁判記録や『レコード文化発達史』など古い文献ではワダマンと表記されている。桃中軒雲右衛門がニッポノホンに録音して実際に発売されたのは〈忠臣二度目の清書〉（１８１０〜１１）、〈荒木奉書仕合〉（１８１５）、〈曽我物語〉（１８４１〜４３）、〈静御前吉野落〉（１８４０）、〈近世浮世の裏表〉（１８４７）、〈安中草三郎（大門口の場）〉（３４９１）。本文にあるようにライロホン盤の発売に先を譲って一九一二年七月五日に発売された。『レコード文化発達史』は一九一二年二月に〈日蓮記〉を発売したと記すが、このレコードはお蔵入りとなったようだ。

＊４　大審院判決（れ）第二百三十三号。ヴェルダーマンと複写盤業者の間の係争については能見善久「桃中軒雲右衛門事件と明治・大正の不法行為理論」（『学習院大学法学会雑誌』第四十四巻第二号／二〇〇九年三月）を参考とした。

＊５　『官報』第二千四百十六号（一九二〇年）八月二十日発行。著作権法中改正については『レコード文化発達史』に詳細が記されている。

＊６　《その前夜》は一九一五年四月、帝劇で上演された。〈ゴンドラの唄〉のカップリングには〈ロー

レライの唄〉（唄 松井須磨子／ヴァイオリン 北村季晴／ピアノ 北村初子）が配された。

＊7 《生ける屍》は一九一七年十月、明治座で上演された。劇中歌としてほかに〈にくいあん畜生〉が作曲されているがレコード化はされていない。松井須磨子はこのあと《沈鐘》（一九一八年九月／歌舞伎座）の劇中歌二曲をレコーディングし、次作《緑の朝》劇中歌（作詞 小山内薫・長田秀雄／作曲 中山晋平）を録音する直前に死去した。《沈鐘》劇中歌の内容は次のとおりである。

《沈鐘》より〈森の娘〉〈わしが仲よしや〉（作詞 島村抱月・楠山正雄／作曲 中山晋平／唄 松井須磨子・田辺若男／ニッポノホン／一九一八年十一月新譜）、同〈水藻の花〉〈火粉さん、山羊さん〉（作詞 島村抱月・楠山正雄／作曲 中山晋平／唄 松井須磨子／ニッポノホン／一九一八年十一月新譜）

＊8 《カルメン》は一九一九年一月、有楽座で上演された。北原白秋作詞・中山晋平作曲の劇中歌を中山歌子ほか新芸術座部員がレコーディングした。〈酒場の唄〉〈煙草のめのめ〉（唄 中山歌子・中山縫子／合唱 小澤みよ子／ニッポノホン／一九一九年五月新譜）、〈リザス酒場〉〈恋の鳥の唄〉（唄 中山歌子・中井哲／ニッポノホン／同）の二枚がある。

＊9 レコード流行歌がすっかり定着した昭和期には中山晋平の諸作はマスターピース（名作）として扱われた。コロムビアは旧ニッポノホンの原盤を昭和に入ってもプレスして販売していたし、中山晋平が専属契約を結んでいたビクターでは佐藤千夜子や四家文子らがこれら大正期の作品をカバーした。一九三一（昭和六）年に堀内敬三が編纂した『明治大正昭和 流行歌曲集』でも〈さすらひの唄〉〈今度生まれたら〉が堀内の解説を添えて掲載されており、大正期の禁止処分には触れられていない。局地的な禁止が後世になって「日本初の発売禁止レコード」として伝わったのだろう。

＊10 ニットー1586は串本節の最初のレコードであった。このレコードは和歌山県東牟婁郡古座の実業家・津田源三郎が費用を出して製作された。串本節のよく知られている歌詞〽ここは串本向かいは大島 仲を取り持つ巡航船 〽一つ二つと橋杭立てて心届けよ串本へ は毎日新聞記者で歌人の矢倉広治が一九一〇（明治四十三）年に作詞したが、源三郎はその実兄で古座の津田家へ養子に出されたのである。玉屋愛吉と珍丸は隣町の串本町・三日月楼から古座に来た芸妓。レコードは廃盤となったあとも二ヵ月ほどニットーの目録に残存していた。

*11 「レコードの産出は一ヶ月平均四十万枚を突破してゐる。」（『都新聞』一九二四年十二月二十一日付）という報道もあり、生産高の数字には齟齬が見られる。

*12 推薦認定レコード制度を設ける以前、文部省は一九一一（明治四十四）年に通俗教育調査委員会を設けて「幻灯映画及活動写真フィルム審査規程」を定め、大正期には興行映画の選定・推薦、教育映画の推薦もおこなっていた。一九二〇（大正九）年におこなわれた「第一回民衆娯楽調査」では娯楽の第一位が映画、第二位がレコードであったことから、映画につづいてレコードも文部省の事業対象となった。一九二三（大正十二）年、「蓄音機音譜推薦要綱」および「活動写真『フィルム』幻灯映画及蓄音機『レコード』認定規程」が定められ、この二つのマニュアルに沿って推薦レコードと認定レコードが選定された。これらは一九四〇年に「蓄音機レコード選奨並ニ保存要綱」として刷新され、さらに一九四三年には推薦制度に一本化された。

*13 選定された推薦レコードは、「文部省推薦認定レコード目録」（文部省普通学務局及び文部省社会教育局編・発行）として第一輯（一九二五年六月）から第六輯（一九三六年）まで発行された。その他に文部省レコード推奨制度に関係する目録は「文部省推薦レコード選集」（一九三五年）と戦時下の「文部省推薦紹介蓄音機レコード目録」（一九四二年三月）が確認されている。

■第二章

*1 日本パーロホンから発売のパーロホン軍楽隊〈ソシアリスト行進曲〉は、カール・リンドシュトレム社がリリースしていた独ベカ（オデオンと同系列）原盤で、カール・ヴォイチャッハ指揮ベカ軍楽隊によって録音された（一九二八年十月一日録音）。

*2 〈数へ唄　娘づくし〉レコードに関しては読売新聞記事のほか、『出版警察報』（第六十四号／一九三四年一月）、「蓄音機『レコード』に関する件通牒」（警保局長決裁書類／保第二七五七号／昭和七年九月十二日）で触れられている。

*3 切除箇所の出典は『活動写真フィルム検閲時報拒否又ハ制限ノ部　自昭和六年五月十一日至昭和六年五月二十日』（内務省警保局）。

*4 〈競馬に賭けて〉（B4085-A／一九三二年九月新譜）。カップリングはレイ・ノーブルとニュー・メイフェアー管絃団〈競馬ですってベソを掻き〉というダンス音楽。音溝を同一面に複数本カッ

ティングし、針を置く位置によって再生音が異なる仕掛レコードは、「パズルレコード」「謎レコード」という名称で知られる。ディスク式レコード草創期の一八九八年にベルリナー社で初めて作られ、一九三〇年代にかけて親しまれた。欧米ではクイズやレースの当て物レコードがしばしば作られたが日本ではビクターの童謡レコードで試みたくらいである。

＊5　非難囂々でたちまち廃盤となった〈御詠歌　君が代〉だが金属原盤はビクターに保存され、現在でも国立国会図書館のデジタル配信「歴史的音源（れきおん）」で聴くことができる。

＊6　和洋合奏〈鶴亀〉（編曲・指揮　島田晴譽／松竹和洋合奏団／コロムビア／25433-A／一九二九年正月新譜）

＊7　森一也（音楽評論家）によれば、〈東京行進曲〉のレコーディングに立ち会っていた佐々紅華の証言である。

＊8　治安警察法は一九〇〇（明治三十三）年に制定され、一九四五（昭和二〇）年十一月に廃止された。第十条は「集会ニ於ケル講談論議ニシテ前条ノ規定ニ違背シ其ノ他安寧秩序ヲ紊シ若ハ風俗ヲ害スルノ虞アリト認ムル場合ニ於テハ警察官ハ其ノ人ノ講談論議ヲ中止スルコトヲ得」、第十六条は「街頭其ノ他公衆ノ自由ニ交通スルコトヲ得ル場所ニ於テ文書、図画、詩歌ノ掲示、頒布、朗読若ハ放吟又ハ言語形容其ノ他ノ作為ヲ為シ其ノ状況安寧秩序ヲ紊シ若ハ風俗ヲ害スルノ虞アリト認ムルトキハ警察官ニ於テ禁止ヲ命スルコトヲ得」というものでレコードの公開演奏を禁止することができた。

＊9　なお、この項は、一九三二年十二月六日の『東京日日新聞』、一九三四年三月十九日の『東京朝日新聞』、同四月二十六日の『報知新聞』の記事に拠る。『東京日日新聞』の記事によれば古賀側が請求した損害賠償慰謝料は三千百円と記されている。裁判の結果、慰謝料は却下された。

＊10　長野の教員赤化事件は「二・四事件」とも呼ばれる。一九三三年二月より半年にわたって長野県でおこなわれた大規模な左傾思想弾圧事件で、検挙された六百余人のうち教員が二百三十名にのぼるため、長野教員赤化事件として知られる。同様の検挙はおなじ一九三三年内に青森県、兵庫県、熊本県など全国各地でおこなわれた。

＊11　一九三三年十一月のレコード差し押さえ状況は次のとおり。大阪＝六百八十一部、兵庫＝二百三十五部、群馬＝十六部、茨城＝一部、栃木＝二百八十四部、愛知＝三千四百五十四部、静岡＝六十九部、

山形＝二部、福井＝二百七十三部、石川＝三部、香川＝四十八部、愛媛＝二千十五部、高知＝二百四十六部、大分＝二百部、熊本＝二百九十二部、宮崎＝三百五十八部、沖縄＝六十五部。（『出警報』第六十三号／出版物取締統計）

＊12　レコード会社から引っ張りだこの三亀松は、しばしばスタジオで意中の人にあてた「声のラブレター」をこっそり吹きこんでいた。その弱みもあって、メーカーの重役に頼まれるままに〈新婚箱根の一夜〉の続篇といった、世に出せぬエロレコードを極秘裏に吹きこんだという（森一也「三亀松レコード放談」／『季刊78』第74号／一九八九年六月）。

第三章

＊1　内務事務官の菅太郎の発言である。（「改正出版法施行とレコード検閲の開始に就て」／『日本警察新聞』第九百七十二号／一九三四年八月一日発行）。菅はレコード検閲開始時に業務を取り仕切った人物であり、小川近五郎の上司である。

＊2　発行元のツルレコードはすぐに台本を書き換えた改訂盤〈軍隊ナンセンス　朗らかな兵隊さん（若様二等兵）〉を作ってそのテスト盤（同番号）を十月に納付した。こちらは無事に検閲を通過した。

＊3　軍歌研究者の八巻明彦によれば、ビクターの一九三四年三月臨時発売〈曠野転戦〉（作詞 第十四師団司令部／作曲 村越国保／唄 徳山璉／ビクター／35060）は、〽昭和七年秋深く 兵馬三千海を越え など、派遣師団の規模や軍略についての具体的な描写が軍機に触れるとして発売中止になったという。とはいえ製造したレコードの若干数が市場に出まわり、金属原盤によって音源も残された。

第四章

＊1　レコードジャケットもテイチクレコードの直径に合わせて小さめに作ってあるため、テイチクのジャケットに他社のレコードを収納しようとすると袋が裂けてしまう。出荷時に潤滑剤を塗布したという伝聞はレコードコレクターの間で語り継がれてきたもので真偽のほどは定かではない。

＊2　全国蓄音器レコード製造協会は一九三二年十一月十六日に創立した。創立時は日本ビクター、日本ポリドール、ニットー、パーロホン、アサヒ蓄、タイヘイ、日本コロムビアが加入していた。一九三四年にはこれに加えてオーゴン、東京レコード製作所、ショーチクが加盟した。一九三五年、テイチクが加わった代わりにアサヒ蓄と東京レコード製作所

が脱退した。一九三六年に本文にある六社体制となった。翌三七年、コロナが加わって七社となったがまもなく脱退、大日本蓄音器株式会社も脱退して五社体制となった。そのまま一九四二年四月三十日、社団法人日本蓄音機レコード文化協会が設立され、業務が継承された。現在の一般社団法人日本レコード協会である。

＊3　一例として次のようなレーベルを挙げておく。
勝利……日本ビクターが中国・台湾向けに製作
百代……日本コロムビアが中国向けに製作
麗歌……日本コロムビアが中国向けに製作
蓓開……日本コロムビアが中国向けに製作
高亭……日本コロムビアが中国向けに製作
オーケー……テイチクが朝鮮半島・台湾向けに製作
ニュームーン……テイチクが中国向けに製作
國樂……コロナが中国向けに製作
泰平……大日本蓄が朝鮮・台湾向けに製作
鶴唱片……アサヒ蓄が中国向けに製作
榮利……アサヒ蓄が中国向けに製作
高麗……コッカが朝鮮向けに製作
シエロン……シエロン商会が発行。オーゴンが請負プレスした
コリア……コリア蓄音器商会（のちコリア洋行蓄音器部）が発行。当初、東京レコード製作所で製作。のち一九三六年四月よりショーチクがプレスした

＊4　次のように展開していた（『日蓄（コロムビア）三十年史』による。国名は当時の呼称）。
アジア州……仏領インドシナ、シャム、マレー及び海峡植民地、フィリピン、英領北ボルネオ、蘭領東インド、英領インド、ビルマ、セイロン、イラク、イラン、シリア、アデン、香港、中華民国
ヨーロッパ州……ノルウェー、スウェーデン、オランダ、ベルギー、フランス、ルーマニア、トルコ、ジブラルタル、マルタ、伊太利サイプラス島、スイス、イギリス、フィンランド
アフリカ州……エジプト、モーリシャス、英領東アフリカ、モザンビーク、南アフリカ連邦、ベルギー領コンゴ、仏領・スペイン領アフリカ、マダガスカル、モロッコ、アンゴラ、ザンジバール
アメリカ州……カナダ、北米、メキシコ、ペルー、英領西インド、オランダ領西インド、仏領西インド、パナマ、ベネズエラ、エクアドル、ボリビア、ブラジル、アルゼンチン、チリ、パラグアイ、ホンジュラス、英領ギアナ、グアテマラ
大洋州……オーストラリア・ニューカレドニア

＊5　洋楽レコードがまったく検閲されていなかった

わけではない。一九三四年十月新譜のカロル・ギボンス（指揮）サヴォイ・ホテル管絃楽団〈晴れた夜空に　*Under a Blanket of Blue*〉（コロムビア／J1932）は、歌詞が「煽情味多いもの」と指摘されているので、邦楽と同様に歌詞カードをチェックされていたことがわかる。当時から洋楽に猛烈な隠語が使用されていることは知られていた。そうしたレコードが稀に検閲を通過して日本でも発売されてしまったりしていた。その例のひとつにルイ・アームストロングの〈堅すぎる　*Tight like this*〉（コロムビア／J2237）がある。

＊6　帝国図書館のレコード鑑賞室と同時期、もうひとつの動きがあった。蓄音機レコード針メーカー「トリオ」の社長・伊藤駒吉は一九三七年二月、「レコード図書館建設計画」を発表した。トリオ純鋼鉄針製作所は一九三五年に伊藤が創業した会社で、野村あらえびすや大沼魯夫など著名なレコード愛好家の支持を得て大きくシェアを伸ばしていた。計画発表後、五千枚のレコード・ライブラリーを有する社団法人・大日本音楽協会がこの計画に賛意を表した。五月十日にはレコード批評家や新聞雑誌記者などを集めて意見交換がおこなわれ、この席には小川近五郎も加わっていた（『レコード音楽』一九三七年六月号）。討議の結果、計画は東京音楽協会に進行を委ねることとなったが計画には続報がなく、日中戦争の勃発とともに立ち消えてしまった。

＊7　一般社団法人日本レコード協会の統計による。なお森本敏克『レコードの一世紀・年表』（沖積舎／一九八〇年）によれば二千九百六十八万三千枚。『時事年鑑　昭和十四年版』によれば三千八十一万四千八百五十九枚が記録されている。史料によって誤差はあるが一九三六年が戦前最高の生産高であったことに違いはない。

＊8　「流行歌と家庭」（『都新聞』一九三六年七月三日付）に半官半民の統制機関についての構想が述べられている。

＊9　〈夜のプラットフォーム〉は一九三九年十月十八日に淡谷のり子の歌唱で録音されたが本文中にあるように検閲によって発売中止となった（郡修彦「服部良一作品をめぐるあれこれ」／『SPレコード』第34号）。ただし英語歌詞をつけ、作曲者名もハッターという偽名を使って製作されたヴィック・マックスウェル&ヒズ・ダンス・オーケストラの〈待ち佗びて　*I will be waiting*〉（コロムビア／JX-1138-A／一九四一年八月新譜）は問題なく検閲を通過し発売された。

＊10 〈男三郎の歌〉（作詞 天竺浪人）は明治期に発生した猟奇殺人事件の犯人、野口男三郎を題材に採った演歌で一九〇六年に男三郎の『獄中之告白』出版されて流行した。〈夜半の追憶〉とも題する。曲はこれより前に発表され大流行したワルツ〈美しき天然〉（作曲 田中穂積）が充てられた。難治の病に効くという俗説を信じて少年を殺害し、その臀肉を煮出して義兄と妻に飲ませるという猟奇性から話題となった。学校の卒業証書の偽造、近隣の老人を殺害したとする罪状で死刑となったが、獄中での心境を描いた詩が世人の同情と涙を誘った。一八九六年生まれの小川近五郎が縁日で聞き覚えたのは、ちょうどこの歌が流行していた時期に当たる。

＊11 専修大学での在学記録については、同大学の『校友名簿』を参照したほか、専修大学校友会事務局を通じて大学史資料室に照会した。専修大学以外では、東京帝国大学、早稲田大学、慶應義塾大学、明治大学、法政大学、立教大学、日本大学、中央大学、國學院大学、東京商科大学、東洋大学、東京外国語学校、学習院、第一高等学校、青山学院、東京高等学校、東京高等商業学校の各一覧を参照したが、生徒・卒業生に小川近五郎の名はない。

＊12 『出版警察報』第七十六号の「蓄音機レコードの発行並取締状況」には「映画と関連しての発行」の項目があり、『流行歌と世相』八三〜八四頁ほかにも映画に関する記述が散見される。

＊13 〈東京甚句〉が物議を醸したのは事実で、「会社へスゴイおどしの電話がありました。『きさまの会社はアメリカの会社だ。アメリカの飛行機が飛んできて、東京の上で爆弾を投下して東京を焼いてしまうというんだろう。てめいの会社叩き壊してやる！』と。」（熊倉雄三「時ながれ……」／『季刊78』第84号／一九九一年）という当時のビクター文芸部員の証言がある。

■第五章

＊1 以下はすべて当時〈忘れちゃいやョ〉の模倣盤とされたレコードである。

〈てれちゃうわ〉（唄 丸山和歌子／タイヘイ／59105-B／一九三六年六月新譜／五月十六日製作停止）

〈教へてネ〉（唄 東京・雪丸／アサヒ／93-A／同年七月新譜／六月二十日発売禁止）

〈忘れちゃ嫌よ〉（唄 松原君子／アサヒ／92-B／同年七月新譜／六月二十日製作停止）

〈私しのあなた〉（唄 橘立砂子／テイチク／503

77／同年八月新譜／七月一日発売禁止）
〈見捨てちゃ嫌ヨ〉（唄　佐久良京子／コッカ／30002／同年八月新譜／七月一日製作停止）
〈浮気しちゃ嫌よ〉（唄　大澤日出夫・恵美丸／コッカ／20041／同年六月臨時発売）
〈忘れないでね〉（唄　千草秋子／ショーチク／S218）
〈可愛がってネ〉（唄　静ときわ／ミリオン／101／一九三七年二月新譜／三六年十二月二十二日発売禁止）
〈ハッキリしてよ〉（唄　橋立砂子／テイチク／1056／一九三七年一月新譜／三六年十二月二十七日発売禁止）
〈ハッキリしてよ　改訂盤〉（唄　橋立砂子／テイチク／1283／一九三七年三月新譜／二月八日発売禁止）

＊2　『出版警察報』第九十五号（一九三六年八月発行）の「内地出版物取締状況（概説）」に辛うじて「製作停止」と記されているのみである。「発売禁止」と「製作停止」はいずれも新聞雑誌などのメディアでは一緒くたに「発売禁止」と報道されたが、行政制度上は異なる処分である。

＊3　『SPレコード』第35号（アナログ・ルネッサンス・クラブ／一九九九年十二月）に掲載された警察内部資料『売上実数ヨリ見タル流行歌「レコード」ノ変遷』（昭和十三年二月末調査）による。製作停止となった〈忘れちゃいやョ〉の金属原盤は一九三七年に原盤破棄令が下ったにもかかわらずビクター・エンタテインメントに保管されていたのにたいし、改訂盤〈月が鏡であったなら〉の金属原盤はいかなる理由か失なわれた。

＊4　静ときわは、本名渡邊静子（一九一五～?）。彼女はミリオンに十三面吹きこんだのちビクターに復帰する。ビクターでは廉価レーベルのスターに二面の録音をおこなったのみでテイチクに移籍し、三面の録音を残した。

＊5　改訂盤の〈笑はないでね〉（作詞　小日向晴美／作曲　青山あずさ／1081-B／一九三七年三月新譜）は四回も吹きこみなおしをした苦労が実って検閲を通過した。だが売れ行きとレコード評は冷ややかであった。

＊6　歌舞伎や寄席の下座音楽で、縁起のよい曲であったことからチンドン屋の定番曲となった。

＊7　レコード歌謡の受け手側の反応である一般市民からの内務省や放送局などにたいする投書については、金子龍司「「民意」による検閲―『あゝそれな

のに』から見る流行歌統制の実態」（『昭和戦時期の娯楽と検閲』／吉川弘文館／二〇二一年）に詳しい。

■第六章

＊1　『防空小説　爆撃下の帝都』（博文館／一九三二年）として単行本化された。海野十三は翌一九三三年四月にも同趣旨の架空戦記「空襲下の日本」（雑誌『日の出』附録「国難来る！　日本はどうなるか」所収）を発表している。

＊2　たとえば〈東京節〉（ジョージアソング、平和節とも）〈カチューシャの唄〉〈千葉心中〉は書生節のスタンダードナンバーとして替え唄レコードが多数作られた。

＊3　菅太郎「改正出版法施行とレコード検閲の開始に就て」（『日本警察新聞』第九百七十二号／一九三四年八月一日発行）。

＊4　一九三七年十二月には日産コンツェルンから東京電気株式会社（のち東京芝浦電気株式会社→東芝）に移管され、日本ビクターと同系列のレーベルとなる。

＊5　〈だまつて、ネ〉改訂前の二月五日録音は、レコード販売店の店頭用に配布された宣伝盤（同年四月十六日にダビングされた）によってかろうじて後

世に残された。改訂後の歌詞は次のとおりで、二葉あき子の歌いかたも五月十四日の再録音では改訂前とはまったく異なっている。

〽ネーあなたなんでもネ　知つてゐるくせにネ
真面目くさつてネ　訊いちや嫌だわョ
恥しいことよ　オホ　だまつててね

〽ネー好きだからこそネ　逢つているのにネ
わざと答をネ　言ふの嫌だわョ
恥しいことよ　オホ　だまつててね

〽ネー昨夜見た夢ネ　嬉しかつたわョ
晴れて二人でネ　ホーム持つてたワ
恥しいことよ　オホ　だまつててね

〽ネーうしろ姿がネ　とても似てたのョ
だからうつかりネ　名前呼んだのョ
恥しいことよ　オホ　だまつててね

〽ネー想いつめたらネ　こんなものだわョ
みんな貴方にネ　見えて困るのョ
恥しいことよ　オホ　だまつててね

なお、歌詞を改訂して発売された〈だまつてゝね〉は一九三九年四月、レコード検閲係からの警告によって廃盤となった。日本蓄音器商会取締役の武藤与市は警視総監に宛てて「万一再製ノ場合ハ如何様ノ御処分受クルモ異議無之候」（コロムビア文書／一九三九年五月）と請書《うけしょ》を書いており、警告の強さをうかがわせる。

＊6　金子龍司「「民意」による検閲―『あゝそれなのに』から見る流行歌統制の実態」参照。

＊7　コロナの〈喫茶むすめ〉は六月七日納付、十日に発売禁止という素早い対応だが、発売後の処分だったためかレコードの現存が確認されている。

■第七章

＊1　〈ふんなのないわ〉（ミス・コロムビア）は発売後に内務省から自発的廃盤を要請されたにもかかわらず、ふたたびタイトルを挙げられている。〈二人は若い〉（ディック・ミネ、星玲子）、〈あゝそれなのに〉（美ち奴）は一年後の一九三八年七月新譜月報・既発売カタログにも残存している。警保局の下命に対する反応はレーベルによって異なるようだ。第五章の註3に記したようにビクター〈忘れちゃいやョ〉も原盤が現存しており、原盤破棄の通達の効力には疑問が残る。

＊2　タイヘイ〈あゝ戦友〉（作詞 松村又一／作曲 草笛道夫／唄 井田照夫・なら丸／２１２８９／一九三七年七月十五日臨時発売、十二月新譜）と〈無言の勇者〉（作詞 松田翠濤／作曲 杉田良造／唄 竹内龍夫／同）のカップリングが事変物の第一号であった。ちなみに事変の影響は、フィルム検閲では七月十二日に、出版物検閲では七月十七日に初物を手がけた。発行までの工程が複雑なレコードは多少遅れて時局の影響を受けたのである。

＊3　なお東日・大毎の大成功に刺激された朝日新聞も、一九三七年十一月二十七日、「皇軍大捷の歌」の歌詞を懸賞募集した。

＊4　「売上実数ヨリ見タル流行歌『レコード』ノ変遷」（昭和十三年二月末調査）による。四位以下の売り上げは次のとおり。第四位〈島の娘／踊り子の唄〉（ビクター）四十二万五千三百枚、第五位〈さくら音頭〉（ビクター）四十万八千六百枚、第六位〈赤城の子守唄／赤城の唄〉（ポリドール）三十三万四千八十五枚、第七位〈妻恋道中／流れ笠〉（ポリドール）三十三万一千二十三枚、第八位〈旅笠道中／東海の顔役〉（ポリドール）三十二万七千四百九

十三枚、第九位〈酒は涙か溜息か／私此頃憂鬱よ〉（コロムビア）二十八万枚、第十位〈野崎小唄／お駒恋姿〉（ポリドール）二十七万七千七百七枚。

＊5　〈支那の夜〉は一九三八年六月十四日に録音された。しかし西條八十が書いた一番歌詞「〽阿片の香り　紫の夜に」に物言いがつき、阿片では風紀上具合が悪いというので「〽港の灯　紫の夜に」に変更されて同年九月二十日に再録音され、そのテイクが発売された。

■第八章

＊1　日活多摩川撮影所が『悦ちゃん』の映画化に当たり、主人公の子役を募集した。その中から選ばれたのは江島瑠美（一九二六〜）で、役名を芸名にして日活、東宝、南旺映画で十数本の映画に出演した。当時人気のあった子役シャーリー・テンプルになぞらえて和製テンプルちゃんと呼ばれた。

＊2　〈兵隊さん節〉は同月（一九三八年一月）新譜の〈美ち奴傑作集〉にメドレーで収録されているが、傑作集への処分はなかった。〈兵隊さん節〉も〈酒はホルモン〉も発売後に発売禁止、製作停止となったのでレコードそのものは市中に出まわり、そこそこの数が現存している。

＊3　〈支那の兵隊〉の原曲はアメリカで一九三一年にヒットした"*When Yuba Plays the Rhumba on the Tuba*"というノヴェルティーソングである。〽日本の兵隊なぜこんなに強い　支那の兵隊なぜこんなに弱い　支那の兵隊　日本の兵隊さんと戦争する敗ける　これ本当あるよ……　という歌詞。ＣＤ〈ミリタリズム　軍国ジャズの世界　１９２９－１９４２〉（ぐらもくらぶ／Ｇ１００２１）に収録。

＊4　ビクターの〈あんまりソング〉（唄　古川緑波）と〈軍国お花見風景〉（唄　古川緑波・徳山璉・市丸・三益愛子）は原盤が残され、国会図書館のデジタル配信「歴史的音源（れきおん）」で聴ける。

＊5　カップリングは〈平和の戦士―斎藤大使の遺勲を讃へて―〉（作詞　高橋掬太郎／作・編曲　奥山貞吉／唄　伊藤久男／コロムビア・オーケストラ／３０２４８－Ｂ）。このアルバムは〈齋藤大使の帰還〉（作詞　ヨネ・ノグチ［野口米次郎］／作曲　山田耕筰／唄　宮川美子／３０２４９－Ａ）、〈アストリア号のリッチモンド・ターナー艦長に捧ぐ〉（作詞　ヨネ・ノグチ／作曲　山田耕筰／朗読　フランシス・ガントレット／３０２４９－Ｂ）、〈ウエルカム・アストリア号〉（作詞　Ｈ・モリヤマ／作曲　Ｐ・Ｄ・パーキンズ／編曲　仁木他喜雄／演奏　コロムビア・オ

ーケストラ／30250-A）、〈行進曲 錨を上げて〉（作曲 チャールズ・ツィマーマン／演奏 グレナディアー・ガーズ吹奏楽団／30250-B）の二枚組で発売された。ほとんどが国立国会図書館の「歴史的音源（れきおん）」で聴くことができる。

＊6 〈義勇軍行進曲〉の作曲者、聶耳（一九一二～三五）は幼時から音楽の才能を示し、長じてから左翼系の映画・演劇に楽曲を提供した。一九三五年四月に兄を頼って来日し、〈義勇軍行進曲〉は日本で完成した。同年七月十七日、湘南海岸で遊泳中に遭難して水死、二十三歳の生涯を閉じた。〈義勇軍行進曲〉のカップリングは同映画主題歌〈鐵蹄下的歌女〉（唱 王人美）で、おなじく抗日歌として禁じられた。このほか「事変前における抗日資料の解説」（外務省情報部／一九三九年）には、レコード目録からの情報として〈戦地の花〉（唱 王人美／勝利公司／54373AB）、〈民族之光〉（唱 王人美／勝利公司／54423A）、〈凱旋歌〉（唱 白麗珠・厳華／勝利公司／54423B）、〈精忠報国〉（唱 黎莉々・黎明健／勝利公司／54603A）、〈民族精神〉（唱 大華歌詠團／勝利公司／54398A）、〈愛國歌〉（篤志女中学合唱／百代公司／34821）、〈雪恥歌〉（国府楽隊／百代公司／34693）、〈十九路軍〉（唱 胡蝶／百代公司／34418）、〈抗敵歌〉（唱 胡蝶・高占非／百代公司／34783）などの抗日歌レコードが紹介されている。

＊7 あきれたぼういずはビクターで一連のレコーディングをおこなうのと前後して、名古屋のアサヒ蓄に「愉快なリズムボーイズ」（再発時は「呆れたコーラス」名義）の名で八面のボーイズネタを、「ハワイアン・リズム・キング」の名でメンバーによるジャズソングを録音している。ネーミングは、リーダーの川田義雄が当初、吉本興業の永田キング一党に所属したことに由来すると思われる。

＊8 ザツオン・ブラザースも一九四〇年に新興演芸部に引き抜かれ、メンバーを入れ替えて「あひる艦隊」として人気を博した。あひる艦隊はメンバーを入れ替えながら戦後も活動した。

＊9 この引き抜き事件でダンスホール界ではひと悶着起こった。ホール側は「福井君以下が新興演芸部に引抜かれて、ホールとの契約をおつぽり出し一夜風の如くにゐなくなつた。ステーヂを空にして平気の平左で行つてしまふ楽士のこの言語道断な非良心態度はまさにダキしても余りある。こんな社会人達にはよろしく正当な制裁を加へるがよい」（「ぼうるるうむぷりずむ」／『ヴァラエティ』一九三九年六月

号）とたいへんな剣幕で、ダンス誌が全国のダンスホールから締め出すよう触れを出したり、逃亡楽士事件として訴訟になったりした末に新興演芸部が間に入って損害賠償に応じ、示談となった。一件落着したのちは評論家の榛名静夫が「ハット・ボンボンズを褒める」（『ヴァラエティ』一九三九年九月号）でフォローし、一躍人気バンドとなった。戦後も短期間だが活動した。

＊10　菊池章子は〈曖・曖・曖〉のレーベルでは「菊地章子」表記だった。試聴用の白盤（P‐165）が小売店に配布され、発売中止後に回収されたが〈曖・曖・曖〉を惜しんだ愛好家がけっこういたようで、盤面に焼きコテで傷がつけられた白盤（まれに無傷のものもある）が何枚も後世に残された。本来のカップリングである〈雨と姑娘〉と裏表になった商品見本の黒盤も存在し、二〇二一年にネットオークションに出品されたことで現存が確認された。

＊11　ポリドールは一九四〇年二月新譜のマル・ハレット・オーケストラ〈眼がものを言ふ　*Easy on the eyes*〉〈月を消して　*Turn off the Moon*〉（A409）が戦前最後のジャズ盤となった。コロムビアのジャズ専門レーベルであるラッキーは同年八月新譜でルイ・アームストロングの名演奏を集めた〈二十分間シリーズ〉アルバムを出してジャズのリリースを終了した。ただし旧譜のジャズは一九四二年八月までカタログに残された。ラッキーが廃止されたのちコロムビアでは一九四一年十一月新譜で最後のアメリカ録音、ザヴィア・クガート楽団によるラテンナンバー〈ペルシャの市場にて〉（JX1154）を発売し、ビクターはアメリカで人気絶頂だったグレン・ミラー・オーケストラの〈ミネトンカの湖畔　*By the waters of Minnetonka*〉（VA10118／一九四二年一月新譜）までアメリカ録音のジャズを粘って発売しつづけた。

■第九章

＊1　戦前六大レーベルの一つであったタイヘイ（大日本蓄音器株式会社）は一九四二年二月に大日本雄弁会講談社に買収され、キングレコードの西宮工場となっていた。

＊2　安藤穣「南口重太郎社長を偲ぶ」（『レコードと共に五十年』／テイチク株式会社社史編纂委員会／一九八六年）より。安藤は社団法人日本レコード協会会長で、前身の日本蓄音機レコード文化協会時代から実務にかかわった。レコード業界の企業整備に携わったのは参与の三橋逢吉（文部省）、坂井時忠

（内務省）、宮沢縦一（情報局）と、協会側の武藤与一会長、理事の伊東秃（ビクター）、吉岡不二彦（コロムビア）、南口重太郎（テイチク）、鈴木幾三郎（ポリドール）、安藤穣（企画部長）であった。

＊3　ハット・ボンボンズ及びあきれたぼういずの改称の経緯については胡弓かなた氏（@coq_kanata）からご教示いただいた。

＊4　四月一日に軽音楽楽団の編成について以下の注意が喚起された。

一　ジャズ型・ハワイヤン型は停止。

二　スチールギター・バンジョー・ウクレレ及びジャズ専用の打楽器は使用停止。

三　今後の編成は、吹奏楽型（木管・金管・打楽器としサキソフオーンは人数の二割以内）、絃楽器型（木管・打楽器を加うるも可サキソフオーンは加えず）、小管絃楽型（絃・木管・金管・打楽器として絃はヴアイオリン系に限りサキソフオーンを加えず）及びハーモニカ合奏、手風琴合奏等。但し各編成にピアノ、手風琴等を加うるを得。各編成とも移動に便なる楽器を用い、ピアノ絃バス等は無くても穴のあかぬ様考慮。

四　演奏方法は軽佻にならぬよう、独奏部分は起立演奏せぬこと。（『音楽文化』一九四四年四月号）

戦時下に盛んに議論された「日本的な軽音楽」の概念とジャズ楽器の取り締まりについては細川周平『ジャズの時代』（「近代日本の音楽百年」第4巻／岩波書店／二〇二〇年）の第4章「軽音楽」、第5章「敵性音楽」に詳しい。

＊5　スタンパーを作るためのマザー原盤は二枚作成され、一枚は日本に留まったが、一枚はロサンゼルスのコロムビアに送られた。日本コロムビアは国内新譜を在米邦人向けに北米・南米のコロムビアからも発行していたのである。日本側のマザーは破棄されたが、ロサンゼルスに送られた原盤のその後については詳らかでない。

＊6　斎藤晁司（一九一一～一九九五）は埼玉県加須市出身。画家・斎藤与里の長男として生まれた。一九三六年、東京帝国大学法学部を卒業し、一九四二年に住友海上火災保険株式会社に入社した。学生時代より大川晴夫の筆名で映画評論をおこない、戦後は『ジャズ批評』『SEVEN EIGHT』誌などにSPレコードの記事を執筆した。

＊7　初復刻は〈日本のジャズ・ソング　戦前・戦中・戦後のポピュラー史〉（コロムビア／AZ7130～36／一九八二年）。CDに〈日本のジャズ・ソング～戦前篇・スウィングする二世歌手と戦

中かくれジャズの軽音楽〉（ＢＬＩＤＧＥ０８３）などがある。

■むすびに

＊１　初代桂春團治の〈いかけや〉はニットー（５００８・９／一九三一年一月新譜）、コロムビア（２６０９８・９／同年二月新譜）、タイヘイ（３００８・９／同年五月新譜）、オリエント（６０６６４・５／同年十二月新譜）、ポリドール（１４３１・２／一九三三年九月新譜）、リーガル（オリエントの再発。６６５１３・４／一九三四年八月新譜）、テイチク（５１１０・１／一九三二年九月新譜）でレコード化されている。以上のうち戦後に再発売されたのはキングレコード（旧ニットー原盤を使用）のみであったから、この逸話はキングの企画だった可能性がある。

＊２　〈霊峰富士〉は歌詞中の神州、神国といった言葉が問題になったと思われるが、他の二曲はなにが引っかかったのか不明である。ＣＩＥの検閲基準が緩和された結果、〈飛梅の賦〉はＡ１８０（一九四六年十一月新譜）、〈まつり〉はＡ１０９１（一九五一年四月新譜）で旧原盤をプレスして商品化された。〈霊峰富士〉は歌詞を改訂して藤本二三吉・三島儷子の新吹きこみで発売（Ａ９５６／一九五〇年十二月新譜）された。

＊３　〈お山の杉の子〉（唄　安西愛子・川田孝子・伴久美子、杉の子子供会／Ａ１０７１-Ａ／Ｃ４-Ａ／一九五一年二月新譜）。当初〈お山の杉の子〉再発売盤のために用意された商品番号Ａ２２２は〈懐しのボレロ〉（作詞　藤浦洸／作曲　服部良一／唄　藤山一郎）、〈長崎のお蝶さん〉（作詞　藤浦洸／作曲　竹岡信幸／唄　渡辺はま子／一九四七年四月新譜）で発売された。

＊４　筒井清忠『西條八十』（中公叢書／二〇〇五年）による。

＊５　なお、わいせつ電磁的記録等送信頒布、わいせつ電磁的記録記録媒体頒布については最高裁で有罪となっている。

＊６　この記事はロイター発のものだが、テレビ朝日は同様の内容を報道したのち、「削除要請は日本政府機関のみを指すものではありませんでした」と訂正している。

あとがき

本書は前著『ニッポン エロ・グロ・ナンセンス』（講談社選書メチエ／二〇一六年）から派生した本である。前著でもすこしレコード検閲を扱ったが、エロ・グロ・ナンセンス時代の興亡という枠組みのなかで捉えたため、検閲の全貌には触れ得なかった。そこでレコード検閲をテーマとしてゼロから取り組もうと考えた。

レコード検閲を扱った書籍はこれまでにもないわけではない。また先行研究もごくわずかながらある。いずれも内務省が部内向けに発行していた『出版警察報』を重要な資料としており、取り締まりを受けたレコードとして五・一五事件記念レコードや〈忘れちゃいやョ〉〈あゝそれなのに〉など著名な例を取り上げながら内務省警保局図書課レコード係のレコード検閲の傾向が論ぜられている。しかしレコード検閲制度によって行政処分を受けたレコードのリストは皆無であった。これではレコード検閲の全貌に迫ることはできないと考えた。

そこで真正面からレコード検閲史を構築するために、基礎資料としてまず戦前のレコード検閲のディスコグラフィを作成するところからはじめた。

その過程で見えてきたことがある。

レコード検閲制度がスタートしてしばらくは当初内務省が想定したとおりに検閲がおこなわれた。しかし日中戦争以降は、行政処分ではなくレコード会社への要請というかたちでの発売中止が激増する。しかし新聞や雑誌はこれも発売禁止と報道した。また、本来は発売する前の処分であった発売頒布禁止を発売後のレコードに下すケースもあらわれた。ガイドラインが時代とともに変わっていったことで、レコード検閲の実態は見えづらくなっていったのだ。そのためディスコグラフィ作りもはなはだ難航した。

巻末に収載した「発売禁止レコード」に関する諸表は『出版警察報』およびレコード会社の記録をベースとし、当時の報道や文献で「発禁」と記されたレコードも加えた。また、レコード検閲係が内閲で不許可を出し、レコード会社によって自発的に発行が撤回されたレコードについては「検閲によって発売中止となったレコード」として収録したことをお断りしておきたい。今回、本書のために数種類のディスコグラフィを作成したが、紙幅の関係ですべてを収載することはかなわなかった。書籍からはみ出たリストは、さらに調査のうえいずれインターネット上で場を設けて公開したいと考えている。

さて、レコード検閲にからむ記事や言説をたどるうちにぼんやりと実像をあらわしてきたのが、小川近五郎という人物である。この人物については、脱稿間際に先行研究として永原宣《ながはらひろむ》氏（マサチューセッツ工科大学准教授）のすぐれた論考があることを知った。すでに十年前にこの人物に注目した永原氏の炯眼に深甚の敬意を表する。

小川近五郎は偉人でも才人でもない。歴史に埋没した一官吏である。役人らしい役人ではあるが、常に四角四面で居丈高なわけではない。検閲をめぐる対応や発言からは人間味がにじみ出ている。〈忘れちゃいやョ〉の一件など、まことに人間くさい。当初は歌詞検閲も試聴もおこなって「特に問題ない」と通してしまった〈忘れちゃいやョ〉だが、本家のビクター盤がヒットするだけならまだしも、その模倣盤がいくつもあらわれるに至ってあわてて取り締まりにかかる。そうして、そのときの狼狽ぶりを包みかくさず著作に記してしまう。腕利きの検閲マンの仕事ぶりではない。

酒を飲めば端唄や都々逸のひとつは口ずさみ、官民の懇談会では作詞家や作曲家から検閲が細かすぎるととっちめられ、座談会ではジャズを擁護する。その一方でダメとなったらいくら説明しても頑固に聞く耳をもたない、憎たらしい小役人になる。そのありさまに暗黒時代の戦前を感じさせる圧迫感はなく、むしろ市井のおじさん感が強い。しかし、だからこそすんなりとレコード業界に入りこみ、思うままの「善導」を可能とした。食えないおじさんである。

レコード検閲の流れを追いながら、この音楽好きの検閲係の虜となり、ストーリーは自然に小川近五郎伝へと転がっていった。

近五郎はずいぶん多くのレコードを〝抹殺〟したが、レコード業界に対しては公私を離れた愛情をもっていた。しかも、あろうことかみずからが闇に葬ったレコードのテスト盤を集めていたとは！　レコードを取り締まる側がレコードコレクターになってしまったという、これはミイラ取りがミイラになった物語なのである。

ことの善悪はさておき、とにかく小川近五郎の性癖のおかげで〈タリナイ・ソング〉と〈ホット・チャイナ〉の一枚は後世に残った。あるいはまだどこかに、彼の残した発禁レコードコレクションが散逸を逃れて眠っているかもしれない。

本書を執筆するうえでは日本コロムビア株式会社でアーカイビング部門に携わる冬木真吾さんと斉藤徹さんにひとかたならぬお世話になった。コロムビアに保管されている膨大な資料がなければ、レコード検閲と対峙する〝音盤〟会社内部の状況、対応を知ることはできなかった。

また専修大学の大学史資料室および森村商事株式会社（社長室）も、ご多忙のなか問い合わせに応えて、複数回にわたって小川近五郎に関する調査をしてくださった。厚く御礼を述べるしだいである。

細川周平先生は本書の出ることをずっと応援してくださった一人である。細川先生の『出版警察報』を丁寧に読み解いたご論考からは教えられるところが多かった。

それから『SPレコード』誌ひと揃いを譲ってくださったKさん、晩年に親しく証言を頂戴した故瀬川昌久さん、数年にわたる調査で的確な助言をくださった国立国会図書館の鈴木三智子さん、最初からこの研究に協力してくださった保利透さん、貴重なレコードの写真を提供してくださった佐川修さんと高氏貴博さん、さまざまな方々のご厚意で本書は成り立っている。

今回もただひたすら膨張する原稿を横山建城さんがまとまりのよい一冊にしてくださった。いつもながら専門性の高い原稿を見捨てず、最後まで面倒を見てくださるご厚情にはただただ感謝しかない。また校閲の方々にはほんとうに助けられた。むろんデータの粗漏はすべて筆者の責任である。

小川近五郎にまつわる謎は深い。もし、ご親族が本書を目に留められたら、その人となりについて詳らかに教えていただきたいと願っている。いろいろと悪口も書いたが、この書を一代のレコード検閲係・小川近五郎に捧げたい。

毛利眞人

二〇二三年九月

表① 出版法改正前に取り締まられたレコード

種　目	タイトル	歌手・演者
新民謡	驚異の阿蘇	中野忠晴
	謎のレコード　競馬に賭けて Back Your Fancy（A Race Game for Parties）	ピーター・ドーソン （アナウンス）
描写劇	五・一五事件　血涙の法廷	栗島狭衣
愛国歌	五・一五事件　昭和維新行進曲 （海軍の歌・陸軍の歌）	黒田進
万歳	数へ唄娘づくし	花の家福奴　同千代奴
ナンセンス	花嫁学校	榎本健一
漫才	君の生れ	横山エンタツ・花菱アチャコ
漫談	廓情緒	柳家三亀松
漫談	続廓情緒	柳家三亀松
朝鮮雑歌	白酒の唄	金順紅
高級掛合万歳	のんき節	富士蓉子　吉田名月
漫談	吉原の一夜	柳家三亀松
漫談	芸者エロ戦術	柳家三亀松
落語	新婚箱根の一夜	柳家三亀松
漫談	新婚箱根の気分	柳家三亀松
漫談	廓情緒	柳家三亀松
流行歌	春の思ひ出	二村定一　若葉麗子
流行歌	恋の小座敷	浅草千代
漫談	吉原の一夜	柳家三亀松
漫談	新婚箱根の一夜	柳家三亀松
ナンセンス	吉原の一夜　素見の巻	柳家三亀松
ナンセンス	吉原の一夜　登楼の巻	柳家三亀松
漫談	芸者とお客	柳家三亀松
ナンセンス	新婚箱根の一夜	柳家三亀松
漫談	新婚箱根の一夜　湯治の場	柳家三亀松
漫談	新婚箱根の巻	柳家三亀松
艶話	新婚熱海の一夜	柳家三亀松
漫談	新婚箱根の巻	柳家三亀松
漫談	新婚箱根の巻	柳家三亀松
漫談	旦那と芸者	柳家三亀松
漫談	芸者とお客	柳家三亀松
漫談	吉原の一夜	柳家三亀松
漫談	新宿の一夜	柳家三亀松
声色物真似	温泉情緒　新婚湯治場の巻	柳家三亀松

レーベル	カタログ番号	発売データ	出　典
コロムビア	27381-A	1933年５月新譜	落合四一「発禁レコード受難史」
ビクター	B4085-A	1932年９月新譜	警保局長決裁書類・昭和７年
ツル	特281-A・B 特282-A・B	1933年10月新譜	出版警察報 第71号　1934年８月発行
ツル	特283-A・B	1933年10月新譜	出版警察報 第71号　1934年８月発行
キリン	K840-A・B	1931年	出版警察報 第71号　1934年８月発行
リーガル	66061-A	1933年８月新譜	出版警察報 第71号　1934年８月発行
リーガル	66114-A・B	1933年９月新譜	出版警察報 第71号　1934年８月発行
ポリドール	1049-A・B	1932年１月新譜	出版警察報 第71号　1934年８月発行
ポリドール	9512-A・B	1932年２月新譜	出版警察報 第71号　1934年８月発行
朝鮮ビクター	49201-A・B		出版警察報 第71号　1934年８月発行
テイチク	5645-A・B	1934年２月新譜	出版警察報 第71号　1934年８月発行
センター	CR519-A・B		出版警察報 第71号　1934年８月発行
ニッポン	15555-A・B	1932年	出版警察報 第71号　1934年８月発行
ポリドール	855-A・B	1931年７月新譜	出版警察報 第71号　1934年８月発行
コロムビア	26753-A・B	1932年２月新譜	出版警察報 第71号　1934年８月発行
コロムビア	26808-A・B	1932年	出版警察報 第71号　1934年８月発行
キリン	K20100-A		出版警察報 第71号　1934年８月発行
キリン	K20100-B		出版警察報 第71号　1934年８月発行
ニットー	6087-A・B 6088-A・B	1933年	出版警察報 第71号　1934年８月発行
センター	CR18-A・B		出版警察報 第71号　1934年８月発行
オーゴン	A205-A・B	1933年	出版警察報 第71号　1934年８月発行
オーゴン	A206-A・B	1933年	出版警察報 第71号　1934年８月発行
サンデー	51-A・B		出版警察報 第71号　1934年８月発行
ヴィーナス	V3421-A・B	1933～34年	出版警察報 第71号　1934年８月発行
太陽	2366-A・B	1933年９月新譜	出版警察報 第71号　1934年８月発行
ポリドール			出版警察報 第71号　1934年８月発行
ニットー	5705-A・B	1932年７月新譜	出版警察報 第71号　1934年８月発行
ツル	6149-A・B	1932年２月新譜	出版警察報 第71号　1934年８月発行
ノーマル	20-A・B		出版警察報 第71号　1934年８月発行
太陽	2280-A・B	1932年12月新譜	出版警察報 第71号　1934年８月発行
ノーマル	39-A・B		出版警察報 第71号　1934年８月発行
ノーマル	52-A・B		出版警察報 第71号　1934年８月発行
太陽	3410-A・B	1934年	出版警察報 第71号　1934年８月発行
オリエント	4563-A・B	1929年２月新譜	出版警察報 第71号　1934年８月発行

種　目	タイトル	歌手・演者
モダン落語	新婚伊香保の一夜	小野寺一朗
漫談	大森の一夜	柳家三亀松
漫談	新婚箱根の一夜	柳家三亀松
漫談	吉原の一夜	柳家三亀松
漫談	新婚箱根の巻	柳家三亀松
漫談	新宿の一夜	柳家三亀松
ナンセンス都々逸	大森の一夜	柳家三亀松
萬歳	新婚初夜	三遊亭柳枝
ナンセンス	待合実況放送	井口静波
落語	あわてもの（一）（二）	柳亭芝楽
音曲漫談	箱根の一夜	柳家三亀松
俚謡	関の五本松	出雲駒千代
漫談	新婚気分	江戸家猫八
漫劇	エロ相撲	柳田貞一　ほか2名
落語	化物買ひ	柳家三太樓
音楽描写劇	西部戦線異状なし	島津健二　ほか
漫談	新婚箱根の気分	柳家三亀松
漫談（ジャズ）	ほつときなさい	藤村梧郎　丸山夢路
漫談	新婚箱根環翠楼の一夜	柳家三亀松
漫談	熱海の一夜	柳家三亀松
漫談	物凄い芸者	柳家三亀松
ツル	新婚箱根の巻	柳家三亀松
漫画劇	バー近代色	タイヘイ漫画劇団
流行歌	キッス・OK	南地 和歌吉　同 登美
漫談	洲崎の一夜	柳家三亀松
漫談	煙突芸者	柳家三亀松
流行歌	モダン紫節	藤木健
ナンセンス都々逸	大森の一夜	柳家三亀松
落語	ふられた仇討	柳家権太楼
落語	とくちやん	柳家権太楼
漫談	エロ模様芸者気質	柳家三亀松
お座敷スケッチ	芸者とお客	柳家三亀松
漫談	お客と芸妓	柳家三亀松
演説	我が労農党の立場	大山郁夫
漫談	新婚箱根環翠楼の一夜	柳家三亀松
漫談	廓情調	柳家三亀松

レーベル	カタログ番号	発売データ	出典
ニッポン	P56-A・B	1932年２月新譜	出版警察報 第71号　1934年８月発行
タイヘイ	3656-A・B	1932年９月新譜	出版警察報 第71号　1934年８月発行
トンボ	15533-A・B	1932年	出版警察報 第71号　1934年８月発行
テイチク	261-A・B 262-A・B	1932年	出版警察報 第71号　1934年８月発行
ショーワ	176-A・B		出版警察報 第71号　1934年８月発行
フタミ	F347-A・B	1931年	出版警察報 第71号　1934年８月発行
キリン	K20167-A・B		出版警察報 第71号　1934年８月発行
タイヘイ	4062-A・B	1933年８月新譜	出版警察報 第71号　1934年８月発行
ビクター　ジュニア	J-10043-A・B	1933年４月新譜	出版警察報 第71号　1934年８月発行
ユーモア	U3-A・B	1934年４月新譜	出版警察報 第71号　1934年８月発行
ハート美人	8175・76	1934年	出版警察報 第71号　1934年８月発行
タイヘイ	3325-B	1932年４月新譜	出版警察報 第71号　1934年８月発行
センター	CR528-A・B		出版警察報 第71号　1934年８月発行
リーガル	65717-A・B	1932年11月新譜	出版警察報 第71号　1934年８月発行
スタンダード	3114-A・B	1933年	出版警察報 第71号　1934年８月発行
ニットー	3866-A・B	1930年２月臨時発売	出版警察報 第73号　1934年10月発行
パーロホン	E1098-A・B	1929年７月新譜	出版警察報 第73号　1934年10月発行
トンボ	15463-A・B	1931年	出版警察報 第73号　1934年10月発行
フタミ	F537-A・B	1932年	出版警察報 第73号　1934年10月発行
タイヘイ	3405-A・B	1932年６月新譜	出版警察報 第73号　1934年10月発行
タイヘイ	3522-A・B	1932年８月新譜	出版警察報 第73号　1934年10月発行
ツル	6149-A・B	1932年２月新譜	出版警察報 第73号　1934年10月発行
タイヘイ	4161-A・B	1933年９月新譜	出版警察報 第73号　1934年10月発行
タイヘイ	3146-B	1931年11月新譜	出版警察報 第73号　1934年10月発行
タイヘイ	3436-A・B 3437-A・B	1932年７月新譜	出版警察報 第73号　1934年10月発行
パーロホン	E1642-A・B	1931年４月新譜	出版警察報 第73号　1934年10月発行
キリン	記載なし		出版警察報 第73号　1934年10月発行
キリン	20167-A・B		出版警察報 第73号　1934年10月発行
太陽	2247-A・B	1932年	出版警察報 第73号　1934年10月発行
太陽	2426-A・B	1933年12月新譜	出版警察報 第73号　1934年10月発行
ホーオー	P211-A・B	1932年	出版警察報 第73号　1934年10月発行
ヤチヨ	3141-A・B		出版警察報 第73号　1934年10月発行
コッカ	EK3161-A・B	1932年	出版警察報 第73号　1934年10月発行
オデオン	U2196-A・B	1931年２月新譜	出版警察報 第78号　1935年３月発行
オーゴン	A537-A・B	1932年	出版警察報 第78号　1935年３月発行
ポリドール	3512-A・B	1932年３月新譜	出版警察報 第78号　1935年３月発行

表② 発売頒布禁止レコード

種目	タイトル	作詞	作曲	編曲	歌手・演者	レーベル
万歳	お客本位				三遊亭柳枝 花柳一駒	テイチク
落語	野崎詣り				笑福亭枝鶴	エトワール
落語	義眼				柳家権太楼	ヤチヨ
万歳	一休の買物				永田一休 岩崎繁子	ショーチク
万歳	万歳の兵隊				関東捨丸 ほか1名	セイカ
流行歌	のぞかれた花嫁	玉川映二	古賀政男		杉狂児	テイチク
万歳	古妻太夫				仲村清次郎 仲元愛子	タイヘイ
流行歌	小唄集　東洋の唄				吉田一男	スタンダード
流行歌	製絲情話				桂孤月　宇野勝 小千代	ニットー
流行青年	製絲情話				植中文春 喜久代	コッカ
漫才	お笑ひ双六				三遊亭柳枝 花柳一駒	テイチク
万歳	朗らかな水兵 （故郷の巻）				今村壽三郎 有馬豊三郎	テイチク （大衆盤）
万歳	朗らかな水兵 （甲板の巻）				今村壽三郎 有馬豊三郎	テイチク （大衆盤）
万歳	一銭ちがひ				三遊亭柳枝 花柳一駒	タイヘイ
万歳	朗らかな兵隊 （大和魂の巻）				北村栄二郎 立花六三郎	コッカ
落語	稽古屋（四）				笑福亭松鶴	コッカ
万歳	こっけい都々逸 （下）				砂川捨次 河内家芳子	テイチク （大衆盤）
漫談	都々逸				柳家三亀松	ヤヨイ
漫才	台所ジャズ				朝日日出夫 朝日日出丸	オーゴン
映画劇	嵐山心中				西村小楽天	オーゴン

カタログ番号	発売データ	処分内容	出　典
6053	1935年２月新譜	1935年２月１日発売禁止。３月関西目録に残存、４月にはなし	出版警察報 第77号 1935年２月発行
1014	1935年３月新譜	1935年４月発売禁止。風俗	出版警察報 第80号 1935年５月発行
3209-A・B		1935年４月　発売禁止。風俗	出版警察報 第80号 1935年５月発行
S99-A・B		1935年４月発売禁止。風俗	出版警察報 第80号 1935年５月発行
62		1935年４月30日納付、５月４日決定 発売禁止。軍紀紊乱	出版警察報 第81号 1935年６月発行
50055	1935年７月新譜	1935年７月６日発売禁止。出版法第19条により発売頒布禁止	出版警察報 第83号 1935年８月発行
C575-B		1935年発売頒布禁止	出版警察報 第83号 1935年８月発行
3242		1935年９月４日発売禁止。風俗	出版警察報 第86号 1935年11月発行
S1002		1935年11月発売頒布禁止	出版警察報 第87号 1935年12月発行
20022-B		1935年11月発売頒布禁止	出版警察報 第87号 1935年12月発行
15276	1936年１月新譜	1935年12月発売禁止。聖徳太子	出版警察報 第88号 1936年１月発行
253	1935年	1935年12月発売禁止。靖国神社　5646（1934年２月新譜）の再発売	出版警察報 第88号 1936年１月発行
267	1935年	1935年12月発売禁止。四大節　5714（1934年４月新譜）の再発売	出版警察報 第88号 1936年１月発行
S142	1936年１月新譜	1935年12月発売禁止。風俗。四大節	出版警察報 第88号 1936年１月発行
8260	1936年４月新譜	1936年３月17日発売禁止。安寧案件。47枚を押収	出版警察報 第91号 1936年４月発行
8258	1936年４月新譜	1936年３月17日発売禁止。発行枚数75枚をすべて押収	出版警察報 第91号 1936年４月発行
395-B	1936年６月新譜	1936年３月27日発売禁止	出版警察報 第91号 1936年４月発行
2025-A	旧譜の再発売	1936年４月6日発売禁止	出版警察報 第92号 1936年５月発行
A5152	1936年５月新譜	1936年４月21日発売禁止。発行枚数749枚のうち490枚を押収	出版警察報 第92号 1936年５月発行
A5150	1936年５月新譜	1936年４月21日発売禁止。発行枚数910枚のうち748枚を押収	出版警察報 第92号 1936年５月発行

種　目	タイトル	作　詞	作　曲	編　曲	歌手・演者	レーベル
万歳	珍婚自動車旅行				関東捨丸 玉子家ぽん子	コクチク
万歳	珍婚自動車旅行 （上項と同内容）				関東捨丸 玉子家ぽん子	トンボ
レコードドラマ	空襲送葬曲				濱口龍太郎	シスター
流行歌	教へてネ				東京・雪丸	アサヒ
流行歌	私しのあなた				橋立砂子	テイチク
万歳	草津湯もみ唄				朝日日出夫 朝日日出丸	ヤヨイ
流行歌	可愛がってネ				静ときわ	ミリオン
ジャズソング	娘アラモード				二村定一	ヤヨイ
流行歌	ハッキリしてよ	樹下八郎 村田吉邦 （補作）	北木正義	北木正義	橋立砂子	テイチク
万歳	レヴューガール				富士蓉子 吉田明月	テイチク （大衆盤）
万歳	レヴューガール				富士蓉子 吉田明月	テイチク
新歌仔戯	一夜夫妻（三）				尤阿嬰 花素樹	日東唱片
流行歌	ハッキリしてよ 改訂盤	村田吉邦	北木正義	北木正義	橋立砂子	テイチク
落語	堀の内詣で				柳亭芝楽	ニットー （大衆盤）
流行歌	ピエロ流し	島田磬也	種子島弘	中山正一郎	紀多寛	タイヘイ
講演	立候補御挨拶				尾崎行雄	エヂソン
流行歌	さうぢやないの				羽衣歌子	ビオン （ショーチク）
流行歌	恋のアンテナ				湯沢寛 河東田敏子	コロナ
端唄	二上り新内 江戸情緒				美代司	テイチク

カタログ番号	発売データ	処分内容	出　典
1030	1936年6月新譜	1936年5月14日発売禁止。発行枚数379枚のうち371枚を押収	出版警察報 第93号 1936年6月発行
15507	1936年6月新譜	1936年5月14日発売禁止	出版警察報 第93号 1936年6月発行
2090～91	旧譜の再発売	1936年6月5日発売禁止。安寧案件。50組100枚の発行分のすべてを押収	出版警察報 第94号 1936年7月発行（No.95）
93-A	1936年7月新譜	発売禁止（1936年6月20日）。風俗。452枚のうち374枚を押収	出版警察報 第94号 1936年7月発行
50377	1936年8月新譜	発売禁止（1936年7月1日）。発行枚数56枚のうち3枚を押収。50489で改訂盤	出版警察報 第95号 1936年8月発行
2384	1936年9月新譜	1936年8月7日納付、8月11日発行、9月8日発売禁止。発行部数250枚のうち160枚を押収	出版警察報 第97号 1936年10月発行
101-B	1937年2月新譜	1936年12月14日納付、12月22日発売禁止。1207枚すべてを押収	出版警察報 第100号 1937年1月発行
2423-B	旧譜の再発売	1936年11月30日納付、12月24日発売禁止。発行した5枚をすべて押収	出版警察報 第100号 1937年1月発行
1056-A	1937年1月新譜	1936年12月8日納付、12月27日発売禁止。2212枚のうち528枚を押収	出版警察報 第100号 1937年1月発行
625-B	旧譜の再発売	1937年1月8日納付、1月20日発行、1月27日発売禁止。1089枚のうち185枚を押収	出版警察報 第101号 1937年2月発行
5946-B	1934年10月新譜	1934年9月15日納付、1937年1月27日発売禁止。1159枚のうち10枚を押収	出版警察報 第101号 1937年2月発行
N652-A	1937年1月新譜	1936年12月24日発行。台湾総督府申報。1937年1月8日発売禁止	出版警察報 第101号 1937年2月発行
1283	1937年3月新譜	1937年2月3日納付、2月8日禁止。風俗禁止。全250枚のうち85枚を押収	出版警察報 第102号 1937年3月発行
S1662	1937年4月新譜	1937年2月26日納付、3月20日発売、3月10日発売中止を命令　S1663と2枚組	出版警察報 第103号 1937年4月発行
21186-☆*	1937年4月新譜	原盤管理台帳に「発売禁止」の印と1938年11月15日の日付あり	タイヘイ原盤管理台帳
EW525-A・B	1937年5月新譜	1937年4月12日納付、4月19日禁止	出版警察報 第104号 1937年5月発行
1018-A	1937年6月新譜	1937年5月25日納付、5月26日発行、5月24日禁止。発行部数732枚のうち89枚を押収	出版警察報 第105号 1937年6月発行
	1937年5月新譜	発売前に警視庁検閲課が製作停止を命じ宣伝用テスト盤十数枚を押収	読売新聞 1937年4月18日夕刊
1652	1937年7月新譜	1937年6月4日納付、6月8日発売禁止。発行部数166枚のうち121枚を押収	出版警察報 第106号 1937年7月発行

＊タイヘイではA面を☽で、B面を☆であらわす

種　目	タイトル	作　詞	作　曲	編　曲	歌手・演者	レーベル
流行歌	喫茶むすめ	湊晴二	米山正夫		有島通男	コロナ
流行歌	縁は異なもの				千代吉	日本PCL
流行歌	大和撫子こゝにあり				植田千代子	テイチク（大衆盤）
流行歌	結婚三段跳び	浜田一郎	山田忠		小澤秀夫 小奴	プレザント（コッカ）
流行歌	私子供《ベビイ》ぢやないことよ	島田磬也	山田忠		生野静子	プレザント（コッカ）
流行歌	愛のスクラム	島田磬也	末廣比露志		吾妻　瞳	プレザント（コッカ）
流行歌	青春の波濤	丘真澄	下田まさよ		大沼日出夫	コッカ
支那語流行歌	鐵路下的歌女				王人美	百代公司
支那語流行歌	義勇軍行進曲				袁牧之 顧夢鶴	百代公司
流行歌	甘い恋ネ	正木信也	菊地博		川原久美江	ポリドール
映画説明	大和撫子こゝにあり				里見義郎	テイチク
時局流行歌	爆撃行進	村上太郎	平林静男	平林静男	内本実　ウエスターンコーラス	タイヘイ
流行歌	峠の馬子唄	松村又一	平春夫	平春夫	一條弘	タイヘイ
愛国流行歌	私の彼氏は軍人よ	松村又一	緑島五郎	緑島五郎	水島早苗	タイヘイ
愛国歌	凱旋音頭	丘真澄	佐渡暁夫	佐渡暁夫	美ち奴 コーラス	テイチク
時局小唄	日満小唄				南五郎	フクスケ
漫才	僕の恋人				御園ラッキー 香島セブン	テイチク

カタログ番号	発売データ	処分内容	出　典
148	1937年７月新譜	1937年６月７日納付、６月10日発売禁止。発行部数596枚のうち302枚を押収	出版警察報 第106号 1937年７月発行
K104	1937年７月新譜	1937年６月７日納付、６月10日発売禁止。発行部数52枚のうち９枚を押収。	出版警察報 第106号 1937年７月発行
833		1937年８月20日発売禁止	東京朝日新聞 1937年８月21日夕刊
60030-A	1937年７月新譜	1937年８月18日納付、９月17日禁止。風俗禁止	出版警察報 第109号 1937年10月発行
60030-B	1937年７月新譜	1937年８月18日納付、９月17日禁止。風俗禁止	出版警察報 第109号 1937年10月発行
60031-B	1937年７月新譜	1937年８月18日納付、９月17日禁止。風俗禁止	出版警察報 第109号 1937年10月発行
20064-A	1937年９月新譜	1937年９月1日納付、９月17日禁止。風俗禁止	出版警察報 第109号 1937年10月発行
34848-A	1937年７月23日発行	1937年７月23日発行。大蔵省申報。11月８日発売禁止。安寧	出版警察報 第110号 1937年11月・12月発行 （11月分）
34848-B	1937年７月23日発行	1937年７月23日発行。大蔵省申報。11月８日発売禁止。安寧	出版警察報 第110号 1937年11月・12月発行 （11月分）
2499-B	1937年９月新譜	発売禁止（説）。〈さよなら日本〉に差し替えた改訂盤を発売	ポリドール月報、『昭和流行歌総覧（戦前・戦中編）』
1866/67	1937年10月 臨時発売	1937年８月９日納付、８月20日発売禁止	東京朝日新聞 1937年８月21日夕刊
21313-☆	1937年10月新譜	行政上の処分記録なし。発売後に禁止か	タイヘイ原盤管理台帳
21336-☆	1937年12月新譜	原盤管理台帳に「発売禁止」の印。行政上の処分記録なし。発売後に禁止か	タイヘイ原盤管理台帳
21338-☽	1937年12月新譜	1937年11月10日納付、11月12日発売禁止。風俗	出版警察報 第110号 1937年11月・12月発行 （11月分）
1954-A	1937年12月 臨時発売	「これからが本当の戦争である。凱旋なぞと狂喜するのは、以つての外ぢや」と発禁	『話』1938年3月号
115-A	1938年１月新譜	1937年12月６日納付、12月８日発売禁止。風俗	出版警察報 第110号 1937年11月・12月発行 （12月分）
1993	1938年１月新譜	1937年12月３日納付、12月13日発売禁止。風俗	出版警察報 第110号 1937年11月・12月発行 （12月分）

種　目	タイトル	作　詞	作　曲	編　曲	歌手・演者	レーベル
流行歌集	歌謡ヴァラエティー　歌の慰問袋				静田錦波（解説）美ち奴　ほか５名	テイチク
愛国歌	兵隊さん節	時雨音羽	古賀政男		美ち奴	テイチク
流行歌	雪の密林　解説書	宮本吉次	鳴瀬純平		東海林太郎	ポリドール
流行歌	春雨草紙	秩父重剛	阿部武雄	阿部武雄	上原敏	ポリドール
流行歌	関の追分	生田直哉	米山正夫	米山正夫	青葉笙子	ポリドール
朗らかな演芸会	軍国お花見風景（上下）	上山雅輔		高木静夫	古川緑波、徳山璉、市丸、三益愛子	ビクター
漫才、ナンセンス	戦場の百合の花（朝鮮語）				申不出 申銀鳳	コーライ
流行歌	嘆きの夜霧	最上洋	倉若晴生	平林静男	橋本一郎	タイヘイ
流行歌	人生道中	佐伯龍	近藤広	平春夫	橋本一郎	タイヘイ
流行歌	面影みつめて	小林美津三	草笛道夫	立花かほる	南はるみ	タイヘイ
流行歌	ほのかな夕月夜	塚本篤夫	飯田三郎		青井八郎 （高橋文夫）	タイヘイ
流行歌	くよくよするな	野村篤夫	飯田三郎		南はるみ	タイヘイ
流行歌	ちょいと待て	野村篤夫	北大路浩		橋本一郎	タイヘイ
漫才	蔣介石行進曲				ミス・ワカナ 玉松一郎か	ビクター
流行歌	可愛い女房				古川緑波、 能勢妙子	ビクター
流行歌	地震・雷・火事・女房	松村又一	杉山長谷雄	杉山長谷雄	佐々木章	コロムビア
流行歌	股旅がらす				灰田勝彦	ビクター
流行歌	木遣りくづし					ポリドール
俚謡	田舎乙女（上下）				赤嶺京子（三味線）、普久原朝喜（マンドリン）	タイヘイ
俚謡	振られ老人				伊集亀千代、 伊藤マサ子	タイヘイ

カタログ番号	発売データ	処分内容	出　典
N110	1938年１月新譜	1937年12月15日納付、12月16日発売禁止。風俗	出版警察報 第110号 1937年11月・12月発行（12月分）
N108-A	1938年１月新譜	報道による。発売後に禁止か	読売新聞 1938年８月24日
2576-A	1938年２月新譜	1938年２月16日禁止。発行枚数1万5262枚のうち８月までに2097枚を差し押さえ	出版警察報 第113号 1938年８月発行
2587-A	1938年３月新譜		「なつメロ」第83号
2587-B	1938年３月新譜	「歌詞が悪いとかで、途中で発禁になつた」	台湾芸術新報 1940年２月
J-54274-A・B	1938年２月７日録音（４月新譜）	報道による。出警報には記載なく、実際には自発的発行撤回と思われる	読売新聞 1938年８月24日
1056	1938年	1938年７月21日納付、７月30日禁止。風俗禁止	出版警察報 第113号 1938年８月発行
10010-B	1938年３月19日録音（５月新譜）	1938年４月13日禁止処分。発行枚数1267枚のうち８月までに995枚差し押さえ	出版警察報 第113号 1938年８月発行ほか
10011-A	1938年３月21日録音（５月新譜）	原盤管理台帳に「発売禁止」の印あり。５月新譜月報に記載あり、発売後の禁止か	タイヘイ原盤管理台帳、５月新譜月報
10011-B	1938年３月21日録音（５月新譜）	原盤管理台帳に「発売禁止」の印あり。５月新譜月報に記載あり、発売後の禁止か	タイヘイ原盤管理台帳、５月新譜月報
10012-B	1938年４月14日録音（５月新譜）	原盤管理台帳に「発売禁止」の印あり。 当該面を10010-A「青春航路」に差し替え	タイヘイ原盤管理台帳
10085-A	1938年５月17日録音	原盤管理台帳に「発売禁止」の印あり。７月新譜予定であったが未発売	タイヘイ原盤管理台帳、７月新譜月報
10085-B	1938年５月18日録音	原盤管理台帳に「発売禁止」の印あり。７月新譜予定であったが未発売	タイヘイ原盤管理台帳、７月新譜月報
	1938年		「時局下の検閲眼【２】」読売新聞 1938年８月24日
	1938年２月22日録音		「時局下の検閲眼【３】」読売新聞 1938年８月25日
29814-A	1938年８月新譜予定	「内務省から発売禁止対象となった」	同上。CD「渡辺はま子の世界」冊子（コロムビア）
	1938年		「時局下の検閲眼【３】」読売新聞 1938年８月25日
	1938年	〈新春木遣りくづし〉（唄 高田浩吉／2771／1939年１月新譜）に改作	「時局下の検閲眼【３】」読売新聞 1938年８月25日
S668-A・B	1938年	原盤管理台帳に「発売禁止」の印あり。1939年８月30日に発禁となったと思われる	タイヘイ原盤管理台帳
S673-A	1938年	原盤管理台帳に「発売禁止」の印あり。1939年８月30日に発禁となったと思われる	タイヘイ原盤管理台帳

種　目	タイトル	作　詞	作　曲	編　曲	歌手・演者	レーベル
俚謡	臆病老人				伊集亀千代、普久原朝喜	タイヘイ
俚謡	真壁チャーン、糸満大介（上下）				記載なし	タイヘイ
流行歌	北京覗き眼鏡	南條歌美	鈴木哲夫	宮脇春夫	服部富子	テイチク
流行歌	姑娘可愛いや	薗ひさし	Xavier Cugat	鈴木静一	平井英子	ビクター
漫才	防空演習				轟一蝶・美代子	タイヘイ
流行歌	白衣の勇士を送る歌				森光子	タイヘイ
愛唱歌	森の水車	清水みのる	米山正夫	米山正夫	高峰秀子	大東亜

表③ 検閲によって発売中止となったレコード

種　目	タイトル	作　詞	作　曲	編　曲	歌手・演者	レーベル
軍歌	曠野転戦	第十四師団司令部	村越国保	村越国保	徳山璉　合唱付	ビクター
流行歌	知らないわヨ	深草三郎	明本京静	奥山貞吉	音丸	コロムビア
流行歌	だまつてゝね	西岡水朗	杉山長谷夫	杉山長谷夫	二葉あき子	コロムビア
流行歌	そんなテはない	澤木白楊	細田義勝		能勢妙子	ビクター
流行歌	ハッキリして頂戴	品川しぐれ	細田義勝	細田義勝	金廣つぼみ	ビクター
流行歌	アンマリ・ソング	上山雅輔	細田義勝	細田義勝	三益愛子	ビクター
流行歌	アンマリ・ソング	上山雅輔	細田義勝	平茂夫	古川緑波	ビクター
漫談	楽天の戦線報告				西村楽天	ポリドール
流行歌	紅薔薇の歌	坂口淳	多紀英二		松島詩子	キング
流行歌	若き生命も				大利根俊	トーチク

カタログ番号	発売データ	処分内容	出典
S673-B	1938年10月29日録音	原盤管理台帳に「発売禁止」の印あり。1939年8月30日に発禁となったと思われる	タイヘイ原盤管理台帳
S693-A・B	1938年12月22日録音	原盤管理台帳に「発売禁止」「廃盤」の印あり。1939年8月24日に発禁となったと思われる	タイヘイ原盤管理台帳
N260-A	1939年3月新譜	「発禁」と報道されたが実際には発売されており、行政処分なのか不明	国民新聞 1939年6月20日「もう聴かれぬ姑娘物や道中物」
J-54486-B	1939年3月新譜	「発禁」と報道されたが実際には発売されており、行政処分なのか不明	国民新聞 1939年6月20日「もう聴かれぬ姑娘物や道中物」
N50044	1940年11月13日録音	1941年1月28日に発売禁止	タイヘイ原盤管理台帳
	1941年	「検閲にかかって、発売禁止になってしまった」	森光子ほか『我ら大正っ子　第一』
P5292	1942年9月新譜	「発売後四日で内務省から発禁処分を受けた」	毎日新聞学芸部『歌をたずねて』

カタログ番号	発売データ	処分内容	出典
53060-A	1935年3月臨時発売	歌詞内容が軍機に触れるため発売中止	
	1937年4月録音	発売中止	コロムビアLP〈秘蔵盤昭和の流行歌〉解説編
29287-A	1937年6月新譜	歌唱が問題視され録音しなおし7月新譜で発売した。1939年4月に廃盤	コロムビア社内資料 読売新聞 5月15日付
J54011	1937年6月新譜	自発的に発行撤回。吹きこみなおして7月新譜で発売	ビクター月報、レコード音楽　1937年7月号
J-54103	1937年10月新譜	自発的に発行撤回	レコード音楽 1937年10月号
J-54110	1937年10月新譜	自発的に発行撤回	レコード音楽 1937年10月号
J-54110	1937年10月新譜	自発的に発行撤回	レコード音楽 1937年10月号
8754	1937年11月新譜か	1937年10月2日、発売を差し止め警告	出版警察資料 第27号 1937年11月発行
(C-113)	1937年録音	戦前は未発売。1946年4月発売	
K105	1938年1月新譜?	「懇談ニ依リ自発的ニ発行ヲ撤回セシムルト共ニ原盤ヲ破棄セシメタリ」	出版警察報 第110号 1937年11月・12月発行 (11月分)

種　目	タイトル	作　詞	作　曲	編　曲	歌手・演者	レーベル
流行歌	東京の感情				橋本一郎	トーチク
流行歌	漂泊ぐらし				日置静	ポリドール
流行歌	また逢ふ日まで				澤雅子	ポリドール
愛国流行歌	戦捷音頭	時雨音羽	草笛道夫	萬澤恒	南はるみ、高千穂武夫　合唱付	タイヘイ
流行歌	勝関ぶし	正岡容	佐渡暁夫		美ち奴	テイチク
愛国歌	愛国行進曲	森川幸雄	瀬戸口藤吉		東海林太郎、上原敏、関種子、結城道子、愛国合唱団	ポリドール
愛国歌	愛国行進曲	森川幸雄	瀬戸口藤吉		ポリドール女声合唱団	ポリドール
愛国流行歌	あゝ最前線	村田吉邦	長津彌		小花、ウエスターンコーラス	タイヘイ
流行歌	春雨草紙	秩父重剛	阿部武雄	阿部武雄	上原敏	ポリドール
流行歌	雨の夜の並木路	坂口淳	松永進一		林伊佐緒	キング
流行歌	寮舎よさらば	松坂直美	松永進一		霧立のぼる	キング
流行歌	トコ蒋さん	清水南海夫	深海善次	深海善次	市丸　合唱附	ビクター
流行歌	スッカラカン節	野村俊夫	佐渡暁夫	志木田健	杉狂児	テイチク
流行歌	新婚なのさ				加美可那子、灰田勝彦	ビクター
ジャズコーラス	アキレタ・ダイナ（上下）	アキレタ・ボーイス		アキレタ・ボーイス	アキレタ・ボーイス	ビクター
歌ふスケッチ	ハリキリ奥さん（上下）	上山雅輔		鈴木静一	三益愛子　日本ビクター管絃楽団	ビクター
	あきれた演芸会				あきれたぼういず	ビクター
流行歌	お国のためなら	西岡水朗	伊野浩二		橋本一郎、南はるみ	タイヘイ
流行歌	水郷の雨	宮本旅人	飯田三郎		南はるみ	タイヘイ
流行歌	ほまれの戦友	最上洋	近藤弘		青井八郎(=高橋文夫)	タイヘイ

カタログ番号	発売データ	処分内容	出　典
K106	1938年1月新譜?	「懇談ニ依リ自発的ニ発行ヲ撤回セシムルト共ニ原盤ヲ破棄セシメタリ」	出版警察報 第110号 1937年11月・12月発行（11月分）
2556-A	1938年1月新譜	「懇談ニ依リ自発的ニ発行ヲ撤回セシムルト共ニ原盤ヲ破棄セシメタリ」	出版警察報 第110号 1937年11月・12月発行（11月分）
2556-B	1938年1月新譜	「懇談ニ依リ自発的ニ発行ヲ撤回セシムルト共ニ原盤ヲ破棄セシメタリ」	出版警察報 第110号 1937年11月・12月発行（11月分）
21345-☽	1938年1月新譜	発売後に中止。「其の筋の命に依りまして発売中止いたしました」	小島卸商報（小島商店レコード部）1938年1月
2002	1938年2月新譜	当該面を〈蒙古娘〉（楠木繁夫）に差し替えて3月に再発売	
2573-A	1938年2月新譜	山田耕筰が審査を通さず発売中止に	読売新聞 1937年12月28日付ほか新聞・雑誌記事
2573-B	1938年2月新譜	発売中止	
21379-☆	1938年3月20日臨時発売	発売後中止。同番号で南はるみ歌唱の改訂盤が作られた（4月10日臨発）	
2587-A	1938年3月新譜	検閲の介入で発売後中止になったと思われる	「なつメロ」第83号（1983年1月）
20081-A	1938年4月新譜	発売中止	『昭和流行歌総覧（戦前・戦中編）』
20081-B	1938年4月新譜	発売中止	『昭和流行歌総覧（戦前・戦中編）』
J54316	1938年5月新譜	懇談による自発的発行撤回と思われる	読売新聞　1938年8月24日
2204	1938年6月新譜	検閲の介入で発売後中止	読売新聞　1938年8月24日
J54331	1938年7月新譜か	発売中止。カップリング曲が発行撤回対象か？	
J54343-A・B	1938年8月新譜	懇談により自発的に発行撤回	出版警察報 第113号 1938年8月発行
J54351-A・B	1938年8月新譜	懇談により自発的に発行撤回	出版警察報 第113号 1938年8月発行
		〈アキレタ・ダイナ〉とともに録音したが発売禁止。原盤現存せず	上山敬三『日本の流行歌 歌でつづる大正・昭和』
10023-B	1938年4月14日録音	当該面を〈男度胸で〉（橋本一郎）に差し替えて6月新譜で発売	タイヘイ原盤管理台帳
（16784）	1938年4月20日録音		タイヘイ原盤管理台帳
（16785）	1938年4月22日録音		タイヘイ原盤管理台帳

種　目	タイトル	作　詞	作　曲	編　曲	歌手・演者	レーベル
流行歌	杭州の月影	三井唱介	阪東政一		南はるみ	タイヘイ
流行歌	月にたよりを	野村俊夫	大村能章		坊城道子	タイヘイ
時局小唄	噫血染の列車				島田二郎	タイヘイ
時局小唄	恩師よ友よ				島田二郎	タイヘイ
流行歌	あの日の私	野村俊夫	江口夜詩	奥山貞吉	渡辺はま子	コロムビア
流行歌	女心は狭いのよ	松村又一	北村輝	北村輝	渡辺はま子	コロムビア
流行歌	戀慕三味線	藤田まさと	阿部武雄		日本橋 きみ榮	ポリドール
流行歌	折鶴道中	藤田まさと	阿部武雄		日本橋 きみ榮	ポリドール
流行歌	軍国純情双六	松村又一	北村輝	北村輝	霧島昇、豆千代	コロムビア
流行歌	暁の塹壕	秩父重剛	長津義司		上原敏、矢島英子（台詞）	ポリドール
流行歌	野末の戦友	清水みのる	太田畔三郎		上原敏	ポリドール
流行歌	娘々祭	島田芳文	島村菊夫		夏目芙美子	キング
流行歌	霧の舗道	内田つとむ	島田逸平		林伊佐緒	キング
流行歌	よくぞ送つて下さつた*	西條八十	古関裕而	奥山貞吉	瀬川伸 コロムビア合唱団	コロムビア
流行歌	平和の戦士	高橋掬太郎	奥山貞吉	奥山貞吉	伊藤久男	コロムビア
流行歌	暧・暧・暧	門田ゆたか	阿部武雄	阿部武雄	菊地章子	コロムビア
流行歌	雨と姑娘《クーニャン》	サトウ・ハチロー	（黎錦暉）	服部良一	淡谷のり子	コロムビア
ジャズ漫芸	歌問答（上下）	須田久也			ザツオン・ブラザース	コロムビア
ジャズ漫芸	くすぐりソング（上下）	須田久也			ザツオン・ブラザース	コロムビア
流行歌	南京花言葉				菊池章子	コロムビア
流行歌	夜のプラットホーム	奥野椰子夫	服部良一		淡谷のり子	コロムビア

＊サブタイトルは「斎藤大使遺骨礼送に対し米国へ寄せる感謝の歌」

カタログ番号	発売データ	処分内容	出　典
(16819)	1938年5月16日録音	6月17日に吹きこみなおし(16882)をするも未発売	タイヘイ原盤管理台帳
(16879)	1938年6月16日録音		タイヘイ原盤管理台帳
(16890)	1938年6月17日録音		
(16891)	1938年6月17日録音		
29814-B	1938年8月新譜予定	「無邪気で面白い曲なのに発禁」(渡辺はま子日記)。実際にはカップリング曲の発禁の影響で発売中止	『モンテンルパの夜はふけて』CD「渡辺はま子の世界」冊子(コロムビア)
(M204417)	1938年5月23日録音	「発禁、軍国ものに直す」(渡辺はま子日記)	『モンテンルパの夜はふけて』
	1938年	内閲によって発売中止。歌詞を改訂して〈勇士の誓ひ〉に	長田暁二『わたしのレコード100年史』
	1938年	内閲によって発売中止。歌詞を改作して〈徳利の別れ(赤垣源蔵の唄)〉に	長田暁二『わたしのレコード100年史』
30224-A	1939年6月新譜	1939年5月2日、都合により発売中止	コロムビア社内資料
2779-A	1939年6月新譜	発売後に中止	『昭和流行歌総覧(戦前・戦中編)』
2779-B	1939年6月新譜	発売後に中止	『昭和流行歌総覧(戦前・戦中編)』
30075-A	1939年7月新譜	発売後に中止	『昭和流行歌総覧(戦前・戦中編)』
30081-B	1939年7月新譜	発売中止	キングレコード1939年7月、8月月報
30248-A	1939年7月新譜(特別発売)	1939年4月22日、都合により発売中止	コロムビア社内資料
30248-B	1939年7月新譜(特別発売)	1939年4月22日、都合により発売中止	コロムビア社内資料
30261-A	1939年7月新譜	1939年6月5日自発的に発売中止(報道では発売禁止)	コロムビア社内資料
30261-B	1939年7月新譜	1939年6月5日自発的に発売中止。原曲は〈毛毛雨〉	コロムビア社内資料
30502-A・B	1940年2月新譜	1940年1月16日、検閲により発売中止	コロムビア社内資料
30538-A・B	1940年5月新譜	発売中止	
	1939年	発売中止	『ミュージック・ライン誌』1939年8月号
	1939年	発売中止	服部良一『ぼくの音楽人生』

種　目	タイトル	作　詞	作　曲	編　曲	歌手・演者	レーベル
流行歌	君はマドロス	田村和夫	佐藤長助		松島詩子	キング
流行歌	馬蓮花の唄	宮本旅人	島田逸平		横山郁子	キング
音楽万才	裏街の勧進帳				ハットボンボンズ	コロムビア
流行歌	夢に見る支那	野村俊夫	支那曲	仁木他喜雄	松平晃	コロムビア
流行歌	胡弓哀歌	久保田宵二	明本京静	仁木他喜雄	奈良光枝	コロムビア
流行歌	星の時計台	奥野椰子夫	山川武	仁木他喜雄	二葉あき子	コロムビア
流行歌	銀の雨	高橋掬太郎	白磯巌		瀬川伸	コロムビア
流行歌	タリナイ・ソング	秋山日出夫	服部良一	服部良一	コロムビア・リズム・ボーイズ	コロムビア
流行歌	ホット・チャイナ	服部龍太郎	服部良一	服部良一	笠置シヅ子	コロムビア
流行歌	村の横綱	上山雅輔	三宅幹夫	三宅幹夫	岸井明 平井英子	ビクター
流行歌	やぐら太鼓に	岸井明	三宅幹夫	三宅幹夫	岸井明	ビクター
	かはつたオペラ集（上下）	東辰三		平茂夫	川田義雄　岡村龍雄 日本ビクター男声合唱団	ビクター
流行歌	朝顔ながし	佐藤惣之助	大村能章		三門順子	キング
軽音楽選	第27集 映画主題歌傑作集					コロムビア
交響管絃楽	新世界交響曲		ドヴォルザーク		レオポルド・ストコフスキー（指揮）交響楽団	コロムビア
	雲のふるさと	大木惇夫	古賀政男		李香蘭	ニッチク
	月のしづく	大木惇夫	古賀政男		李香蘭	ニッチク

カタログ番号	発売データ	処分内容	出　典
(C-222)	1939年録音	戦前は未発売。1947年6月新譜	
(C-133)	1939年録音	戦前は未発売。1946年8月発売	
	1940年	発売中止	
100079-A	1940年9月新譜	歌詞検閲により1940年7月23日発売中止	コロムビア社内資料
100079-B	1940年9月新譜	歌詞検閲により1940年7月23日発売中止	コロムビア社内資料
100081-A	1940年9月新譜	歌詞検閲により1940年7月23日発売中止	
100081-B	1940年9月新譜	歌詞検閲により1940年7月23日発売中止	
100104-A	1940年10月新譜	歌詞が当局の忌諱に触れたため1940年9月6日、都合により発売中止	コロムビア社内資料
100104-B	1940年10月新譜		コロムビア社内資料
A4266	1942年1月新譜	発売自粛	
A4266	1942年1月新譜	発売自粛	
A4267-A/B	1942年1月新譜	発売自粛	
(C-128)	1941年録音	1946年7月発売	
JX288～290	1942年2月新譜	都合により発売中止。海外原盤の映画主題歌アルバム	コロムビア 1942年2月月報(洋楽)
JS161～166	1943年1月新譜	「情報局の御意嚮を汲み自発的に発売を中止致しました」	コロムビア 1942年3月月報(洋楽)
	1944年11月10日録音	「作詩不良の為発売不能」	朝日新聞デジタル 2015年4月11日配信
	1944年11月10日録音	「作詩不良の為発売不能」	朝日新聞デジタル 2015年4月11日配信

毛利眞人（もうり・まさと）
一九七二年、岐阜県郡上市生まれ。音楽・レコード史家／音楽評論家。高校時代より地元紙にコラムを寄稿。大阪芸術大学中退後、中古レコード店勤務を経てライターとなる。専門は近代音楽と文化史、日本洋楽史、世界と日本のレコード史。ボン大学・片岡プロジェクト及び早稲田大学演劇博物館招聘研究員。ＳＰ盤復刻ＣＤの音源提供・監修を手がけるほか、蓄音機を用いたコンサート・講座を開催している。著書に『貴志康一――永遠の青年音楽家』（国書刊行会）、『ニッポン・スウィングタイム』『沙漠に日が落ちて――二村定一伝』『ニッポン　エロ・グロ・ナンセンス――昭和モダン歌謡の光と影』（いずれも講談社）、『ＳＰレコード入門――基礎知識から史料活用まで』（スタイルノート）などがある。

N.D.C.760　366p　19cm
ISBN978-4-06-532257-4

幻《まぼろし》のレコード　検閲《けんえつ》と発禁《はっきん》の「昭和《しょうわ》」

二〇二三年一〇月二〇日　第一刷発行

著者　毛利眞人《もうりまさと》　© Masato Mori 2023
発行者　髙橋明男
発行所　株式会社講談社
東京都文京区音羽二丁目一二―二一
郵便番号一一二―八〇〇一
電話　〇三―五三九五―三五二一　編集（現代新書）
〇三―五三九五―四四一五　販売
〇三―五三九五―三六一五　業務
印刷所　株式会社新藤慶昌堂
製本所　大口製本印刷株式会社
定価はカバーに表示してあります　Printed in Japan

人間であることをやめるな

半藤一利 著

国家そのものが大転換期にある。先行きは不安ばかり。
そうした「行き止まり」のときに、
日本人は、とくに若い人たちは、どう生きたらいいのか。

「歴史に学ぶ」とはどういうことか。著者がものした数多くの文章や講演から、そのエッセンスを四つのポイントに集約。明治の将星のもった国際情勢へのリアリズム、石橋湛山が説いた「理想の力」への信頼、昭和天皇の懊悩への理解、そして墨子と宮崎駿にある平和への問い。昭和史研究の第一人者が残した軽妙にみえて重い教訓のことば。

定価：一四三〇円（税込）
※定価は変更することがあります